浸透移行で根まで枯らす
エイトアップ 液剤
（農林水産省登録第18815号）
ジェネリック新時代

- 2ℓ エコパック
- 5ℓ エコbox
- 10ℓ
- 18ℓ
- 200ℓ

農耕地登録・除草剤

環境に配慮したエコロジー設計

潰して分別処理が可能です。

半分に折って　更に半分に

小さく丸めて捨てられます。

使用後のゴミを大幅に減らすエコシリーズ

納入の際にはフォークリフトが必要となります。

散布前

散布後

枯れた後には種まきなどが可能です

商品についての情報や購入方法は
http://www.8up.jp へ
お問い合わせ・資料請求などは

☎ **048-584-2401**
FAX 048-579-0455

月～金曜日 9:00～17:00（土・日・祝日を除く）

販売代理店　㈲チャレンジサービス　埼玉県深谷市荒川909

輸入・発売元　㈱シー・ジー・エス

JN208707

住友化学の豊富なラインナップ

野菜の病害虫防除に

害虫防除

■様々な害虫から大切な作物を守る！
ディアナ® SC
農林水産省登録第22910号

■害虫専科50年以上の実績！
スミチオン®
農林水産省登録第4962号

■ネオニコチノイドが厄介な害虫に効く！
ダントツ® 水溶剤／粒剤
農林水産省登録第20798号（水溶剤）　農林水産省登録第20800号（粒剤）

ベストガード® 水溶剤／粒剤
農林水産省登録第19102号（水溶剤）　農林水産省登録第19103号（粒剤）

■天敵にヤサシク、害虫にキビシイ！
プレオ®フロアブル
農林水産省登録第21333号

■神経伝達を止めて害虫をたたく！
パダン®SG水溶剤
農林水産省登録第18950号

■確かな効き目の合成ピレスロイド剤！
ゲットアウト®WDG
農林水産省登録第20400号

ベジホン®乳剤
農林水産省登録第15450号

病害防除

■灰色かび病、菌核病防除に！
プライア®水和剤
農林水産省登録第22922号

スミレックス®水和剤
農林水産省登録第14498号

■軟腐病など細菌性病害に！
スターナ®水和剤
農林水産省登録第17203号

バリダシン®液剤5
農林水産省登録第17386号

■各種病害に幅広く効く！
ベンレート®水和剤
農林水産省登録第20889号

ダコニールエース
農林水産省登録第20169号

作用性の異なる薬剤のローテーションで、抵抗性の発達を防ぎましょう。

●使用前はラベルをよく読んでください。●ラベルの記載以外には使用しないでください。●小児の手の届くところには置かないでください。●空袋、空容器は圃場等に放置せず適切に処理してください。

SC GROUP　住友化学

住友化学株式会社
お客様相談室　0570-058-669
農業支援サイト　i-農力　http://www.i-nouryoku.com

監修のことば

川岸　康司
道総研上川農業試験場
研究部長

　北海道の施設野菜においては、ここ10年くらいの間に総合環境制御システムを導入した葉菜類の栽培が実践されるとともに、果菜類の太陽光利用型植物工場が導入された。また、ICTや施設の自動環境制御に興味を持つ生産者や農業法人も増えている。

　施設栽培の歴史を見てみると、世界的には16世紀のヨーロッパでオレンジに使用した「オランジェリー（Orangery）」が実用的な始まりと思われ、19世紀前半にはヨーロッパ各地でガラス温室がつくられた。一方、日本では17世紀前半になすの育苗のために生ごみの発酵熱で促成栽培が行われ、明治時代になるとヨーロッパから温室が伝わったとされる。北海道では20世紀に入り一部で温室栽培が始まり、ビニールフィルムの普及に伴い1960年代から本格的な施設栽培が広がった。このように、施設栽培の歴史は比較的浅く、特に北海道では本格的な栽培から、まだ半世紀程度が経過しただけである。

　一方、農林水産省の2015年農林業センサスに基づく「野菜が農産物販売金額1位の施設野菜の農家数」は、2000年と比較して全国では31％減少したのに対し、北海道では9％の減少にとどまっている。これは施設野菜においても北海道が全国で果たす役割が増してきていることを意味し、北海道の施設野菜に関する情報提供をする意義は大きいと感じている。

　本書では北海道の施設野菜に関して、ハウス構造や気象災害対策などの基礎的な情報から、施設栽培特有の栽培管理や品目別管理について解説している。また、現在注目されている植物工場の現状と将来展望の他、生産現場での活用が期待される養液栽培やICTの技術についても説明している。さらに、これらに関連する現地事例や、近年生産現場への導入が始まっている有望な資材やシステム、ICT関連機器の紹介もさせていただいた。北海道における施設野菜の生産やその技術に関して、施設の基本構造から総合環境制御まで多面的に記載したものは本書が初めてと考えられる。

　なお、本書での植物分類は2009年に公表されたAPGⅢに基づいている。また、作型は「北海道野菜地図（その39）」（北農中央会、ホクレン）の現地呼称を用いるとともに、農業・食品産業技術総合研究機構野菜茶業研究所による野菜の種類別作型一覧（09年版）の正式名称を併記している。

　本書が生産現場において、生産者や指導者の手元に置かれ、活用されることを期待したい。

目　次

監修のことば　　　　　　　　　　　　　　　　　　　5

部門監修および執筆者一覧　　　　　　　　　　　　　8

第1章　気象に対応したハウス構造

ハウス構造　　　　　　　　　　　　　　　　　　　10

排水対策　　　　　　　　　　　　　　　　　　　　14

風対策　　　　　　　　　　　　　　　　　　　　　16

台風対策事例　　　　　　　　　　　　　　　　　　18

雪対策　　　　　　　　　　　　　　　　　　　　　21

雪・大雪対策事例　　　　　　　　　　　　　　　　23

低温対策（加温装置）　　　　　　　　　　　　　　27

低温対策（被覆資材）　　　　　　　　　　　　　　30

高温対策（換気・冷房）　　　　　　　　　　　　　35

高温対策（遮光・遮熱）　　　　　　　　　　　　　39

高温対策事例　　　　　　　　　　　　　　　　　　43

第2章　栽培技術（共通）

土壌管理　　　　　　　　　　　　　　　　　　　　48

土壌消毒（方法と留意点）　　　　　　　　　　　　53

土壌消毒（還元消毒）　　　　　　　　　　　　　　56

IPM（病害対策）　　　　　　　　　　　　　　　　60

IPM（虫害対策）　　　　　　　　　　　　　　　　64

生理障害対策　　　　　　　　　　　　　　　　　　68

CO_2施用　　　　　　　　　　　　　　　　　　　72

環境測定　　　　　　　　　　　　　　　　　　　　74

LEDの利用　　　　　　　　　　　　　　　　　　76

養液土耕栽培　　　　　　　　　　　　　　　　　　78

かん水方法　　　　　　　　　　　　　　　　　　　82

自然エネルギーの利用　　　　　　　　　　　　　　85

温泉熱・地熱利用事例　　　　　　　　　　　　　　88

第3章　栽培技術（作物別）

【果菜類】

トマト（促成・半促成・抑制栽培）　　　　　　　　94

トマト（高糖度トマト）　　　　　　　　　　　　101

トマト（生育・栄養診断）　　　　　　　　　　　104

トマト（マルハナバチと単為結果性品種）　　　　106

きゅうり　　　　　　　　　　　　　　　　　　　110

さやえんどう　　　　　　　　　　　　　　　　　114

【葉菜類】

簡易軟白ねぎ　　　　　　　　　　　　　　　　　118

はくさい　　　　　　　　　　　　　　　　　　　122

ほうれんそう（雨よけ栽培）　　　　　　　　　　126

ほうれんそう（寒締め栽培）　　　　　　　　　　130

にら（促成・半促成栽培事例、知内町）　　　　　132

軟白みつば（切りみつば）　　　　　　　　　　　136

【果実的野菜類】

すいか　　　　　　　　　　　　　　　　　　　　139

メロン　　　　　　　　　　　　　　　　　　　　143

いちご（高設栽培）　　　　　　　　　　　　　　148

いちご（窒素栄養診断）　　　　　　　　　　　　154

いちご（夏秋どり栽培事例、JAひだか東）　　　　156

【洋菜類】
　　　ピーマン（シシトウ、パプリカを含む半促成栽培） ………… 160
　　　レタス ………… 164
　　　アスパラガス（立茎栽培） ………… 167
　　　アスパラガス（ホワイトアスパラガス） ………… 171
　　　アスパラガス（立茎栽培事例、檜山南部地区） ………… 174
　　　ベビーリーフ ………… 177

第4章　今後の施設栽培
　　北海道における推進方向 ………… 182
　　【植物工場】
　　　植物工場とは ………… 186
　　　太陽光利用型植物工場（果菜類など）の事例
　　　（エア・ウォーター農園、千歳市） ………… 190
　　　太陽光利用型植物工場（葉菜類）の事例
　　　（㈱アド・ワン・ファーム、豊浦町・札幌市） ………… 193
　　　太陽光利用型の海外事例（オランダ） ………… 196
　　【養液栽培】
　　　養液栽培とは ………… 200
　　　栽培事例（キトウシファーム、東川町） ………… 204
　　バイオマスの利用 ………… 207
　　測定機器とPC・スマートフォンの利用 ………… 211
　　温湿度・空調管理システム ………… 215

第5章　今後注目の資材
　　【住化農業資材㈱】自動かん水タイマー、簡易細霧冷房 ………… 222
　　【サンテーラ㈱】機能性フィルム ………… 224
　　【越浦パイプ㈱】高強度ハウス、自動換気装置、エアーハウス ………… 228
　　【渡辺パイプ㈱】高強度ハウス、自動換気装置 ………… 231
　　【ＪＡ全農】養液栽培システム ………… 234
　　【イーズエンジニアリング㈱】ヒートポンプハウス栽培用エアコン … 237
　　【日本ワイドクロス㈱】防草シート ………… 238
　　【日本ワイドクロス㈱】防虫ネット ………… 240
　　【ダイヤテックス㈱】遮光・遮熱ネット ………… 244
　　【富士通㈱】ＩＣＴを活用した環境制御・生産管理システム ………… 246
　　【ネポン㈱】ハウス環境制御・情報管理システム ………… 248
　　【㈱誠和。】ハウス環境測定システム ………… 250

【用語解説】
■ＩＣＴ(情報通信技術)
IT（情報技術：情報を取得、加工、保存、伝送するための科学技術）とほぼ同義語だが、情報通信技術のコミュニケーション性を強調し、ネットワーク通信による情報・知識の共有を念頭に置く。
■クラウド
クラウド・コンピューティングの略。コンピューターの利用形態の一つで、インターネットなどのネットワークに接続されたコンピューター（サーバー）が提供するサービス（データ保存やソフトの利用など）を、利用者はネットワーク経由で手元のパソコンやスマートフォンで使える。

表紙：菊池　尚美（HIYOKO DESIGN／NPOあうるず）

部門監修および執筆者一覧

部門監修(担当順)

安積　大治	道総研花・野菜技術センター研究部長(第1、2章〈道総研関係〉)
宮町　良治	道農政部生産振興局技術普及課総括普及指導員(第1〜4章〈道農政部技術普及課関係〉、兼執筆)
川岸　康司	道総研上川農業試験場研究部長(第3、4章〈道総研、道関係〉、兼執筆)
有村　利治	元道立中央農業試験場副場長(第5章)

執筆者(掲載順)

杉山　裕	道総研北見農業試験場研究部地域技術グループ研究主任
細淵　幸雄	道総研中央農業試験場農業環境部栽培環境グループ主査
鈴木　亮子	道総研花・野菜技術センター研究部花き野菜グループ主査
山田　徳洋	道農政部生産振興局技術普及課十勝農業試験場技術普及室主査
池田　信	道農政部生産振興局技術普及課花・野菜技術センター技術普及室上席普及指導員
大宮　知	北海道原子力環境センター主査
江原　清	道総研花・野菜技術センター研究部花き野菜グループ研究主任
福川　英司	道総研花・野菜技術センター研究部技術研修グループ研究主幹
高濱　雅幹	道総研道南農業試験場研究部地域技術グループ研究主任
若宮　貞人	道農政部生産振興局技術普及課上川農業試験場技術普及室主査
林　哲央	道総研道南農業試験場研究部地域技術グループ主査
三澤　知央	道総研道南農業試験場研究部生産環境グループ研究主任
新村　昭憲	道総研上川農業試験場研究部生産環境グループ主査
白井　佳代	道総研花・野菜技術センター研究部生産環境グループ研究主査
橋本　庸三	道総研中央農業試験場病虫部クリーン病害虫グループ研究主幹
柳田　大介	道総研花・野菜技術センター研究部技術研修グループ主査
田縁　勝洋	道総研花・野菜技術センター研究部花き野菜グループ研究主査
木村　文彦	道総研花・野菜技術センター研究部花き野菜グループ研究主任
坂口　雅己	道総研中央農業試験場農業環境部栽培環境グループ主査
生方　雅男	道総研花・野菜技術センター研究部花き野菜グループ主任研究員
高橋　恒久	道農政部生産振興局技術普及課道南農業試験場技術普及室上席普及指導員
大久保　進一	道総研道南農業試験場研究部地域技術グループ研究主査
地子　立	道総研上川農業試験場研究部地域技術グループ研究主任
植野　玲一郎	道総研花・野菜技術センター研究部技術研修グループ主査
黒島　学	道総研花・野菜技術センター研究部花き野菜グループ主査
菅原　章人	道総研上川農業試験場研究部地域技術グループ主査
鳥越　昌隆	道総研花・野菜技術センター研究部花き野菜グループ研究主幹
八木　亮治	道総研十勝農業試験場研究部地域技術グループ研究主任
日笠　裕治	道総研道南農業試験場研究部生産環境グループ研究主幹
小田　義信	道総研花・野菜技術センター研究部花き野菜グループ専門研究員
杉村　和行	道農政部生産振興局農産振興課園芸グループ主査
森　成美	石狩農業改良普及センター主査
宮本　有也	㈱アド・ワン・ファーム代表取締役
高田　和明	石狩農業改良普及センター専門普及指導員
平井　剛	道総研十勝農業試験場研究部地域技術グループ主査
出口　卓	住化農業資材㈱北海道営業所農材営業本部潅水資材部チームマネージャー
川越　啓之	サンテーラ㈱北海道営業所所長
佐藤　健太郎	越浦パイプ㈱営業部課長
菅生　和希	渡辺パイプ㈱札幌サービスセンター
松谷　一輝	ＪＡ全農営農・技術センター生産資材研究室
門間　正幸	イーズエンジニアリング㈱代表取締役社長
阿部　弘文	日本ワイドクロス㈱東日本事業所営業部長
吉川　正幸	ダイヤテックス㈱基材事業部基材販売グループグループリーダー
上田　正二郎	富士通㈱イノベーティブIoT事業本部Akisai事業部
山縣　義郎	ネポン㈱札幌営業所係長
江本　崇司	㈱誠和。研究開発部新商品開発一課

第 1 章

気象に対応したハウス構造

ハウス構造	10
排水対策	14
風対策	16
台風対策事例	18
雪対策	21
雪・大雪対策事例	23
低温対策（加温装置）	27
低温対策（被覆資材）	30
高温対策（換気・冷房）	35
高温対策（遮光・遮熱）	39
高温対策事例	43

第1章 気象に対応したハウス構造

ハウス構造

ハウスの種類

ハウスは構造材や被覆材、基礎の有無などにより、主に①パイプハウス、②鉄骨パイプハウス、③両屋根式ビニールハウス、④両屋根式ガラス室—に大別できる（**図1**）。

■パイプハウス

パイプハウスは20〜30mm程度の鋼管を主な躯体とし、軟質フィルムで被覆したものである。基礎工事が不要な単純構造であるため施工が簡易で、建設費も低廉であることから普及率は最も高い。基本的な組み立ては、あらかじめ湾曲させた2本の鋼管を互いに向かい合わせ、一端を地中に挿入し、反対端を棟部で継手により連結させたアーチパイプを適当な間隔（パイプスパン、50cm程度）で連続的に施工するとともに、棟方向に桁行直管パイプ（棟パイプ、母屋パイプ、肩パイプ）で補強するものとなる（**図2**）。ビニール固定資材（「ビニペット」〈肩レール、裾レールなど〉とスプリング、パッカーなど）の利用により被覆材の張り替え作業も簡単に行うことができる。

パイプハウスの形状や仕様はメーカーによりさまざまであるが、代表的なものは**図3**の通りである。パイプハウスは単純な構造であることから、設置条件によっては強度の確保が重要となる。アーチパイプに用いる鋼管の規格が太いほど、奥行きへのパイプスパン幅が短いほど強くなる。またアーチパイプの形（肩の曲げ角度）は直立型よりも裾広がり型の方が、側窓下への雨の侵入は増えるものの

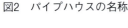

図1　主なハウスの種類と模式

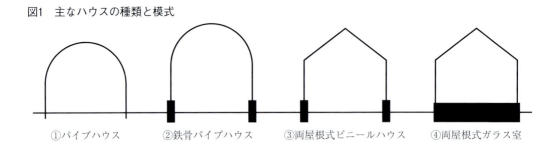

①パイプハウス　②鉄骨パイプハウス　③両屋根式ビニールハウス　④両屋根式ガラス室

図2　パイプハウスの名称

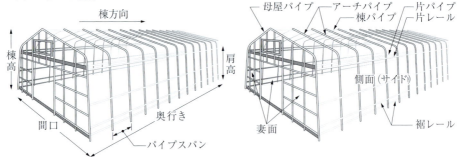

強度は高くなる。加えて、妻面の筋交い直管を配置することによっても耐久性は高まる。パイプハウスの施工に当たっては、桁行直管パイプやアーチパイプなどは相互に適切な固定金具（クロス金具など）でしっかりと固定することに留意する。ハウス自体も定着杭（らせん杭、打ち込み杭）でしっかりと固定する。耐用年数は5年程度である。

換気は手動で側窓フィルムをシャフトで巻き上げる側窓換気や妻面の換気扇（強制換気）が主に利用されている。天窓は管理が困難になることから一般的ではないものの、さまざまな資材が開発されている。

■鉄骨パイプハウス

パイプハウスの弱点である耐久性や作業性の低さを向上させるため、屋根にアーチパイプを用い、支持材としてより強度の高い鉄骨を組み入れたものである。コンクリートの独立基礎を要するものの、単棟式のみならず連棟式にも対応している他、被覆材としては軟質フィルムのみならず硬質フィルムを使えるものもあり、作業性や保温性の向上にもつながる。耐用年数も10年と長くなる。

■両屋根式ビニールハウス

鉄骨パイプハウスは、連棟式であっても作業性や採光性、換気性に限界がある。両屋根式ビニールハウスは主骨材としてH型鋼を用い、この合掌の上に母屋を配する構造である。単棟では採光の均一性が高い。連棟でも間柱が少なく、間口を広く取ることができ（20m程度まで可能）、谷桁の陰影が少ない利点を有する。側窓換気の他、効率的な換気に有効な自動制御型の天窓を標準として有するものが多く、他にもカーテンによる保温や遮光、暖房機、かん水装置、照明装置などの自動制御装置について固定化できる利点も有する。独立基礎型で、被覆材としては軟質フィルム、硬質フィルムのいずれも使用できる。耐用年数は15年程度である。

■両屋根式ガラス室

鉄骨やアルミなどを組み合わせ、重いガラスを支えることができるような、布基礎※を基礎とした頑丈な構造である。採光性や保温性に優れ、各種の自動制御装置の導入により、施設園芸用としての環境維持に最も有利である。厚さ3～4mmのガラスを被覆材とすることから、破損しない限り10年以上もの長期使用が可能で、光透過率の経年変化も少ない。また、耐風性や耐雪性の向上も期待できる。一方、建設導入コストは最も高くなる。耐用年数は20年程度である。

屋根形状は保温効果や通風性、光環境に影響するが、設置条件や作物によっては片屋根式のような派生型もある。スリークォーター式は温室メロン栽培などで東西棟を使う場合を想定し、北側の弱光部分を除く発想で開発されたガラス室である。その他、オランダで開発されたフェンロー式は間口が狭く、構造

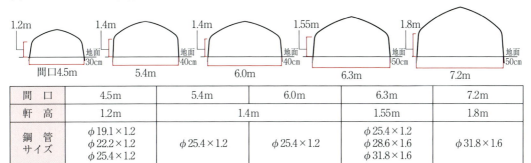

図3　パイプハウスの仕様例

間口	4.5m	5.4m	6.0m	6.3m	7.2m
軒高	1.2m	1.4m	1.4m	1.55m	1.8m
鋼管サイズ	φ19.1×1.2 φ22.2×1.2 φ25.4×1.2	φ25.4×1.2	φ25.4×1.2	φ25.4×1.2 φ28.6×1.6 φ31.8×1.6	φ31.8×1.6

（渡辺パイプ㈱提供）

第1章 気象に対応したハウス構造

部材が細く、光環境に優れており、換気効率を上げるための高い軒高構造をしていることを特徴とする。原理的には連棟数を無制限に増やすことが可能であることから、大規模ガラス室としての導入が広がっている。

※Tの字を逆にした断面形状の鉄筋コンクリートが、連続して設けられた基礎

構造・仕様

ハウスの設置に際しては、新しく導入しようとする品目あるいは規模を拡大しようとする品目、想定される主な作型、労働条件などの生産計画や以下項目も念頭に入れながら、最も適したタイプのハウス、規模や仕様を決めていく。

■棟方向

圃場の形状や他建物などとの位置関係により設置方向を検討する。南北棟は春先の温度は上がりにくいが、ハウス内に均一に光が入り、効果的に採光できる。また夏の光透過量は高く、多くの作物に適用できることから、一般的な設置方向になる。一方、東西棟は、棟全体としての光透過性は優れ冬期の温度確保に有効であるが、南側と北側の光量の差が大きく、大型の品目にはあまり適当ではない。

■間口（妻面）

広いほど作業性は高くなるものの、構造物の大型化や強度を高める必要があるため建設費の高騰につながる。広い面積を確保するためには連棟式も有用である。連棟式により、同面積分の単棟式を確保するよりも建設費を抑えることができ、施設内の作業性を向上させ、利用度を高めることにつながる。一方で、夏期の高温抑制や積雪対応の上では単棟式の方が優れる。一般的には妻面に出入り口を設ける。パイプハウスの場合は、間口の狭いタイプで開き戸、広いタイプでドアレールを配した引き違い戸が多い。妻面は出入り口とし

てだけではなく、換気窓を設けたり、ハウスの補強の面からも重要である。

■奥行き

農作業効率は奥行きが長い方が高く、道内では設置圃場により100m近いものも見られる。ただし構造的な強度、栽培環境的には50m程度までが適当と考えられる。

■肩高（軒高）

およそ1.6〜2.0mが一般的な高さである。2重カーテン被覆などを行う場合は、さらなる高さが必要となる。また、作物の種類によっても作業環境上の高さが必要になることがある。肩高を高くすると通気は良くなるが、側窓フィルムのばたつきを多くし、風に対する強度は下がりやすい。この補強が必要になることから建設費は高くなる可能性がある。

■屋根勾配

勾配が緩いものは採光性に優れ、横風を受け流しやすい利点があるものの、積雪や下降気流には弱く、適切な補強が求められることになる。一方、勾配を急にするほど、強度は上がり、積雪対応も行いやすくなる。

■補強法

筋交いは妻面からの風圧力への対応として重要である。妻面の棟部に筋交い直管の一端を緊結し、アーチパイプにたすき掛けを行い、片端側をしっかりと地中部に埋め込む。この際に筋交い直管とアーチパイプを固定具により緊結する。根元を定着杭で地盤に固定することも重要である。

被覆材の風による剥がれや浮き上がりを防ぐために、押さえひも止め材（ハウスバンド）を張ることが求められる。定着杭を用いて棟方向の地盤上に直管を設置しておき、この直管に押さえひも止め材をしっかり固定していく。

その他、積雪地帯や強風地帯ではアーチパイプを数本ごとに太めの物、あるいはダブルアーチにすること、陸ばりを入れることなどにより補強する（**写真**）。積雪地帯では冬期に

写真　耐雪対策例（陸ばり）
（『グリーンハウス総合カタログらくちん大百科2016』渡辺パイプ
㈱より）

中柱を設置することにより耐雪性を高めることができる。また、屋根勾配により雪を落としやすくすることも考慮する。

■換気窓

　温湿度管理をする上で、換気窓の開閉は最も重要である。パイプハウスでは、手動のシャフト巻き上げ機による側窓換気が一般的に使われている。近年では、導入単価が低廉になってきたこともあり、自動開閉型も増えてきている。生育適温の幅に合わせた自動制御が可能なものもあり、換気作業の大幅な省力化につながる。妻面上部に設置する換気扇による強制換気も温度制御に有効である。高温期に屋根面の全てを開放して換気効率を高めるフルオープン型のものも開発されている。

　両屋根式では、窓レール上を滑らせて開閉する引き違い方式があるが、建設費は高い。両屋根式では換気効率が優れる天窓を設置できる。天窓の開口部面積は床面積に対しておよそ2割程度が必要とされている。連続天窓の自動化などを導入し、これを有効活用することが望まれる。

■被覆材

　軟質フィルムとしては、塩化ビニルフィルム（農ビ）が最も多く利用されている。柔軟性、光透過性、防曇性や保温性に優れ汎用性は高いが、塩素を含むことから焼却するとダイオキシンが発生する点に留意する。この代替資材としてポリオレフィン系フィルム（農PO）が増えてきている。農ビより軽く、強度は高く、裂けにくいといった特徴を有する。その他、保温性はやや劣るものの、軽量でトンネル、マルチなどにも使われるポリエチレンフィルム（農ポリ）も使われる。いずれも耐久性は1～2年、長期展張型で3～5年程度である。

　硬質フィルムとしては、ポリエステルフィルム（PET）やフッ素フィルム（ETFE）が多く使用されている。紫外線透過率や耐用年数からさまざまなものが選択できるので、用途に応じて活用する。長期展張が可能であることから、活用場面が増えてきている。

　その他、ガラスに比べて低コストかつ軽量な硬質板が使われることもある。アクリル板やガラス繊維強化アクリル、ポリカーボネートなどがあり、耐用年数は10年以上と長い。

ハウス導入に際して

　ハウス導入には高い初期投資を伴う。経営の現状に鑑み、最大限の効果を発揮できる規模・仕様にすることが望まれる。

　その際に、土地の気象条件や土壌条件に適した構造的強度を確保しておくことは極めて重要である。構造的な強度を確保するためには、建設しようとするハウスにどのような荷重が掛かり得るかをあらかじめ理解、考慮しておかなければならない。主な荷重としては、①固定荷重（施設の構造体、被覆材などの基本的総重量）、②作物荷重（トマトやきゅうりなどの立ちづくり時に用いる誘引ひもの支持力）、③設備荷重（遮光・保温カーテン、換気窓開閉装置などの荷重）、④その他（風圧力、積雪荷重、地震力など）―がある。こうした荷重も十分に考慮しながら、施設の規模や仕様を決めていく。

　導入に当たっては、近くの設置ハウスの稼働状況を把握・参考にするとともに、資材業者や建設業者などの指導によく従うことが重要である。

（杉山　裕）

第1章 気象に対応したハウス構造

排水対策

ハウス内の水分環境

　被覆したハウスの中は、降雨がないため露地畑と異なった水分環境となっている。水の動きは基本的に上向きであり、地下水を含めた土壌の下層の水が表層に到達して蒸発する（図1）。

　また、ハウスはもともと水田だった所に建設されることが多く、水田は水稲栽培に適するよう整備されてきたことから、ほぼ均平で圧密化した耕盤層（すき床）が発達し、下層への水移動を難しくしている。耕盤層はハウス建設後にトラクタなどの管理機が走行することでもできる。この影響により、下層からの水分供給が制限され、作土が乾燥しやすくなるとともに、根張りが悪くなる。一方、多量の降雨時には、下層への排水が遅く、停滞した水がハウスの横から浸透することがあり、湿害や土壌水分のむらが生じる（図1）。このような栽培環境は、ハウスの作物にとって適しているとはいえない。

　また、作物が生育するためには大量の水が必要である。例えばトマトは1日に1株で2ℓの水を吸収するといわれている。降雨のないハウス栽培では、この水をかん水と土壌からの供給に頼ることになるが、かん水のみで賄うことは難しい。逆に地下水位が高い土壌では、根の呼吸が抑制されたり、根張りが制限されて必要な養分や水分を吸収できなくなる。また、高い地下水位は、土壌消毒の効果が劣る場合が多い。

　このため、ハウス内の水管理は、土の保水性と排水性を両立できるような状態が望ましい。ここではハウスにおける作物栽培に適した土壌水分の状態を保つための排水対策を述べる。

表層の対策

■排水溝の設置と地中までの裾張り

　被覆しているハウスとハウスの間には雨水が集中する。これに対応するため、ハウス間に排水溝を設けて速やかに排水し、滞水とハウス内への横浸透を最小限にする（図2、写真1）。また、裾張りを地中まで張ることによっても横浸透を防止できる（写真2）。

■盛り土

　ハウス内は盛り土により地表面を高くする（図2、写真3）。これにより地表面が地下水位からある程度距離を保つことができ、作物の根張りを深くすることができる。なお、ハウス間や排水溝を掘った土を、ハウス内の盛り土用に利用できる。

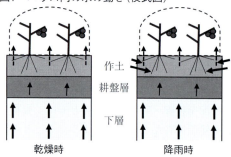

図1　ハウス内の水の動き（模式図）

写真1　ハウス間に排水溝を設置

下層の対策

■耕盤層の破砕（心土破砕）

作土の下にある耕盤層は、表層から下層への排水と下層からの水分供給を妨げることから、これを破砕することにより透排水性の向上や根張りを深くすることが期待できる（図2）。しかし、ハウス内の心土破砕は、サブソイラを用いてハウスの両端を走行するくらいで、ハウスやトラクタの形状によっては施工しにくく限定的である。

一方、ハウスの建設前であれば、大型機械の使用が可能であり、さまざまな施工ができる。例えば広幅型の爪を用いた心土破砕は物理性の改善効果が高く、露地畑では広く導入されている。また、心土破砕と同時に形成された溝にもみ殻などの疎水材を充てんする「有材心土破砕」は、施工に専用の機械を必要とするが、穴が崩れにくく長期間効果を持続させることができる。

■ハウス間の暗きょ

地下水位が高い圃場では、ハウス建設前に暗きょを設置することが望ましい。暗きょにより、降雨のないハウス内の地下水位は露地に比べて早く低下する。暗きょは露地畑ではおおむね10m間隔で設置されている。その間隔を考慮すると、ハウス間に設置するのが適当である（図2）。

作物栽培による対策

■深根性作物（緑肥）の作付け

ハウスの作付け体系の中に緑肥を導入することも排水対策として有効である。特にとうもろこしやソルガムは根が深くかつ多く張ることから、下層土の物理性を改善する効果が得られやすい。また、粘質な土壌では根の侵入により孔隙や亀裂が多くなり、排水性や通気性の改善が期待できる。緑肥の作付けは、ハウス内の心土破砕が施工しにくいことから、その代替と位置付ける。さらに、連作の回避、残肥の吸収および土壌への有機物供給にも有効である。

■高畝栽培

高畝栽培は果菜類で多く行われている。高畝は土を盛り上げて畝の面を高くするため、その分地下水位から地表面を遠ざけ、有効土層の拡大が可能で、根張りをより強く確保できる。なお、高畝により土壌は乾燥しやすくなり、夏期の野菜栽培にとっては不利にもなる。そこで作物や作期次第では表面が白色のフィルムを用いて高畝に被覆し、栽培環境の安定を図る。

（細淵　幸雄）

図2　ハウスにおける排水の改善方向（模式図）

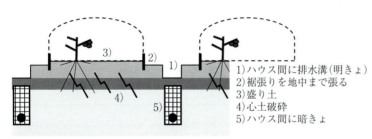

1）ハウス間に排水溝（明きょ）
2）裾張りを地中まで張る
3）盛り土
4）心土破砕
5）ハウス間に暗きょ

写真2　裾張りを地中まで張る

写真3　ハウス内に盛り土

第1章 気象に対応したハウス構造

風対策

　道内の野菜栽培用施設は99％以上が簡易な
パイプハウスであり、強風に耐えられる構造
にはなっていない。このため頻度は低いもの
の、台風や大型低気圧が接近するとハウスの
損傷や倒壊の被害が発生する。また、栽培期
間の拡大に伴い、春先の強風や冬期の暴風雪
などでの被害報告も増えている。特に、長期
間の栽培を行う施設については、ハウス構造
の見直しや補強対策が必要となってくる。

建設時の留意点

　パイプハウス設計の際は建設場所の風向き
や風当たりを考慮した上で向きなどを決定
し、補強の必要性も含めて業者に見積もりを
依頼する。

　一般にパイプの径を太くすると強度が増
し、肩高を高くすると強度が低下する。補強

資材などを有効な位置に取り付けることに
よって、ハウス構造の強度を向上させること
が可能である（**表1、図**）。幾つかの方法から
費用対効果などを考慮して導入する。ただし
補強資材を設置すると、ハウス内の光量が不
足して作物の成長に影響を及ぼす可能性があ
るため、十分注意する。

　常時風の強い場所では、ハウス本体の補強
だけでなく、周囲に防風網や防風林を設置す
ることも検討する。

日常的な管理

　被覆資材に破れや緩みがあると風であおら
れやすくなるため、日ごろから点検を行い、
小まめに補修しておく。ハウスバンドやビニ
ペット、取り付け金具なども緩みや外れがな
いか点検を行う。強風によって木片や小石、
資材などが飛ばされて、被覆資材の破損につ
ながることもあるため、ハウス周りはできる
だけ片付けておく。

　建設から年数が経過しているハウスでは、
パイプの地際部が腐食し、強度が低下してい
る可能性がある。地際部をよく点検し、必要
に応じて交換するか、新しいパイプを添える

表1　ハウス本体の補強方法

補強の方法	設置方法	効果
筋交い （図-a）	筋交い直管を各アーチパイプと部品で固定し、下端部を30cm以上埋め込む	妻面からの風に対する強度を高める。縦方向へのハウスの変形を防ぐ
タイバー（T型） （図-b）	軒から棟の高さをfとすると、軒からf/4の位置に取り付ける	横風に対する強度を高める。アーチパイプの変形を防ぐ
クロス(X型)アーチ部 （図-c）	棟からf/4の位置と軒を結ぶように斜材でX型に取り付ける	横風に対する強度を高める。タイバーよりも強度が高まる
クロス(X型)サイド部 （図-d）	ハウス奥行き方向の端部にビニペットによるクロス構造を作成する	筋交いと同程度の強度が得られる
ダブルアーチ （図-e）	既存パイプの内側に一定の間隔で補強パイプを連結する	ハウス強度は約3倍に向上する
止水シートによるおもり （図-f）	深さ10cm、幅30cm以上の溝に止水シートを設置し、その上に主パイプ1本当たり15kg以上の土を盛る	パイプの引抜抵抗力を高め、風による引き抜き破壊を防ぐ

風対策

図 ハウス本体の補強方法

a 筋交い補強
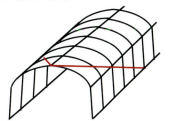

b タイバー（T型）補強
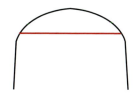

c アーチ部クロス補強
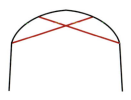

d サイド部クロス補強
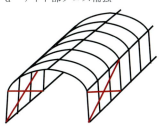

e ダブルアーチ補強
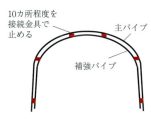

f 止水シートによるおもり補強
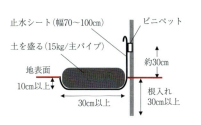

表2 風の強さと吹き方

風の強さ （予報用語）	平均風速 （m/秒）	おおよその 瞬間風速 （m/秒）	人への影響	建造物
やや強い風	10以上 15未満	15～20	風に向かって歩きにくくなる。傘がさせない	樋（とい）が揺れ始める
強い風	15以上 20未満	20～30	風に向かって歩けなくなり、転倒する人も出る。高所での作業は極めて危険	屋根ふき材が剥がれるものがある。雨戸やシャッターが揺れる
非常に強い風	20以上 30未満	30～45	何かにつかまっていないと立っていられない。飛来物によって負傷する恐れがある	屋根ふき材が飛散するものがある。固定されていないプレハブ小屋が移動、転倒する。ビニールハウスの被覆材が広範囲に破れる

（気象庁HPより）

などの補強を行う。

　栽培が終了したハウスは早めに内部を片付け、被覆資材を撤去しておくと強風の被害を受けにくくなる。

災害時の対応

　気象庁は、風の強さと吹き方を**表2**のようにまとめている。強風が予想される場合には、最新の気象情報に注意して早めの対策を取る必要がある。

　被覆資材や取り付け金具などを再点検し、しっかりと固定する。非常用の防風ネットや補強資材が準備してある場合は、速やかに取り付ける。ハウスの入り口が風で動いたり外れたりしないよう固定する。

　風速がハウスの許容耐力を上回ると判断される場合は、被覆資材を撤去することでハウス本体の倒壊を避け、損害を最小限に抑える。その場合、危険を伴う作業となるため、風下側から被覆資材を切るなど、安全性に配慮して行う。

（鈴木　亮子）

第1章 気象に対応したハウス構造

台風対策事例

　台風や発達した低気圧の通過に伴う強風被害は、いつでもどこでも起こり得る。本道での過去の被災事例からも、普段からの保守点検、災害に備えた準備ができているかどうかで被害程度に大きな差が生じている。2004年の大型台風18号（9月8日）による教訓を基に、被害を「未然に防ぐ」「最小限に抑える」技術対策について、道北地域の現地事例を中心に紹介する。

台風接近前までの事前対策

■パイプハウスの補修と保守管理

　パイプハウスは設置から年数を経ると、地盤の影響などで不等沈下や浮き上がり、ハウスの水平の狂い、アーチパイプのゆがみが生じ、外張り被覆資材が風力を不均一に受けるようになる。これらのことから、アーチパイプの軒高や形状が均一になるよう補修する。また、各パイプ資材の接合部は強度が劣ることから、ボルトやナット、接合金具の点検や増し締めを行う。特に、妻部の出入り口は、頻繁に開閉され最も傷みやすいので、扉やレール部分の保守管理を徹底する。
　さらに、不測の事態に備え、被覆資材やパイプ資材の予備、非常用ロープやワイヤーなども準備しておく。

■パイプハウスの補強

　アーチパイプの中央部に補助支柱を設置することは、補強効果が高い。特に強風地帯では、パイプハウス内に6m程度の間隔で支柱を設置しておく。現地では伸縮型の支柱をアーチパイプ中央に収納し、補助支柱として設置している事例がある（**写真1**）。
　筋交いは妻部で固定し、その反対側を土中に埋め込んで固定する。またハウスの中央部にも筋交いを設置し、強度を高める。
　肩部の補強対策では、果菜類の誘引資材として設置した鉄骨材を利用して、パイプハウスの強度を高めている事例がある（**写真2**）。

写真1　アーチパイプ補助支柱の設置と収納（伸縮型の支柱をアーチパイプ中央に収納）

写真2　誘引資材による肩部の補強

写真3　風道への防風網の設置
　　　　（廃コンクリート電柱を利用）

台風対策事例

■防風網の設置

防風網の高さはパイプハウスの軒高よりも高くし、パイプハウスからの距離も近めに設置する。現地では廃コンクリート電柱を利用した防風網の設置事例も見られる（**写真3**）。また風の通り道となって風圧が高まる場所には、応急的に防風網を設置する。

台風襲来直前の施設管理

■外張り被覆資材を掛けたままにする場合

ハウスバンドを点検し、必要に応じて締め直す。ハウスバンドの増し締めは、最初に1本置きに締め、次いで残りのハウスバンドを締める。現地では農ビ用の幅広専用バンド（45mm幅）で増し締めする事例もある（**写真4**）。

特に、風を強く受ける妻部周辺や屋根面は、寒冷しゃや防風用ネットで覆い、被覆資材を保護する。風道に面した妻部をロープなどで補強している事例もある（**写真5**）。また、開口部や出り口はビニールを当てて密閉し、側窓巻き上げフィルムは降ろしてばたつかないようにする。吸気口もビニールで包み、風が入らないようにする。

写真4　専用幅広バンドで増し締め（この事例では、ハウスの両端はパイプ1本間隔、中央部は10本間隔で設置している）

換気扇を備えている場合は、密閉状態で風下側を作動させることでパイプハウス内部が負圧となり、被覆フィルムが密着し、ばたつきを防止することができる。

暖房機を備えている場合は、煙筒を取り外して収納し、油タンクなども固定する。

なお、台風の通過中は人命優先のため、無理な保守管理作業は行わない。

■外張り被覆資材を外す場合

瞬間最大風速30mを超える状況が、外張り被覆資材を外す判断基準の目安とされる。パイプハウス内に風が入り込む恐れのある場合、あるいは強風に耐えられないことが予想される場合は、倒壊を回避することを最優先にして、被覆資材を取り外すか、緊急対策として切り裂く判

写真5　ワイヤーによる妻部の補強

第1章 気象に対応したハウス構造

写真6 出入り口妻部部分のフィルムを切り裂き、吹き抜け状態とした

写真7 風の吹き込みによる屋根面フィルムの浮き上がり

写真8 屋根面フィルムの巻き上げ事例（アーチパイプ中央に巻き上げ）

写真9 シャッターの補強対策

断を行う（**写真6**）。妻部の出入り口部分と側面をめくり、吹き抜け状態とする方法もあるが、風が吹き込んでハウスの内圧が高くなり、屋根面全体がまくれ上がる可能性が高いので注意する（**写真7**）。現地では育苗ハウスを中心に冬期間の雪害対策も兼ねて、屋根面の被覆フィルムをアーチパイプ中央に巻き上げ、パイプハウスの倒壊・損傷を防いでいる事例も見られる（**写真8**）。

なお、農PO（ポリオレフェン）フィルムによる長期展張型パイプハウスの場合は、農ビに比べ破れにくく迅速な対応が困難なため、ハウスの補強を万全に行う。

台風通過後の事後対策

アーチパイプの変形やフィルムなどの破損があった場合は補修する。支柱・誘引ひもの切れや緩みも点検し、早期復旧を図る。

栽培中の場合は速やかに換気を行い、施設内の高温を防止する。

その他施設の対策事例

施設のシャッターが飛ばされないよう、鉄骨材で固定した事例がある（**写真9**）。この他にも、施設のシャッター前にコンバインや大型の作業機などを置いて風を防いだ事例がある。

（山田　徳洋）

雪対策

野菜産地では作期の拡大は必要不可欠であるため、降雪期間であっても栽培を行う事例が増えている。道内の野菜栽培用施設のうち、面積割合で13％が加温設備を備えている。比較的温暖な地域では、無加温多重被覆で冬期間の栽培を行っている例もある。降雪量は地域によって大きく異なるため、地域の実態に即した対策を取ることが重要である。

越冬ハウス建設時の留意点

越冬ハウスを設計する際には、加温機の有無や地域の積雪量を考慮した上で、補強の必要性も含めて業者に見積もりを依頼する。多雪地域では単棟で奥行きの短いものが望ましい。ハウスとハウスの間隔は十分に取り、除雪できるようにしておく。

アーチパイプの接合形式には外ジョイントタイプとスエッジタイプがあるが、外ジョイントタイプの方が構造耐力は高い（**図、表**）。また、補強資材などを有効な位置に取り付けることで、ハウス構造の強度を向上させることが可能である（詳細は風対策〈p16、17〉を参照）。幾つかの方法から費用対効果などを考慮して導入する。ハウス内に支柱を立てる場合は、ハウス主管の棟部に等間隔に設置する。

日常的な管理

除雪は小まめに行い、ハウス周辺に雪をためないようにする。加温機がある場合は、停電に備え非常用発電機や補助加温機などを準備しておく。

建設から年数が経過しているハウスでは、パイプの地際部が腐食し、強度が低下している可能性がある。地際部をよく点検し、必要に応じて交換するか、新しいパイプを添えるなどの補強を行う。

栽培が終了したハウスは早めに内部を片付け、被覆資材を撤去しておくことで大雪の被害を受けにくくなる。しかしフィルムを除去したパイプハウスでも、湿った雪がハウスの肩部まで積もるとパイプの変形や折損につながるため、早めに除雪しておく。

豪雪時の対応

雪に含まれる水分量によってハウスにかかる雪の重さは大きく異なるため、特に温暖な

図　アーチパイプの接合方法

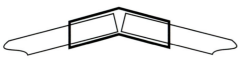

外ジョイントタイプ

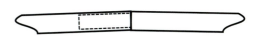

スエッジタイプ

第1章 気象に対応したハウス構造

表　アーチパイプの接合方法が耐力に及ぼす影響

ハウス間口 (m)	最大荷重(kg/㎡)	
	外ジョイント	スエッジ
4.5	23.9	17.4
5.4	30.4	19.7
7.2	18.5	14.1

(小川ら、1989年)

地域、秋口や春先の大雪には注意が必要である。また、大雪は強風を伴い猛吹雪となることも多いため、風対策も考慮する。

　加温設備がある場合は、降り始めからできるだけ設定温度を高くし、内張りカーテンを開放して屋根部分を暖め、雪の自然滑落を促す。加温設備がない場合もハウスを密閉し、できるだけ室温を高める。家庭用ストーブなどを持ち込む場合には、火災や一酸化炭素中毒に十分注意する。

　防風ネットや遮光資材などは雪の滑落を妨げるため、早めに撤去する。雪の重みでフィルムがたわんでいるときに、下から棒などで突くと、フィルムが破れて雪の下敷きになる恐れがあるため避ける。

　降雪後はフィルムやハウス各部に損傷、緩みなどがないか点検し、必要に応じて補修する。積雪がある場合は速やかに除雪し、ハウスにかかる負荷を低減する。

（鈴木　亮子）

雪・大雪対策事例

ここでは、2011年冬（11年11月～12年3月）の大雪被害に関する追跡調査の結果と現場での被害軽減事例を紹介する。

2011年冬の大雪被害と気象経過

2011年冬の大雪による農業施設の被害は、全道88市町村でパイプハウスの倒壊や一部破損が6,485棟（うち無被覆の状態でアーチパイプが曲がるなどの被害が6,129棟）となり、被害額は7億9,300万円に及んだ。

被害発生地域は日本海側に集中し、特に岩見沢市、月形町、当別町、新篠津村やその周辺地域の被害が大きかった。これら地域の積雪は平年を大幅に上回り、最大積雪深は約200cmに達し、年間降雪量は平年の約1.4倍となった。新篠津村のアメダスの年間降雪量と最大積雪深（図1）、および平均気温の平年差（図2）を見ると、降雪量が多く、低温も重なり、積雪深が深く推移した。

被害の発生要因―調査結果の解析

冬期間のパイプハウスの倒壊や一部損壊は、被覆・無被覆のいずれでも発生する（写真1、2）。2011年は無被覆パイプハウスの被害が多く、その追跡調査を行った。

■調査ハウスの積雪状況

石狩北部地域の3市町村で、積雪が多かった6地点の無被覆パイプハウスを調査対象とした。調査ハウスの最大埋没時期は2月21～25日で、その時点の積雪深は193～272cmとなり、棟高の71～90％に相当した。さらに3月

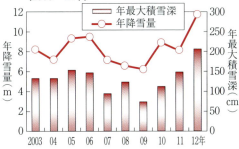

図1　新篠津村の過去10年間の降雪量と最大積雪深（2003～12年）

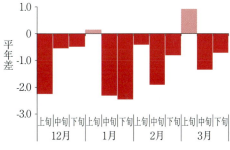

図2　新篠津村の平均気温の平年差（2011年12月～12年3月）

写真1　被覆パイプハウスの被害

写真2　無被覆パイプハウスの被害

第1章 気象に対応したハウス構造

表 調査パイプハウスの積雪状況

事例No	市町村・地区	最大埋没時 時期(月日)	最大埋没時 割合(%)	最大埋没時 積雪深(cm)	3月1日調査時点 積雪深(cm)	硬雪1層出現 表層〜(cm)	硬雪2層出現 表層〜(cm)
1	新篠津村・高倉	2月21日	75	195	193	40	
2	新篠津村・川下	2月21日	71	193	193	45	
3	石狩市・高岡	2月25日	80	218	195	35	
4	当別町・弁ヶ別	2月21日	73	220	220	50	
5	当別町・中小屋	2月21日	90	270	265	40	55
6	石狩市・高岡	2月25日	100	272	210	35	

注)最大埋没時割合：棟高に対して埋没した割合

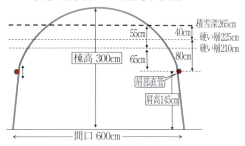

図3 無被覆パイプハウスの積雪状況
（3月1日、事例No.5当別町中小屋）

写真3 アーチパイプの変形・ゆがみ

1日時点の調査で、表層から35〜50cmの位置に硬い氷の層が確認されており、これが倒壊や一部破損を助長したものと考えられた（**表**、**図3**）。

■沈降圧による被害

雪が降った後、時間がたつにつれて雪が締まり、積雪の深さが減っていくことを「沈降」といい、このとき雪の中にあるパイプハウスが地表面に向かって押し付けられる圧力を「沈降圧」という。沈降圧の大小には雪質の影響が大きく、締まり雪は沈降圧が最も大きいとされている。

調査ハウスでは融雪に伴う沈降圧により、アーチパイプの変形・折れ、肩部直管パイプの変形、ハウス水平の狂いなどの被害が発生した（**写真3、4、5**）。

■除雪・排雪方法

パイプハウスの棟間隔を2.0m以上確保し、棟間の除雪・排雪を行ったハウスでは、被害が軽減された。

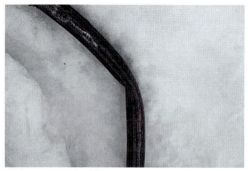

写真4 パイプの折れ

写真5 パイプハウスの水平の狂い

■アーチパイプの継ぎ目位置

アーチパイプの継ぎ目が棟部外ジョイント方式の場合は、ジョイントが変形したり、アーチパイプのゆがみ・折れを生じる事例が多かった。一方、肩部スエッジ方式では、除雪と排雪時期が遅れたにも関わらず、アーチパイプのゆがみ程度で被害は軽微な事例があった（**写真6**）。

■パイプ径

追跡調査したハウスのパイプは25.4～28.6mm径が使用されていたため、一時的にアーチパイプのゆがみや変形が生じたものの、倒壊や一部破損には至らなかった。しかし、調査ハウスに隣接していたパイプ19.1mm径のハウスでは倒壊する事例が確認された。

写真6　肩部スエッジ方式

被害を軽減した現地事例

■降雪後に除雪を実施

大雪による被害を受けなかった農家は、アーチパイプの肩部や腰部の横直管パイプが雪に埋没したままの状態を放置せず、降雪後の早い時期に除雪作業を行っていた。

具体的には、アーチパイプの肩部の曲がり以上に雪が積もった段階で、肩部直管パイプを露出させたり、雪と肩部直管パイプの接着面を切り離す作業を行っていた（**図4**）。

【肩部直管パイプの下まで除雪】

アーチパイプの肩部の曲がり以上に雪が積

図4　アーチパイプの肩部の曲がり以上に雪が積もった場合の除雪・排雪方法

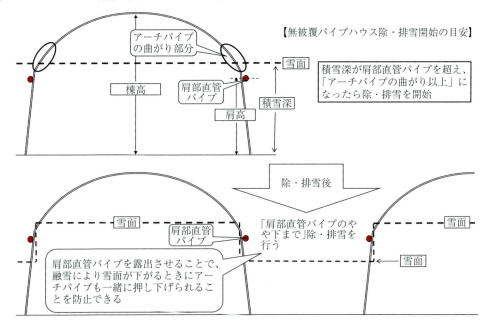

第1章 気象に対応したハウス構造

もった場合には、自走除雪機などで肩部直管パイプのやや下の高さまで除雪を行う。その後、人力で肩部直管パイプが露出するように除雪を行う（写真7、8、9）。

【肩部直管パイプと雪の接着面を切り離す】

除雪した後、のこぎりを使って、アーチパイプに沿って肩部直管パイプ近くまで切れ目を入れ、雪とパイプの接着面を切り離す（写真10）。

■融雪材を散布する上での注意点

アーチパイプの肩部の曲がり以上に雪が積もった状態で、肩部直管パイプ周囲の除雪を行わないまま融雪材を散布すると、沈降圧によりパイプの破損などが発生する。融雪材は、除雪などで肩部直管パイプを露出させたり、周囲の雪とパイプの接着面を切り離した後に散布する。

大雪に対する被害軽減対策

冬期間の被覆・無被覆パイプハウスの被害軽減対策をまとめると次の通りとなる。

■立地条件

排雪した雪を一時貯留できるスペースを確保しておくとともに、ハウスとハウスの間に除雪機が入って除雪できる棟間隔を確保する。また、パイプハウス周辺に明きょなどの排水対策を実施しておく。

■構造

パイプ外径25.4mmの耐雪強度を100％とすると、22.2mmは75％、19.1mmは54％の強度しかない。大雪による損壊・倒壊のリスクを下げるためには、できるだけパイプ径が太く、肉厚のパイプを使用する。

また、同一型式ハウスでパイプスパン（アーチパイプの設置間隔）を10cm伸ばすと耐雪性は約半分に低下することが知られている。パイプスパンは各地域での設置基準を厳守する。

■被覆パイプハウスの対策

降雪後は倒壊の恐れがなくなったことを確認の上、速やかにパイプハウス各部の損傷、緩み、たるみなどの有無を総点検し、補修する。

■無被覆パイプハウスの対策

パイプハウスを撤去しない場合は、前述の現地事例を参考に除雪作業を行う。肩部直管パイプなどが雪に埋没したまま放置すると、沈降圧により倒壊や一部破損の原因となるので早めに掘り出す。

（池田　信）

写真7　アーチパイプ肩部の曲がり以上に雪が積もった状態

写真8　自走式除雪機による除雪

写真9　人力除雪で肩部直管パイプを露出

写真10　肩部直管パイプまでのこぎりで切れ目を入れる

低温対策

加温装置

写真1　温風式燃油暖房機の例

北海道のような寒冷地では、その冷涼な気候を生かして夏場を主体にした野菜栽培が行われている。このうち施設栽培では、出荷期拡大を目的に促成や抑制など多様な栽培体系がとられており、定植期や収穫に向けた生育後期における施設内温度の確保は重要な栽培管理となる。後述する被覆資材による保温対策で目標温度が達成される場合も多いが、加温と被覆資材を組み合わせることにより、より効果的に温度を確保することで収益性の向上が図られる場面もある。ここでは代表的な加温装置の特徴をまとめて紹介する。

燃油暖房機

燃油によるハウス暖房機には温風式と温湯式がある。温風式は最も普及している暖房装置で、間接加熱構造で加温した室内空気を温風として吹き出す（**写真1**）。温湯式は空気の代わりに水を加熱し、パイプなどを介して暖房に利用する。温湯式は加熱を止めても温湯がパイプ内に残るため、穏やかな環境変化が好まれる作物に導入される他、寒冷地では地中加温用として導入されることが多い。

■利点・欠点とメンテナンス

灯油などの石油燃料の確保や貯蔵が容易なため、導入しやすいことが利点である。一方、燃油価格が不安定な側面があるため、さまざまな省エネルギー装置が併用されている。代表的なものとして、排気ガスから熱を回収するためボイラー内部に挿入するスクリュープレートや、排気途中に設置する廃熱回収装置がある。また、作物に合わせた温度を時間帯ごとに設定できる装置を追加することで、省エネルギー化を図ることができる。

燃油暖房機の熱効率は90％と高いものの、経年劣化などで低下する。また、使用中のトラブルも発生することから、適切な保守管理により運転経費を抑えることも有効となる。主なメンテナンスを**表**にまとめた。

表　燃油暖房機の熱効率維持のためのメンテナンス

項目	目的	内容	備考
バーナー関係	完全燃焼	ノズル周辺の掃除	燃料と空気の混合促進
		ノズルの定期交換	A重油は1年ごとを推奨
		エアーシャッターの交換	燃焼空気量の最適化
		燃焼用新鮮空気の確保	ハウス密閉度が高いほど重要
本体関係	伝熱促進	缶体掃除	暖房期終了直後の実施を推奨
		温風量の確保 （温風ダクトの見直し）	缶体熱回収効率の低下防止 ハウス内温度むらの改善

第1章 気象に対応したハウス構造

木質バイオマス暖房機

　木質バイオマスとは、木材を原料とした木質ペレット（**写真2**）や木質チップのことで、これらを燃料とするボイラーや温風暖房機が実用化されている。ペレットの方がチップよりも重さ当たりの熱量が大きく、省スペースで利用しやすい。加温の方法は燃油暖房機と同様で、燃料となる木質バイオマスの燃焼によって二酸化炭素が大気中に放出されるが、木材はその成長過程の光合成で二酸化炭素を吸収しているので、燃焼させても二酸化炭素が増加しないと見なされ（カーボンニュートラル）、地球温暖化対策としても有効な暖房方法である。

■利点・欠点とメンテナンス

　カーボンニュートラルの考えから、温室効果ガスである二酸化炭素を理論上は排出しないので、環境への影響が少ないことが利点である。また、燃油価格が著しく上昇するようなケースでは、木質バイオマス燃料の方が安くなることもある。当初、木質燃料は燃油に比べ非常に高かったが、普及が進むにつれて低価格化が進んでいる。特に、北海道は木質燃料製造施設が近隣にあり、流通コストを抑えられる環境にあることから、一層の普及が期待されている。

　欠点としては、燃焼により燃焼灰が発生するため、燃油暖房機より頻繁に清掃する必要があることや、運転と停止の即時制御が難しい構造であるため、点火回数をできるだけ抑えた効率的な運転が求められることがある。また、木質燃料は燃油に比べて熱量当たりの体積が3倍以上あるため、置き場所（タンクなど）がより多く必要になることや、ペレットでは湿気に弱いため、使い切るかシーズンオフに吸湿しないよう配慮が必要となる。なお、木質燃料の燃焼灰は産業廃棄物には該当しないため、圃場の融雪材や土壌改良材とし

写真2　木質ペレット燃料

て有効利用が可能である。

■ハイブリッド方式による運転

　木質バイオマス暖房機と燃油暖房機を併用するハイブリッド運転は、機器設置の費用が大きくなるものの、省エネルギーの観点からは効果的な暖房ができる。その場合、木質バイオマス暖房機を優先的に運転させるため、設定温度を燃油暖房機より1〜2℃高くすることがポイントとなる。

ヒートポンプ

　ヒートポンプは、燃料を使った暖房機のように燃焼により熱エネルギーを直接取り出す設備ではなく、圧力が高くなると温度が上昇し、低くなると温度が低下するという気体の性質を利用している。電気などのエネルギーで圧縮機を動かし、外気などの自然熱エネルギーを高温熱エネルギーに変換させることで加温するものである。また、暖房だけでなく夏期の冷房や除湿にも活用できるため、温度や湿度、空気の流れといったハウス内の環境を総合的に制御する装置の開発も進められている。

　一方で、自然熱を利用することから外気温が下がるにつれて暖房能力も低下するため、単独では暖房機としての能力が必ずしも十分でなく、燃油暖房機と併用する方式が一般的

低温対策（加温装置）

である。

■利点・欠点とメンテナンス

電気など少ない投入エネルギーで効率的に熱エネルギーを利用することが可能であり、運転コストが燃油暖房機より安いことが利点である。また、暖房だけでなく夜間の冷房や除湿運転も可能なため、活用場面の拡大が期待される。

欠点としては、複数の方式の暖房機が必要となるため導入コストが増大することや、消費電力と暖房能力の低下を防ぐため、小まめな点検やフィルター類の清掃も必要となることが挙げられる。導入コストを回収するためには運転コストを抑えることが有効となるので、ヒートポンプが優先的に稼働するよう、設定温度を燃油暖房機より2〜3℃高く設定することがポイントとなる。省エネルギー化と温度管理を的確に行うためにヒートポンプと燃油暖房機の運転を一括して制御する専用装置も開発されている。

■導入・設置時の留意点

注意を要するのは熱源となる外気を取り込む室外機の設置方法である。排出した冷気が滞留せず速やかに拡散するよう周辺に障害物がない場所とし、併せて北風などの恒常風を避ける向きに設置する。また、室内機との配管長が長くなるほどヒートポンプの能力も低下するので、できるだけ近接して置くことや、除霜（デフロスト）運転時に排出される多量の水と積雪への対策（基礎、架台、防雪フードの設置など）をとることが重要となる。

汎用型燃焼暖房機

いわゆる「薪ストーブ」であり、以前からハウス暖房に流用されるケースは認められた。簡単な構造で木材なら何でも燃やせる半面、一度の燃料では数時間しか持たず深夜の燃料補給が必要であるため、補助暖房的な利用に限られていた。しかし近年、ハウス暖房

写真3　汎用型燃焼暖房機の例

用に連続8時間以上燃焼する大型のものが市販されるようになり注目されている（**写真3**）。

■利点・欠点とメンテナンス

薪などの木材が燃料であることから、木質バイオマス暖房機と同様、二酸化炭素を理論上、排出しないことが利点として挙げられる。簡単な構造なので比較的安く導入が可能であり、身近にある木材が燃料になるため、廃材などが安価に確保できる燃料があれば、燃料費を大幅に抑えることができる。また、電気を使わないので停電などの非常時にも有用である。

欠点としては、燃料の補給を毎日行う必要があることや、細かな温度設定が不可能であり温風が吹き出す構造ではないので、ハウス内の温度を均等に保つ場面では送風機の設置などの工夫が必要となる。他にも、不完全燃焼による煤やタールの発生およびこれらの炉内への付着を抑えるために十分乾燥した木材を使用することや、燃焼灰の掃除など日常のメンテナンスも必要となる。　（大宮　知）

第1章 気象に対応したハウス構造

低温対策

被覆資材

園芸施設で用いられる被覆資材には、ガラスやプラスチック製の板やフィルムがあるが、ここでは北海道で利用の多いプラスチックフィルムを中心に取り上げる。

被覆資材の特性と種類

ポリ塩化ビニルフィルム（農ビ）が農業分野で利用され始めてから60年余りが経過し、現在では多種多様な被覆資材が開発・使用されている。野菜用の被覆資材はハウスの外張りや内張り、トンネルおよびマルチ被覆に用いられる。使用目的も多様化しており、各作物に適した環境（気温・地温、湿度、光、根域環境）を整えたり、作物を保護（病害虫防除、雑草抑制、防鳥、防風、防霜）するために活用されている。

そのため被覆資材には、光の透過性、保温性、防曇性、展張性、強度、耐候性などが求められる（表1）。作目や栽培方法によっては、その全てを満たす必要はなく、目的に応じて適切な性能を有する資材を選択する必要がある。

被覆資材に用いるプラスチックフィルムは軟質と硬質に分けられる（表2）。軟質フィルムはハウス外張り用被覆資材の中で最も多く使用され、その他、内張りカーテン、トンネル、マルチなどの用途にも使用される。展張期間は1年以内が多かったが、近年は数年間の長期展張も可能な製品が市販され、周年利用ハウスにも使用されるようになった。材質としては農ビの使用が最も多く、その他にポリエチレンフィルム（農ポリ）、エチレン酢酸ビニル共重合フィルム（農酢ビ）、ポリオレフィン系フィルム（農PO）がある。

硬質フィルムには以前、無可塑塩化ビニル（PVC-U）製が使用されていたが、現在はポリエステルフィルム（PET）とフッ素樹脂フィルム（ETFE）の2種が使用されている。硬質フィルムは機械的な強度が優れ、ガラスや硬質板に替わる鉄骨ハウスの被覆資材として普及が進んでいる。特に近年登場したフッ素樹脂フィルムは透明度が高く、光線透過率

表1　用途別被覆資材に要求される特性

用途		光学的特性					熱に関する特性			水・湿度に関する特性			機械的特性				耐候性
		透過性		遮光性	散光性	反射性	保温性	断熱性	通気性	防曇性	防霧性	透湿性	展張性	開閉性	伸縮性	強度	
		全光線	波長別														
外張り	温室	◎	△	-	△	△	◎	△	-	◎	△	-	◎	△	△	◎	◎
	トンネル	◎	△	-	△	△	◎	△	△	◎	△	-	◎	△	△	△	△
	雨よけ	◎	-	-	-	-	-	-	-	-	-	-	◎	-	-	◎	△
内張り	固定	◎	△	-	△	△	△	△	△	△	△	△	△	△	△	△	△
	可動	△	△	△	△	△	△	△	△	△	△	△	△	◎	△	△	△
マルチ		-	△	△	△	△	△										

◎：考慮すべき特性　　△：必要に応じて考慮する特性　　－：考慮しなくてよい特性

「施設園芸・植物工場ハンドブック（2015年）」より一部引用

低温対策（被覆資材）

表2　外張り用プラスチックフィルムの種類と特性

種類	材質	特性		
		透光性	耐久性	展張作業性
硬質フィルム	無可塑化塩化ビニル（PVC-U）	◎	○	△
	ポリエステル（PET）	◎	◎	×
	フッ素樹脂（ETFE）	◎	◎	×
軟質フィルム	塩化ビニル（農ビ）	◎	○	◎
	ポリエチレン（農ポリ）	○	△	◎
	エチレン・酢酸ビニル共重合（農酢ビ）	○	△	◎
	オレフィン系特殊フィルム（農PO）	○	○	◎

東京近郊そ菜技術研究会編「野菜の新技術と新資材」より引用、一部加筆

表3　外張り資材としての農ビと農POフィルムの特徴の比較

特徴	農ビ	農POフィルム
光線透過性	• 初期の光透過率は約90% • 一般農ビはべた付きがあり汚れやすい • 紫外線カット、強調型、赤外線吸収型、着色による光選択性など多様	• 初期の光透過率は約90% • べた付きがなく汚れにくい • 紫外線カット、赤外線吸収・反射型などが実用化されているが、光選択性フィルムなど開発途上のものもある
保温性	• 長波（赤外）放射特性は吸収率が高く透過率が低いため、軟質フィルムの中では保温性が最も大きい	• 長波放射透過率は農酢ビ～農ビ並み • 製品間で差がある
防曇・防霧性	• 有滴、無滴、防霧など多様	• 防曇剤の表面塗布により性能が向上し、長時間持続するようになっている
機械的性質	• 伸びやすく、摩擦に強い • 低温時の強度がやや落ちる	• 伸びにくく、ハウスバンドや留め材との擦れに弱い • 低温時の強度がある
耐候性	• 2（一般農ビ）～10年（耐久農ビ）	• 2～10年
取り扱い性	• 柔軟性があり扱いやすいが、比重がやや重い • べた付きがあるなど展張時の作業性はやや劣る • 温室ではハウスバンドで抑える必要がある	• 農ビより比重が小さく軽い • べた付きがなく作業性は良好 • 温室被覆時のバンドレス化が可能

「施設園芸・植物工場ハンドブック（2015年）」より引用

は0.10mm厚で95%と他の資材に比べ非常に高い。さらに経年劣化が極めて少なく、0.10mm厚で15～20年の長期展張が可能とされている。

外張り資材

外張り資材の主な役割は、温室などの構造物の屋根や側壁に展張して栽培空間と外界とを遮断することで作物を保護するとともに、栽培に適した環境をつくることである。経済的に有利な栽培を行うために、作期延長や安定生産を図るアイテムとして重要な役割を担っている。国内のハウスで一般的な外張り資材である農ビと農POの特徴を**表3**に示した。

農ビは、塩化ビニル樹脂を主原料とし、可塑剤や耐熱性・耐候性を持たせる安定剤、紫外線吸収剤、防曇性を高めた界面活性剤、保温性強化物質などが配合されている。他の資材に比べしなやかで、フィルム同士が密着しやすい性質があるため、ハウスの密閉性が高

第1章 気象に対応したハウス構造

表4　各種農ビの特徴

品種	種別	特徴
一般農ビ	透明・梨地・防曇・有滴	●梨地は散光性 ●有滴は防曇処理されず表面に水滴が付着（水稲育苗用）
防霧農ビ	－	●温室内の霧・露を抑制
防塵（ほうじん）農ビ 耐久農ビ	－	●ほこりが付きにくく耐候性大 ●防塵性が長期間持続
光選択性農ビ	有色	●可視光域の波長別透過率を調整
	紫外線カット	●390nm以下の紫外線を除去
	紫外線強調	●近紫外線域波長を強調（花きの花弁の着色向上など）
保温性強化農ビ	トンネル用・ハウス用	●遠赤外線の吸収率を高め保温性を強化
作業性改良農ビ	内張り用	●べた付きを改善し防曇性を強化
	トンネル用	●べた付きを改良し開閉性を改善
その他の農ビ	糸入り	●ポリエステル糸を挟み込み、耐候性、耐久性が向上
	サイド専用	●特殊格子シボ加工し開閉性改善と耐久性向上
	遮光	●アルミ粉末やカーボンを混練りして遮光

「施設園芸・植物工場ハンドブック（2015年）」より引用

くなる。この特性に加え、軟質フィルムの中では赤外線を透過しにくく放射伝熱が少ないことから、ハウスの保温性に優れた資材といえる。また、農ビは早くから実用化され、用途別に機能強化が図られてきたため、選択肢が多いというメリットもある（**表4**）。

　農POは、農ポリと農酢ビなどを組み合わせて多層構造にしたもので、保温性を向上させるために赤外線吸収作用のある化合物が添加されている。これにより農POは農ビに近い保温性を持つに至った。農ビと比較して耐寒性に勝ることやべた付きにくいことが評価されて普及が進んでおり、現在では外張り資材として農ビと農POの利用割合は半々になっていると考えられる。

内張り資材

　低温期にハウスの保温性を高めるためには、内張り資材をハウスの内側に展張して多層化することが有効である。内張り資材の種類と特徴を**表5**に示す。保温性に優れること

図1　保温被覆の方法

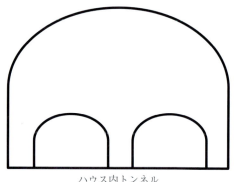

ハウス内トンネル

が重要であり、透明資材の中では長波（赤外）放射吸収率の高い農ビが最も保温性に優れ、透過率の高い農ポリは劣る。

　内張り被覆の方法は、ハウス内に設置した骨組みに資材を固定する方法（固定式）、被覆資材を開閉させる方法（可動式、カーテン）の他、トンネルを設置する方法がある（**図1**）。これらの内張り資材を多重・多層化することでハウス内の保温性を向上させることができる。固定式にする場合は、可動式と比べ

低温対策（被覆資材）

表5　内張り資材の種類と特徴

種類	特徴
農ポリ	透明でべた付きがない。保温力は農ビよりやや低い
農ビ	透明。カーテン用製品はべた付きが少ない。保温力強化農ビは長波（赤外）放射透過率を抑えて一般農ビ以上に保温性を強化している
農PO	ポリエチレンや農酢ビなどの素材を中心に、各種材料を組み合わせた多層構造として性能向上が図られている。べた付きが少なく軽い。赤外線吸収剤を配合したフィルムでは農ビ並みの保温力がある
農酢ビ	農ポリと農ビの中間的な性質
反射フィルム	光線をほとんど通さない。べた付きは少ない。保温力は透明フィルムより高い

「施設園芸・植物工場ハンドブック（2015年）」より引用

図2　素材によるマルチ資材の分類

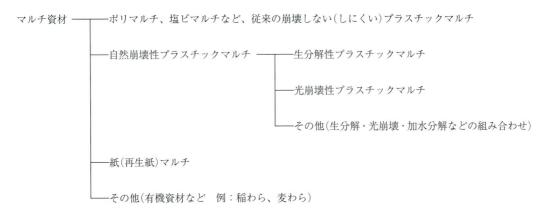

「農業技術大系・野菜編12」より

て密閉性を高めることができるので保温性に優れるが、日中も開閉することができないため、光透過性の高い資材を用いることが望ましい。可動式とする場合は、カーテンを開けたときの影面積を小さくするため収束性が良いことや、開閉に伴う擦れや引っ張りに対する強度のある資材が望ましい。省エネ資材として空気層を設けた資材や気泡状の保温資材も市販されている。

マルチ

マルチとは、わらやプラスチックフィルムで土壌表面を被覆する技術であり、使用する資材により地温制御、雑草防除、土壌水分調節、病害虫防除、肥料成分の流亡抑制、土壌構造の維持、土の跳ね返り抑制、果実の着色促進、花芽分化の防止、塩類集積の抑制などの効果がある。特に低温期の地温上昇を目的として、栽培時期の延長に絶大な効果を発揮する。

マルチに用いられる資材は図2に示すように、ポリエチレンなどを使う通常のプラスチックマルチと、生分解性樹脂などを使った自然崩壊性プラスチックマルチ、古紙などを使う紙マルチ、植物系の有機物マルチなどがある。従来から最も広く用いられているのがポリエチレンマルチフィルムであり、近年は廃プラスチック処理問題や作業省力化の観点から生分解性マルチフィルムの普及も進んで

第1章 気象に対応したハウス構造

表6 プラスチックマルチ資材の種類と地温の昇温効果

マルチ資材の種類	地温の昇温促進
透明	◎
黒色	△
着色(黒色以外)	○
2色(配色)	○
有孔	○〜△
アルミ蒸着	×
アルミ3層構造	×
アルミ混ぜ練り	×
2層(白黒)	×
3層(銀黒)	×
農ビ	◎
農酢ビ	◎

「施設園芸・植物工場ハンドブック(2015年)」より一部引用

いる。表6にプラスチックマルチ資材の地温制御に関する昇温効果を示す。

空気膜2重構造ハウス（空気膜ハウス）

空気膜2重構造ハウスは、軟質または硬質フィルムを2重に重ね、周辺部をハウス構造材にスプリング留め具などで固定し、このフィルム間に小型送風機で空気を送り込んで空気層をつくり、保温性を向上させる方式である（図3）。近年はその保温性が注目されて導入面積も増えつつある。気密性が高まるので固定2重や1重1層カーテンよりも保温力が高まると考えられる。

小型送風機で空気を送り込む際、室内空気

図3 空気膜2重構造ハウスの概略図

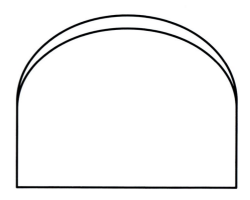

より屋外空気を送風した方がフィルム内面の結露が少なくなる。また、フィルムは固定2重となるため光透過が多少低下するので、光透過率の低下が少ないフィルムを選択する必要がある。構造は簡易であるので自主施工でき、強風に対しても比較的強いなどの特徴がある。

今後普及が予想される資材

ポリエステル綿などを挟んだ多層断熱被覆資材（布団資材）は、従来の保温用被覆資材と比較して2〜3倍の高い断熱性がある。厚さは数mmから25mmのものがあり、厚くなるほど断熱性に優れる。現在、国産の布団資材の市販も開始されているが、資材の軽量化、収納時（内張りカーテンを開けたとき）の取り扱い性の向上、耐久性の向上、導入コストの低減など、さらなる資材性能の向上のための技術実証試験が行われている。以上の課題が解決されれば、今後導入が進むと期待される。

（江原 清）

高温対策（換気・冷房）

高温対策

換気・冷房

　地球温暖化による平均気温の上昇は、施設園芸にも深刻な影響を及ぼしている。それは冷涼な北海道といえども例外ではない。高温対策には、被覆資材による「遮光」、換気窓や循環扇を利用した「換気」、細霧冷房やエアコンを利用した「冷房」の利用が考えられる。このうち換気は自然換気方式（窓換気方式）と強制換気方式（機械換気方式）に大別されるが（**表1**）、ここでは各換気方式の原理と特徴について述べる。また、冷房のうち新資材の導入が見られる「細霧冷房」について紹介する。

自然換気方式

■原理

　自然換気は、換気窓を開放して換気を行う方式であり、換気の駆動力は外風の風圧と温室内外の気温差によって生じる浮力である。すなわち、浮力と風圧によって換気窓の前後に圧力差が生じることで空気の流入や流出が起こる。流出入する空気の流量は、換気窓前後の圧力差と流れに対する抵抗によって決まる。この抵抗を流量係数と呼び、換気窓の形状や大きさにより決定される。

　温度差換気は天窓と側窓のように設置高が異なる換気窓が設置されている場合に効果的に行われる（**図1**-a）。換気窓の高さが同一の場合、換気窓開口部の上部と下部で圧力差が生じ、同一の窓で空気の流入と流出が行われる（**図1**-b）。換気窓が側窓しかない場合、温度差換気は緩慢になる。換気量は**図2**のような式で表され、流量係数、換気窓の開口部面積、風速にも比例する。

■換気窓の分類と換気効率の向上

　代表的な換気窓としては、棟換気、屋根換気、側壁換気、肩換気、谷換気、裾換気などがある。

　例えばパイプハウスでは側窓による側壁換気や、肩換気、裾換気が代表的な換気方法となる（**図3**）。この他に天窓（はね上げ式、つり上げ式）が導入される場合もある。天窓は、換気効率は高いが、コストや冬期の雪対策が課題となる。夏期には妻面部のドアを開放したり、妻面に換気窓を設置して換気する場合もある。近年、導入が進んでいるフルオープンハウスは肩換気と屋根換気を合わせた構造を有し、極めて換気効率が高い（**写真1**）。

■換気効率を考える上での注意点

　大型の多連棟温室では、側壁換気や妻面の開放の効果は限定的となることから、天窓の

表1　自然換気方式と強制換気方式の特徴

換気方式	特徴
自然換気	• 換気窓の面積や位置などを適切に選択すれば、比較的大量の換気量が得られる • 温室内の気温分布が比較的均一である • 外部の気象条件（風向、風速など）の影響を受けやすい
強制換気	• 換気量は、換気扇の風量、台数、吸排気口の面積や位置に依存する • 吸気口から排気口にかけて温度勾配が生じる • 換気扇が影となり、温室内光環境が悪化する • 換気扇の電気料、騒音、停電時の問題がある

「施設園芸ハンドブック」を一部改変して作成

第1章　気象に対応したハウス構造

第2章　栽培技術（共通）

第3章　栽培技術（作物別）

第4章　今後の施設栽培

第5章　今後注目の資材

第1章 気象に対応したハウス構造

図1 温度差換気の概念図

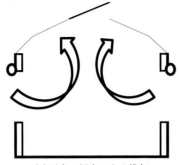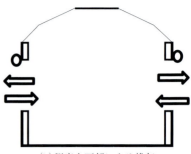

(a) 天窓－側窓による換気
設置高が異なることで効果的な換気が可能

(b) 側窓上下部による換気
同一窓で空気の流出入が起こる

図2 換気量の計算式

換気量(m³/時) = 換気率(m³/m²/時) × 床面積(m²)
あるいは
換気量(m³/時) = 換気回数(回/時) × 温室容積(m³)

図3 パイプハウスにおける自然換気の例

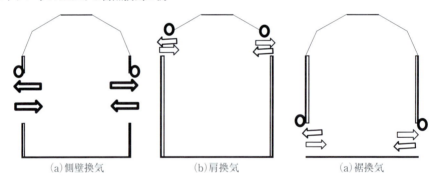

(a) 側壁換気　　(b) 肩換気　　(a) 裾換気

写真1　フルオープンハウスにおける開閉作業

figure 4 強制換気方式における換気方法の種類

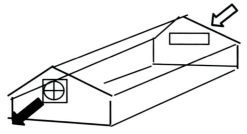

(a)妻面－妻面

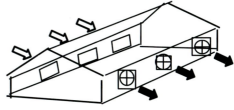

(b)側壁－側壁

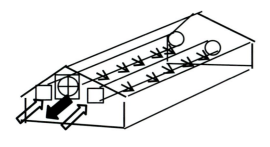

(c)ダクト配風（排気式）

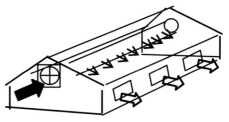

(d)ダクト配風（吹き込み式）

「五訂版施設園芸ハンドブック」より作成

重要性が高まる。一方、天窓では風による換気の効果は小さくなると言われている。これは天窓では側窓との組み合わせで生じる浮力により換気が起こるためである。

また、防虫網は害虫侵入を抑制するために活用される実用的かつ効果的な方法であるが、これを設置した場合、網がない場合に比べて換気回数（1時間当たりに温室内の空気が入れ替わる回数として計算される値）は、3分の1近くに低下するという試算がある。網の選択、面積、展帳方法などについては適切な配慮が必要である。

強制換気方式

■原理
強制換気は換気扇のファンによる送風圧力により駆動する。

■換気扇取り付け位置と得失
換気扇の取り付け位置により以下の方式がある。①妻面から強制排気する方式（図4-a）、②側壁に設置して強制排気する方式（図4-b）、③妻面に設置した換気扇で陰圧にしてダクトを通して外気を給気する方式（図4-c）、④換気扇でダクトを通して外気を取り入れる方式（図4-d）―である。

妻面から換気する方式が一般的であるが、大量かつ均一的な室内通風が必要な場合は図4-bの方式を用いる。外気温が低温となり、外気が直接作物に触れるのを避けたい場合は図4-cや図4-dの方式を用いるとよいが、換気量は比較的少ない。

■換気扇設置時の注意点
換気量は外風の影響を受ける。特定の期間

第1章 気象に対応したハウス構造

に同じ方向から吹いてくる卓越風がある地区では、温室の風下側に設置するのが効果的である。また温室内に草丈が高い作物が栽培されている場合、畝方向と同一方向に通気が行われるよう換気扇を設置するのが望ましい。

細霧冷房

■多目的利用も可能なシステム

　冷房により夏期のハウス内の昇温を抑制する方法は幾つか提案されているが（**表2**）、北海道では冷房が必要な期間が短いことから、導入費用の回収が大きな課題となっている。その中で細霧冷房は高温対策として比較的導入が進んでいる。

　細霧冷房とは、高温期のハウス内に噴霧した微細な霧が蒸発時に気化熱を奪う作用により温度を低下させる冷却方法である。自然換気下の細霧冷房は他の温室冷房法に比べて欠点が少ないことから、日本国内で最も普及している。

　冷房のみでなく、農薬散布、加湿、葉面散布が可能なシステムも登場している。多目的に使用することで収量や品質の向上を図り、導入コストの回収を目指している。

■細霧冷房の問題点

　細霧冷房は霧状の水を噴霧していることから、それが十分に蒸発せずに作物上に落下して葉をぬらす場合があり問題となっている。

表2　冷房方式の種類

方式	具体例
空調機利用	• ヒートポンプ • スポットクーラー、局所冷房
蒸発冷却法	• 細霧冷房 • パットアンドファン
地下水利用	• ウォーターカーテン式冷房

「施設園芸ハンドブック」を一部改変して作成

すなわち、①細霧が十分に蒸発せず作物上に落下して水滴となり葉をぬらす、②葉がぬれると気孔が閉じて光合成や蒸散活動が抑制される、③蒸散抑制により作物体温度が上昇する、④病原菌類が発芽・繁殖し、植物体内に侵入しやすくなる、⑤作業者の衣類がぬれて作業性が低下する―という問題点が挙げられる。そのため過湿にならないよう効率的かつ適量を噴霧することが重要であり、各公設試験場や企業が競ってシステム制御開発を行っている。

　例えば、細霧の発生を間欠的（1分発生、2分停止など）に行う方法がある。また水滴（霧粒）の平均粒子径は約40μmとされているが、近年では水分対策として20μm程度の粒径にしたドライミスト（登録商標）も開発されている。

（福川　英司）

高温対策（遮光・遮熱）

高温対策

遮光・遮熱

夏期の高温対策として古くから利用されているのが寒冷しゃによる遮光である。近年は遮光に加え、遮熱効果をうたった資材も多く販売・利用されている（**表1**）。ここでは、これら遮光・遮熱資材について、その機作と利点・欠点を中心に紹介する。

遮光と遮熱の関係

作物を育てる上で光は重要な役割を果たしており、中でも太陽光への依存は大きい。その太陽光は物質を温める効果も持っている。このため夏期の施設栽培では、太陽光の過剰な昇温効果により、生育停滞やいわゆる「焼け」など、作物の生育に悪影響を及ぼすことがある。このため、太陽の光を一定割合遮断することによって、昇温効果を抑えることを「遮光」という。

一方、太陽の光は単一の光から構成されているものではなく、いわゆる虹の7色（赤・橙・黄・緑・青・藍・紫）としてわれわれが見ることのできる可視光線の他、人間には認識できない紫外線や赤外線を含んでいる（**図1**）。これらさまざまな成分の光の中から、昇温効果の高いものを取り除き、それ以外の光を透過させることを「遮熱」という。

市販されている資材では、「遮光」と「遮熱」の効果が厳密に区分されない場合もあり、また両方の効果が期待できるものも多い。

遮光・遮熱フィルム

■利点と欠点

遮光フィルムと遮熱フィルムはハウスの外張りに重ねて、または外張りそのものとして利用され、広く普及している。また、コストも比較的安価である。一方、外張りとして利用した場合には設置や撤去に手間が掛かることが課題に挙げられる。

■各種資材の特徴

【遮光フィルム】

遮光率が80％以上の資材が多く、白または銀色のものが多い。昇温抑制効果は非常に高

第1章　気象に対応したハウス構造

第2章　栽培技術（共通）

第3章　栽培技術（作物別）

第4章　今後の施設栽培

第5章　今後注目の資材

表1　市販されている主な遮光・遮熱資材

機作[注]	フィルム	ネット	塗布剤
遮光	ハクリョク 白白コート5 スーパーロング　　　など	タイベック タイレンネット ダイオネット/ラッセル サンサンカーテン　　　など	エクリプス レディソル ファインシェード　　　など
散光性	花野果ナシジ ソフトソーラーBD エフクリーンナシジ　　　など		
クロミック	調光　　　など		
赤外線カット	ハイベールクール エフクリーンNewソフトシャイン ベジタロン夏涼　　　など	さんさんハイベールクール ふぁふぁエース ら～くらくスーパーホワイト クールホワイト　　　など	トランスパー レディヒート　　　など
光質調整	メガクール IR-X　　　など	メガクールネット　　　など	

注）資材によっては複数の昇温抑制効果を併せ持つものも存在する

ニューカントリー 2016 秋季臨時増刊号　**39**

第1章 気象に対応したハウス構造

図1 光の成分と遮光・遮熱資材の機作

遮光資材
全ての領域の光の透過を一定量抑制する（クロミックフィルムは気温によって光の透過量が変化する）

赤外線カット資材
昇温効果の高い赤外線の透過を抑える（可視光線の透過も一部抑制する）

光質調整資材
赤外線カット資材の中でも赤色光を多く透過するため、R/FR比が高い

紫外線	紫	藍	青	緑	黄	橙	赤	近赤外線（遠赤色光）
			可視光線					赤外線

波長(nm)　400　430　470　510　550　590　650　780　2,000

図2 散光性資材の機作
光がフィルムを透過する際に、弱い光となって散乱する

いが、採光性も低いため、作物の生育も抑制される。そのため、生育にあまり光を要しないシイタケハウスの外張りや、きく、トルコギキョウ、デルフィニウムなどの短日処理用の資材として利用される。その他にも倉庫や作業所の外張りとして利用される場合が多い。

【散光性フィルム】
通常のフィルムと同程度の透過率を持ち、光がフィルムを透過する際に方向がばらばらになる（散乱する）資材である（**図2**）。散乱光となることで光の強度が弱くなり、昇温効果が抑制されて葉焼けなどの障害が発生しにくくなる。また、ハウス内に影ができにくくなるため、下葉まで光が行き届き、光合成の促進が期待される。一般に梨地フィルムとして市販されている場合が多い。

【クロミックフィルム】
温度に応じて透明度が変わる資材を指す。具体的には、低温時はフィルムの透明度が向上し、高温時には透明度が低下して白くなる（**写真1**）。このため夏期には遮光フィルムや

3月30日

5月28日　8月4日

9月17日

写真1　クロミックフィルムハウス外観の季節変化（2015年、旭川市農業センター撮影）

高温対策（遮光・遮熱）

散光性フィルムと同様の効果が得られる一方、秋～春期には保温効果も期待できる。近年市販され始めた資材で、実用実績は少ないが、今後の普及が期待される。

【赤外線カットフィルム】

太陽光に含まれる光成分のうち、昇温効果が最も高いのは赤外線（近赤外線）である。そのため、高温障害防止に近赤外線の透過を抑制するフィルムが利用されている。その機作として、①フィルムで赤外線を反射させるタイプ、②フィルムが赤外線を吸収するタイプ—が存在する。いずれの資材も完全に近赤外線のみを遮断する資材は開発されておらず、汎用品と比較して値段が高い。また、赤外線吸収タイプはフィルムから熱を放出するため通風が重要になる。

【光質調整フィルム】

光の成分のうち、赤色の光（赤色光、R）と近赤外線の一つである遠赤色光（FR）の強さの割合（R／FR比）によって植物の生育は変化するが、一般的にはR／FR比が大きいほど生育が促進することが明らかになっている。このため、赤色光に対して遠赤色光をより多く吸収する資材が開発されている。広義では赤外線カットフィルムの一種と考えられ、昇温抑制効果も併せて期待できる。

遮光・遮熱ネット

■利点と欠点

主に外張り資材として常設利用されるフィルムに対し、ネットは必要に応じて一時的に内張りとして、または外張りに覆い重ねて利用する場合が多く、不要な時期には撤去が可能である。遮光率は25～95％と、フィルムと比べてラインアップは幅広い。

■材質

以前はビニロン製の寒冷しゃが主流であったが、現在ではフィルムと同様のPO素材が多く利用されている。またポリビニルアルコール（PVA）を用いた赤外線カットフィルムや光質調整フィルムを素材として利用したり、散光効果のある資材を組み合わせることで、遮熱性を併せ持った遮光ネットも市販されている。

■織り方

ラッセル織り、平織り、カラミ織りに大別される（**写真2**）。ラッセル織りは目ずれやカットした場合の切り口のほつれがなく、柔軟性に優れている。平織りは耐久性に優れており、全体的に遮光率が高い。また他の資材に比べて安価である。カラミ織りはラッセル織りと平織りの長所を併せ持ち、耐久性・柔軟性に優れ、軽量で扱いやすい。

■資材色

黒色、白色、銀色の他、アルミ蒸着タイプが存在する。黒色は光を吸収するため、遮光効果は期待されるものの、遮熱効果は弱い傾向がある。一方、光を反射する白色や銀色は高い遮熱効果も期待され、またハウス内が暗くなりにくい。アルミ蒸着タイプは、特に高い遮熱効果が期待されるが、経年利用でアル

ラッセル織り

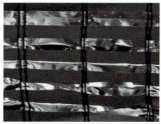
平織り

カラミ織り

写真2　遮光ネットの織り方

第1章 気象に対応したハウス構造

表2 遮光・遮熱資材の実証事例

資　材	作物に対する効果	
遮光ネット	・ほうれんそうの収量増加(東京、他) ・トマトの収量・品質向上(東京) ・にらの葉先枯れ防止(栃木)	など
散光性フィルム/ネット	・ほうれんそうの収量増加(東京) ・いちごの可販果収量増加(熊本)	など
赤外線カットフィルム/ネット	・ほうれんそうの発芽率向上(奈良) ・トマトの裂果減少(石川) ・ミニトマトの規格外収量減少(北海道) ・キャベツのセル苗品質向上(滋賀) ・アスパラガスの規格内収量増加(香川)	など
光質調整フィルム/ネット	・ほうれんそうの発芽安定(岩手、他) ・いちごの花芽分化促進および安定化(栃木、他) ・トルコギキョウの花弁先端部の焼け防止(千葉)	など

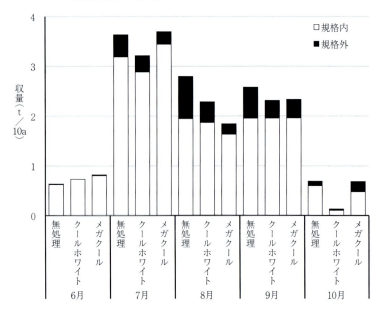

図3 遮光資材がミニトマトの規格外収量に及ぼす影響
(2008年、後志農業改良普及センター)

ミが剥がれやすくなる。

塗布剤

　塗布剤とは、一般的な外張りに吹き付けることで表面に塗膜を形成し、遮光・遮熱効果を持たせる資材である。遮光率は20～30％で、2～3カ月程度遮光効果が維持される。安価に導入できるが使い切りであること、また吹き付け作業に熟練を要するなどの欠点がある。

資材の活用事例

　これら遮光・遮熱資材の活用事例は全国各地で紹介されており、その一部を表2に示した。関東以南を中心に葉菜類、果菜類、花き類などで幅広い効果が認められており、一部資材では北海道でもその効果が確認されている（図3）。
　一方、東北地方や府県でも低温寡日照の条件下では、遮光・遮熱資材の効果が十分に発揮されず、かえって収量減少や品質低下を招いた事例も見られる。北海道は本州と比べて冷涼な地域であり、これら資材の効果もより限定される可能性が高い。導入に当たっては十分にリスクを考慮した上で行うようにしてほしい。

（髙濱　雅幹）

高温対策事例

北海道のほぼ中央部に位置する東川町は、夏場も比較的冷涼な気候や大雪山の清流を生かした稲作地帯であり、野菜や花き類の生産も盛んに行われている。同町では近年、東川野菜ブランド「ひがしかわサラダ」を立ち上げ、さらなる野菜生産拡大のため、「ひがしかわサラダ総合支援事業」によりハウス建設などの計画的な作付け拡大や共同選果施設の導入を行っている。

また主要品目では、農薬や衛生面などでのリスク管理を行い、安全・安心な野菜供給を図るため、「ひがしかわサラダGAP」の取り組みを推進している。

東川町㈱松匠のトマト栽培

㈱松匠（松家孝志代表取締役）はトマトを導入して2年目である。トマトは共同選果施設が活用でき、高収益が期待できる品目と考えて導入した。10a当たり13tの収量目標を設定し、そのために必要な導入技術を整理している（**図**）。ハウスの設置に当たっては、品質

写真1　肩換気ハウス

と収量向上のため、作業の省力化にメリットがある肩換気（**写真1**）と外張りに散光性フィルム（**写真2、3**）を導入した。また、栽培に当たって「導入作物に適した施設の検討」「知識・技術の習得」「生産性向上のための努力」をテーマとし、作業は従業員3人とパート6人で行う。その経営概要は**表1**の通りである。

■作型と品種

作型は半促成長期どりとハウス夏秋どり（早熟栽培）の2作型で、6月上旬から10月上旬まで収穫を行っている。品種はいずれの作型も「りんか409」を栽培している（**表2**）。

■栽培のポイント

【圃場準備】

前年秋に、堆肥と残根の分解促進のために菌体を投入して除雪機のクローラで鎮圧し、

図　目標収量と導入技術

収量目標　13t/10a（6kg/本）				
技　術		施　設		
光合成促進	根張り向上	高温対策		低温対策
飽差管理　肥培管理	鎮圧栽培	肩換気	散光性フィルム	二重被覆

第1章 気象に対応したハウス構造

写真2 散光性フィルム(左)と通常フィルム(右)
　　　通常フィルムはハウス内が見えるが、散光性フィルムはぼんやりした感じ

写真3 散光性フィルムの効果(暗い部分が散光性フィルムによるもの。明るい部分は散光性フィルムのない部分)

表1 松家さんの経営概要

品　目		面積など
水　稲		7ha
野　菜	ブロッコリー	1ha
	トマト	750坪
	ミニトマト	250坪
	寒締めほうれんそう	500坪
花　き	花ゆり	1,000坪
苗　類	野菜・花など	30万鉢

表2 松家さんのトマト栽培概要

作　型	半促成長期どり	ハウス夏秋どり
品　種	りんか409	りんか409
栽培面積	187坪	91坪
株間×畝幅	35cm×120cm	25cm×120cm
栽培本数	1,350本(7.2本/坪)	950本(10.4本/坪)
播種日	2月18日	4月11日
鉢上げ日	3月11日	4月30日
定植日	4月15日	6月11日
収穫開始	6月5日	7月26日
収穫終了	10月8日	10月8日

ハウスビニールを剥がして積雪下とする。翌春は、融雪後にサブソイラをかけ、有機質肥料を主体に基肥を施用後、耕起して再び鎮圧を行う。鎮圧の狙いは「土壌水分の均一」「地温の安定化」「根張りの向上」である。

【施肥・定植】

定植は開花前〜開花始期の苗を使用している。やや若苗だが草勢が過繁茂になることはない。定植圃場は畝立てせず平床としている。半促成長期どり作型では、活着までマルチングを行い、活着後に除去している。一方、ハウス夏秋どり作型は無マルチで栽培している。定植作業は鎮圧しているためドリルで植え穴をつくり、定植を行う。栽植様式は1条

植えにすることで光合成の促進と管理作業・収穫作業時間の軽減を図っている（**写真4**）。

【定植後の管理】

追肥は液肥をベースにカリや苦土の補給を重視している。葉面散布も必要に応じて行う。かん水は点滴チューブを使用し、1株当たり1.2ℓを1日1回行っている。生育初期は株元に、生育中期以降は通路にチューブを設置し白黒ダブルマルチで覆いかん水している（**写真5**）。白黒ダブルマルチは土壌水分の安定化と反射光活用のために設置している。摘果は1果房当たり4果となるようにして、半促成長期どり作型は5段目まで、ハウス夏秋どり作型は3段目まで行っている。

【病害虫防除】

薬剤散布は春と秋を中心に行っている。2015年は1段果房で低温による裂果や尻腐れ果、灰色かび病が発生した。今後は追肥や温・湿度の管理を見直す必要がある。

【収穫・調製】

収穫物は秀・優とA品に区分し、JAの共選場に出荷する。2015年は果実の傷によるA品比率が高かった（**表3**）。要因は斜め誘引のため茎葉によるこすれなどが生じたことであり、今後の改善ポイントである。また、着果促進は1〜2段花房にはホルモン剤の処理を行い、3段花房以降は空洞果の発生が懸念されるためブロワーでの授粉を実施している。

肩換気・散光性フィルムの導入

北海道の施設栽培では高温対策が十分でないことが多く、東川町でもトマトの上段で起こりやすい落花や着果不良が問題となる。これらの改善策として、果房に西日が当たらな

写真4　1条植えしたトマト

写真5　通路に設置した点滴かん水チューブと白黒ダブルマルチ

表3　松家さんのトマト収量概要

作　型	収量(kg/10a) 基準	収量(kg/10a) 自家	A品率(%)
半促成長期どり	12,000	13,513	33
ハウス夏秋どり	10,000	9,110	36

いよう定植時に1段花房は東向きに定植し、株全体に十分な光が当たるように1ベッド1条植えにしている。さらに、肩換気ハウスと直射日光を抑える散光性フィルムを取り入れている。ハウスは幅7.2mの肩換気仕様である。保温条件は二重カーテンで、外張りの散光性フィルムは「カゲナシ」の厚さ0.15㎜、内張り資材には防霧性のある厚さ0.10㎜のフィ

第1章 気象に対応したハウス構造

表4 肩換気型ハウスの室温調査

	7月11日	7月12日	7月14日	7月24日	7月28日	8月3日	8月4日
最高外気温（℃）	31.3	30.5	30.2	30.0	30.8	30.1	31.7
ハウス内最高気温（℃）	30.2	30.7	30.4	31.1	31.4	30.5	30.9
外気温比（℃）	-1.1	0.2	0.2	1.1	0.6	0.4	-0.8
最大風速（m）	2.2	4.1	7.8	3.4	3.7	3	4.3
遮光ネット	有	有	無	無	有	有	有

ルムを使用している。

　この散光性フィルムは5年ほど使用可能で、強光時に直射光を散光するだけでなく、弱光時の光配分などの効果も高い。7月中旬～8月上旬の高温期に肩換気ハウスで外気温とハウス内気温の調査を行ったところ、肩換気を導入したハウスでは、トマト成長点付近のハウス内気温は外気温とほぼ同様の数値となり、極端な高温にはならなかった（**表4**）。生育面でも花質が良好で、落花などの障害は見られず、風通しが良いことから病害の発生も見られなかった。

　夏期は夜温が15℃以上となる場合は肩換気を全開放している。3段花房が開花して以降は収穫やわき芽管理といった作業が増加するが、ハウス内が常に高温条件とはならないため、作業者の作業効率の改善や肉体的、精神的負担の軽減にもつながっている。

　一方、肩換気ハウスの注意点として、肩部を解放時に突然の降雨に見舞われると作物に直接雨が当たるため、気象情報などには気を配っている。また、高湿度条件の場合には肩換気のみでは湿度が下がらないため、側窓も併せて解放するようにしている。

（**若宮　貞人**）

第 2 章

栽培技術（共通）

土壌管理	48
土壌消毒（方法と留意点）	53
土壌消毒（還元消毒）	56
IPM（病害対策）	60
IPM（虫害対策）	64
生理障害対策	68
CO_2施用	72
環境測定	74
LEDの利用	76
養液土耕栽培	78
かん水方法	82
自然エネルギーの利用	85
温泉熱・地熱利用事例	88

第2章 栽培技術（共通）

土壌管理

土壌は数千年の時間をかけて生成され、数世代にわたる土地改良の成果が受け継がれた財産である。私たちはこれを維持しながら未来に引き継がなくてはならない。

土壌が作物を生産する能力、いわゆる「地力」は土の物理性（硬さ、排水性）、化学性（肥料成分、養分）、生物性（微生物や病原菌）の全てが好条件にそろったときに発揮される（図1）。ここでは施設栽培で地力を維持するための基本技術を述べる。

施設栽培の特徴と土壌管理上の問題点

ハウスでは小面積に労働集約型の作物が栽培され、化学肥料や堆肥が必要量より多く施用されがちになる。一方、天井が被覆されているため、肥料成分が降雨で流亡することなく、作土層に余剰な塩類として残存しやすい。このため、ハウス建設後の年数経過とともに土壌の電気伝導率（塩類濃度）が高まり

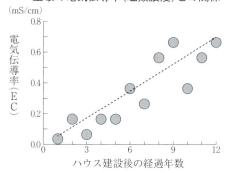

図2 ハウス建設後の年数経過と土壌の電気伝導率（塩類濃度）との関係

2015年檜山地域農業技術支援会議より

やすい（図2）。

塩類濃度が高まると作物の根は土壌水分を吸収できなくなり、作物は正常に生育できなくなる、いわゆる「肥料焼け」が発生する。この状態が続くと作物の根が弱まり、その結果、弱った作物は病原菌に侵されやすく、連作障害も起こりやすくなる。また、ハウス土壌では概して露地畑より栽培期間が長期にわたり、地温が高く推移するので、露地畑より有機物が減耗しやすい。

ハウスにおける土づくり技術には、堆肥施用や緑肥栽培による物理的な生産基盤づくり、土壌診断に基づく酸性矯正・施肥管理などがあり、これらが相互に影響し合いながら生産性を維持している。

生産基盤をつくる堆肥施用

土壌を物理的に改善するためにはさまざまな方策があり、基本的には露地畑と共通する。また、ハウス栽培の基本技術として排水対策が重要であるが、これは第1章（p14～15）に譲る。

ハウス土壌における物理性の改善策として特に気を配りたいのは有機物の施用である。有機物は土壌中での分解のしやすさに応じて、期待される施用効果が異なる。魚かすや油かす類などの有機質肥料は、施用後の分解

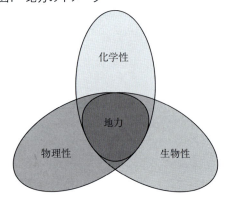

図1 地力のイメージ

が早く肥料効果は高いが、地力増進の効果は小さい。これらに対して、家畜糞尿と敷料などを混和してつくられた堆厩肥（以下、堆肥）は、一定量を連年施用することにより、肥料効果と土づくり効果の両方を期待できる優れた資材である。堆肥施用は物理性・化学性・生物性の全ての改善に寄与する。一般に土づくりを目的に施用される有機物は、おおむね堆肥と同義と考えてもよい。

作物生産活動は必ず土壌を疲弊させるものであり、土地の生産性を維持するためには、消耗した土を回復させる必要がある。施肥や堆肥施用の基本は、この消耗分を補うことにある。

北海道の施設栽培では短期間での地力増進を期待して堆肥を大量に施用する事例が見られるが、土壌の物理性に対しては、短期間では期待するほどの効果が現れにくい。逆に、堆肥に含まれる養分により土壌に余剰な塩類が蓄積するなどのデメリットが生じる。堆肥施用の意義は、栽培により摩耗した土の膨軟性と養分供給力を回復させ、これらを助けるために微生物活性を維持することであり、適

量を地道に毎年施用し続けることが大切である（**表1**）。適切な施用量は主に環境負荷の観点から制限を受け、「北海道施肥ガイド2015」では1年につき10a当たり4tを原則としている。

他方で、塊状態の堆肥が定植の手作業に邪魔になることから、あるいは過去に堆肥を大量施用して作物に生育障害を生じさせた経験から、堆肥の施用が嫌われる事例も見られる。しかし、堆肥による養分負荷に起因する生育障害の多くは、堆肥の施用量に応じて窒素・リン酸・カリの施肥量を削減すると回避することができる（**表2**）。堆肥とは上手に付き合ってもらいたい。

緑肥の利用

露地栽培では圃場に残された副産物の多くは土壌にすき込まれ、これによる有機物の補給効果が期待できる。一方、ハウス栽培では病害回避のため、あるいは前作の栽培終了後すぐに次作の栽培を始めることもあり、圃場副産物（収穫残さ物や未収穫物）は持ち出されることが多い。また、養分過多なハウスに堆肥を施用すると、堆肥に含まれる養分がさらに土壌中に追加供給され、余剰養分の集積を加速する。しかし、有機物の補給は大切である。作物根域の深い水持ちの良い土壌では塩類障害を回避しやすく、物理性の改善が化学性の悪化を補償する面もある。堆肥を施用しない場合には、土壌の物理性を維持するために、緑肥による有機物補給が望まれる。

加えて緑肥栽培には病虫害や雑草の抑制効果、菌根菌のような有用微生物の増加などのさまざまな効果が期待できる。これらの効果は緑肥の種類や後作物の種類、すき込みの時期などにより異なるので、効果を目的通りに発揮できるよう、各作物の特性を**表3**に示した。ただし、緑肥作付け時には商品作物の栽培を休むことになるので、その逸失利益と緑

表1　1年当たり4t/10aの堆肥施用が土壌の物理性に与える影響

連用年数	孔隙率（％）	易有効性水分（％）	容積重（t/㎡）
0	59.8	8.0	1.08
16	62.9	8.3	0.97
27	64.7	8.4	0.93

孔　隙　率：土に占める隙間の割合。多いほど土が膨軟
易有効性水分：土壌が保持できる作物に吸収されやすい水分
容　積　重：土の比重。小さいほど土が軽い
2003年道南農試、2014年花野技セ成績から作成

表2　施用堆肥1t/10a当たりの肥料削減可能量
（kg/現物1t当たり）

	窒素	リン酸	カリ
単年～連用4年まで	2	3	4
連用5年以上	3	3	4

注）乾物率30％程度の一般的な牛糞麦稈堆肥の場合。精密な削減可能量は，堆肥に含まれる成分濃度により異なる
「北海道施肥ガイド2015」に基づく

第1章　気象に対応したハウス構造

第2章　栽培技術（共通）

第3章　栽培技術（作物別）

第4章　今後の施設栽培

第5章　今後注目の資材

肥の効果をてんびんにかけて検討してもらいたい。

なお、緑肥をすき込んだ直後には、ピシウム属菌などが急速に繁殖して分解が進行し、作物に害を及ぼす。これを回避するために、緑肥のすき込みは後作物を栽培する2〜3週間以上前に行われる必要がある。

土壌のpH管理

土壌のpHを適正に維持することは、土壌化学性の管理における基本技術である。pH管理は土壌養分の吸収、生理障害の発生に影響を及ぼすとともに、土壌微生物の働きを支配する。

ハウス土壌のpHは6.0〜6.5が基準であり、低pHは微生物による有機物の分解能力を低下させ、窒素肥料を作物に吸収される形態の「硝酸態」に変換する細菌の能力も低下させる。このため、低pHの土壌では堆肥や化学肥料は期待された効果を発揮できない。pHを適正範囲に維持すると土壌の生物性が高まり、物理性や化学性の改善にも影響する。一方、高pHは微量要素の欠乏を引き起こす。施設栽培において微量要素の過不足に起因する生理障害の多くは、pHを適正化することで解決する。

なお、一部の花きでは土壌pHを高めると花の色に影響することがある。また、水稲育苗の間作に野菜を栽培する場合はpHを6まで高めることがためらわれることがある。これらの場合にpHはやや低めに管理される。さらに、EC値（電気伝導率）の高い土壌では硝酸態窒素の影響でpHが低くなることがあり、そのようなハウスではpHを高め過ぎないように管理される。このように、土壌管理の基本としてpHが大切であることに留意されたい。

土壌リン酸の適正化

露地畑における事例だが、化学肥料のみで施肥標準量のリン酸を施肥した場所の土壌有効態リン酸は30年間にわたり変化がなかったが、化学肥料に加えて堆肥を連用すると有効態リン酸が高まり続けた。

施設栽培においても土壌のリン酸が高まる理由の第一は、堆肥に含まれるリン酸成分や

表3　各緑肥作物の栽培効果

科名	作物	有機物供給	窒素供給	物理性改善	生物性の改善					雑草抑制	溶脱防止
					センチュウ			菌根菌			
					キタネグサレ	キタネコブ	サツマイモネコブ				
イネ	えん麦	◎	○	○	×	◎	×	○	○	○
	えん麦野生種	◎	○	○	◎	◎	×	○	○	○
	ライ麦	○	○	○	×	◎	×	○	−	○
	ソルガム	◎	−	◎	×	◎	○	○	−	○
マメ	アカクローバ	○	◎	○	×	×	×	◎	◎	○
	ヘアリーベッチ	−	◎	−	×	×	×	◎	◎	○
アブラナ	シロカラシ	○	○	○	×	×	×	−	−	○
	ナタネ	○	○	○	×	×	×	−	−	○
その他	マリーゴールド	○	○	○	◎	○△	○△	○	○	○
	ひまわり	◎	−	◎	×	×	×	◎	○	○

◎：非常に効果がある　○：効果がある　×：センチュウを増やす　−：未検討
2004年北海道農政部「北海道緑肥作物等栽培利用指針」から抜粋

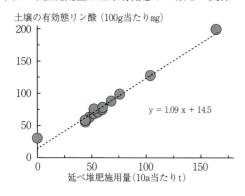

図3 堆肥施用量と土壌有効態リン酸との関係

2011年道総研農試報告、2014年花野技セ成績から作成

リン酸の固定を妨げる物質の作用によるとみてよい。施設栽培では概して畑作より堆肥施用量が多いため、その傾向が顕著に表れる。低地土の事例では、堆肥を10a当たり1t施用すると、土壌の有効態リン酸は100g当たり1mg以上高まった（図3）。そのため、1年間に4tの堆肥を25年間連用すると、土壌のリン酸が100mg以上高まることになる。

植物が過剰摂取したリン酸は細胞内の液胞に貯留されるため、従来はリン酸自体による過剰害は現れにくいと考えられてきたが、近年は土壌リン酸が極度に高まったハウスでリン酸過剰害が見られる。また、リン酸自体の過剰害が現れない場合でも、土壌に蓄積したリン酸は微量要素の吸収を阻害し、葉先枯れや果実の尻腐れなどの石灰欠乏を誘発する。作物体による土壌からのリン酸の持ち出し量は少ないため、一度高まったリン酸は容易に低下させることができない。つまり土壌のリン酸を適正水準に維持するためには、投入量の管理が何より必要であり、土壌診断値に基づいて施肥量を決めることに加え、堆肥施用時にはリン酸施肥量を削減する必要がある（表2）。

窒素施肥の適正化

土壌診断によって現在の畑にある養分を評価して、次作の施肥量を決めることを「施肥対応」というが、施設栽培における施肥対応では、残存した余剰な肥料成分を評価して施肥量を削減することが多い。また余剰塩類のうち、特に窒素が土壌のEC値を高め作物生育を抑制するとともに、窒素は作物生育を大きく左右するため、ハウス土壌診断ではEC値を測定することが土壌管理の基本になる。

かつてはEC値から土壌に残存する窒素量を推定して窒素施肥量を決めることが多かったが、現在は多くの土壌分析施設で硝酸態窒素量を診断できるので、より精密に窒素施肥量を決めることができる。

なお窒素が施肥対応できないほど過剰に集積して、これを低減させたいハウスでは、緑肥を栽培後、すき込まずに搬出して養分ごと持ち出すことがある。このときの緑肥をクリーニングクロップと呼び、有機物の供給効果は劣るが、ハウス土壌のEC値を低下させるためには有効である。

多様なハウス土壌窒素診断

近年は土壌診断が普及して、作土層の硝酸態窒素は適正水準にあるハウスが多い。そこで土壌窒素の診断技術は次のステップに進化している。以下に幾つか紹介する。

■下層土の診断

北海道のような積雪地帯のハウスでは、冬期間にビニールを剥がして土壌を雨や雪にさらすことが多いが、その間の降水量は存外少なく、土壌から溶脱した前作の硝酸態窒素が下層に残存する。多くの野菜の根は下層に伸長するが、中でもトマトの根は窒素追肥の開始期に深さ60cm程度まで到達し、そこに存在する硝酸態窒素は追肥される窒素と同様に吸収される。また、ほうれんそうの根は収穫時点で深さ40cm以上に到達して硝酸態窒素を吸収する。これらの作物では下層土の診断も推奨されることがある。

第2章 栽培技術（共通）

■熱水抽出性窒素の診断

露地栽培では窒素肥よく度の目安として、熱水抽出性窒素を診断して窒素施肥量を決めるが、施設栽培ではEC値や硝酸態窒素の低減化が優先され、これまで窒素施肥対応において熱水抽出性窒素レベルは考慮されてこなかった。近年はハウス土壌でも熱水抽出性窒素の診断が徐々に技術化されており、診断の高度化が期待される。

■土壌診断の省略

診断技術が高度化する一方で、土壌診断自体を省略する技術もある。前作の収穫後に速やかに次作を栽培する場合は、土壌診断をして施肥量を決める時間がない。前作物が葉菜類の場合、その作付け前の土壌診断値と収量から残存窒素を推定すると、土壌診断をせずに次作の窒素施肥量を算出できる場合がある。

土壌の養分バランス

土壌診断により各養分のバランスを適正化することも、地力を維持する上で大切である。ただし施設栽培で起こりやすい事例として、カリの蓄積した土壌において苦土欠乏対策に土壌の苦土を高め、その結果、石灰欠乏対策の必要も生じて土壌の石灰も高めるなどと、連鎖を引き起こすことがある。ところがカリは肥料や堆肥として土壌に投入される量、作物体により土壌から持ち出される量ともに多いため、土壌中で増減を繰り返すが、苦土は土壌への投入量、作物体による持ち出し量ともに少ないため、土壌中では増減が小さく、一度高まると低下しにくい。土壌の養分バランスを管理するときには、このような各養分の特性も踏まえてほしい。

ハウス土壌診断の試料採取法

診断のための土壌採取は基本的には前作物の収穫後、次作の耕起・施肥前に行う。土壌養分は場所によって不均一な状態にあるため、ハウス一棟を代表する診断試料を得られるように複数の地点から土壌を少しずつ採取・混合して1試料とする。

一般的には畑の対角線上に5カ所程度から採取することになっているが、これは比較的小規模な水田土壌を前提にしたものと思われる。施設栽培では概して堆肥の施用量が多く、手作業で散布すると投入養分の偏りが生じやすい。また、追肥量も多く、かん水チューブで液肥を施用しても、手作業で肥料粒を散布しても、ある程度の散布むらは生じる。このため土壌採取に当たっては、養分の偏りの生じやすい出入り口付近を避け、手前から奥側までの数カ所を一定間隔に採取して診断試料にする。また、採取時には土壌表面に塩類が集積していることがあるので、表面のみを採取すると正確な診断値が得られない。そのため、作土層を一定の幅で上から下まで均等に採取する。

土壌診断の間隔は、露地畑では3～4年以内ごとに行うことが推奨される。ハウスでも基本的には同様であるが、施設栽培では硝酸態窒素やEC値が毎作大きく変動するので、これらの項目については作付けごとに診断することが望まれる。

地力の維持には「基本技術」

以上、施設栽培における地力維持のための土壌管理法を紹介した。土壌の生産性を維持することは、適度な堆肥施用で地力の減耗を補い、土壌診断値や堆肥中養分の評価量に基づき施肥を合理化して養分収支を維持することに要約される。地道な基本技術に勝る特効薬はない。ここでの解説がハウス土壌の生産性を維持する手助けとなり、北海道において土地利用型ハウス栽培が持続されることを願っている。　　　　　　　　（林　哲央）

土壌消毒（方法と留意点）

土壌消毒

方法と留意点

北海道での実施状況

北海道における土壌消毒の処理方法別の実施面積は、化学的防除法である薬剤消毒が82.4％と圧倒的に多い。この他、物理的防除法である太陽熱消毒が1.7％、蒸気消毒が9.0％、熱水消毒が1.6％であり、物理的・生物的な手法を複合的に利用した還元消毒が5.3％である（**表1**）。

野菜類の消毒面積は66万7,888㎡に上り、作物別ではほうれんそうが40.1％、いちごが26.2％、トマトが13.1％、ねぎが10.8％、たまねぎ（育苗床）が6.6％であり、この5作物で野菜全体の96.8％を占める。一方、花き類の消毒面積は8万9,828㎡で、トルコギキョウが10.5％、カーネーションが10.2％、サンダーソニアが9.4％、フリージアが5.7％である（**表2**）。

処理時期別では6〜9月の実施率が高い（**表3**）。これはハウス内で作物が栽培されている期間と一致するため、夏期にハウスが空く春どりいちご以外では、土壌消毒を実施するために作物の栽培を1作休んでいるのが現状である。

薬剤消毒

薬剤消毒の中では、ダゾメット剤である「バスアミド微粒剤」および「ガスタード微粒剤」が全体の56.0％、次いでクロルピクリ

表1　北海道における土壌消毒の処理方法別の実施面積（岸田、2004年）

処理方法	化学的	物理的			複合的	全体
	薬剤消毒	太陽熱消毒	蒸気消毒	熱水消毒	還元消毒	
処理面積（㎡）	700,982	14,877	76,303	13,387	45,347	850,896
割合（%）	82.4	1.7	9.0	1.6	5.3	100

表2　野菜および花きの作物別の土壌消毒実施面積（岸田、2004年）

野菜			花き		
作物	処理面積（㎡）	割合（%）	作物	処理面積（㎡）	割合（%）
ほうれんそう	267,838	40.1	トルコギキョウ	9,426	10.5
いちご	174,705	26.2	カーネーション	9,171	10.2
トマト	87,442	13.1	サンダーソニア	8,402	9.4
ねぎ	72,324	10.8	フリージア	5,082	5.7
たまねぎ（育苗床）	43,746	6.6	ストック	3,000	3.3
野菜計	667,888	100	花き計	89,828	100

表3　北海道における処理時期別の土壌消毒実施面積割合（岸田、2004年）　　　　　　（%）

1月	2月	3月	4月	5月	6月	7月	8月	9月	10月	11月	12月	不明
0	0	1.2	1.3	3.0	32.0	19.4	13.5	7.8	0.1	1.1	0.2	20.4

第2章 栽培技術（共通）

表4 薬剤消毒の薬剤別処理面積（岸田、2004年）

薬剤名	処理面積（㎡）	割合（%）
バスアミド（ガスダード）微粒剤	392,895	56.0
クロルピクリン薫蒸剤	169,872	24.2
クロピクテープ	77,155	11.0
ネマトリン粒剤	17,600	2.5
サンヒューム	15,800	2.3
クロルピクリン錠剤	10,530	1.5
その他	17,130	2.4

ン薫蒸剤が24.2％、「クロピクテープ」が11.0％を占める（**表4**）。

　いずれの薬剤も劇物であるため、健康被害が起こらないように手袋・マスク・ゴーグルなどを装着して慎重に取り扱う。高い防除効果を得るためには適度な土壌水分が必要であるため、土壌が乾燥している場合は処理前にかん水を行う。また、有効成分を土壌中に十分に拡散させるため、処理前に耕起し、丁寧に砕土する。薬剤処理後にはガス化した有効成分が空気中に逃げないよう、ビニールまたはポリエチエレンフィルムで処理土壌全体を被覆する。

　バスアミド微粒剤およびガスタード微粒剤は粉状の薬剤であり、「バスサンパー」などの散布器を利用して均一に散布後、土壌を耕起して薬剤を土壌中に混和する。

　クロルピクリン薫蒸剤は液体の薬剤であり、注入量を正確に調節できる土壌消毒機を使用し、床土・堆肥では1穴当たり3～6㎖、圃場では1穴当たり2～3㎖を注入する。

　クロピクテープはテープ状の薬剤であり、圃場では90cm間隔（使用量:100㎡当たり110m）、床土・堆肥では45cm間隔（使用量：1㎡当たり2.2m）で浅い溝を掘り、薬剤を施用して直ちに覆土する。

　夏期の高温時期では薬剤が速やかにガス化するため、処理期間は短くても効果が得られるが、低温時期では必要な処理期間が長くなる。ダゾメット微粒剤およびクロルピクリン（薫蒸剤・テープ剤・錠剤）の地温別の処理期間を**表5**に示した。両薬剤とも平均地温が25℃以上であれば10日程度の処理期間で防除効果が得られるが、平均地温10℃では20～30日の処理期間を要する。

　処理終了後には被覆を除去してガス抜きを行うが、ダゾメット微粒剤では2～3日間隔で2回耕起を行い、完全にガスを抜く。なお、クロルピクリンは耕起を行わなくてもガスが抜ける。また、春と秋はおよそ2～3週間でガスが抜けるが、地温・土質・土性・土壌水分などの条件により抜ける時間が異なる。ガスが抜け切っていない場合は、耕起によりガス抜きを行う。

蒸気消毒

　蒸気消毒は、薬剤消毒以外では最も普及している方法である。消毒後は地温の低下を待って直ちに作物を植え付けできるという利点を持つ。土壌への蒸気の供給方法は以下の2つがある。

■ホジソンパイプ法

　一定間隔で蒸気噴出口がある金属製の管（ホジソンパイプ）を土壌中に埋設し蒸気を噴出する。地温上昇効率が優れる。

■キャンバスホース法

　ホース（キャンバスホース）を土壌表面に設置し、ポリエチレンなどのシートで被覆し

表5 平均地温別の必要処理期間

ダゾメット微粒剤		クロルピクリン	
平均地温	処理期間	平均地温	処理期間
25～30℃	約10日	25℃以上	7～10日
15～20℃	10～15日	20℃	10～14日
10～15℃	15～20日	15℃	14～20日
7～10℃	20～30日	10～15℃	20～30日以上

メーカーのHPより

土壌消毒（方法と留意点）

表6　各種土壌病原菌の50℃における死滅時間（竹原、2004年を一部改変）

病原菌	作物名	病名	供試試料	10分	15分	20分	30分	50分	3時間	12時間	2日	3日	10日
Phomopsis sp.	きゅうり	ホモプシス根腐病	汚染土壌	●									
Rhizoctonia solani	野菜類	苗立枯病	菌そう			●							
Verticillium dahliae	ピーマン	半身萎凋病	菌そう				●						
Verticillium dahliae	なす	半身萎凋病	被害株混入土	●									
Ralstonia salanacearum	トマト	青枯病	り病根						●				
Fusarium oxysporum	メロン	つる割病	厚膜胞子							●			
Fusarium oxysporum	いちご	萎黄病	り病株							●			
Fusarium oxysporum	トマト	萎凋病	厚膜胞子								●		
Fusarium oxysporum	きゅうり	つる割病	厚膜胞子									●	
Pytium aphanidermatum	キャベツ	ピシウム腐敗病	菌そう						●				
Pytium aphanidermatum	ウリ類	綿腐病	胞子のう									●	
Monosporascus cannonballus	メロン	黒点根腐病	子のう殻										●

た上でホースに蒸気を送り、ホースの布目から噴出した蒸気をシートと地表面の間に充満させる。作業性に優れる。

　道内ではキャンバスホースを軽量樹脂の使用により大幅に軽量化した「ライトホース」を用いた蒸気土壌消毒機「丸文SB700」が最も普及している（岸田、2004年）。

熱水消毒

　熱水消毒は90℃前後の熱水を土壌中に浸透させる方法である。塩類集積圃場では除塩効果が期待できる半面、施用後の施肥設計には注意が必要で、150 ～ 200ℓ/㎡の大量の水を使用するため水源の確保が重要となる。また、消毒可能な地層深が30cmと、蒸気消毒の20cmより深い層まで消毒可能だが、実施に伴う経費が高い方法であるため、実施割合はわずか1.6 ％にすぎない（**表1**）。

太陽熱消毒

　太陽熱のみで土壌病害に対して防除効果を得るためには、一般に土壌深20cmが45℃以上に達する必要があるとされている。稲わら1 ～ 2 t/10aと石灰窒素100 ～ 150kg/10aを施用後にかん水することにより40℃で消毒可能となるが、北海道では地温40℃を確保することは極めて困難であり、太陽熱消毒の実施割合も1.7 ％と少ない（**表1**）。

　一方、病原菌の耐熱性は属ごとに異なる。**表6**に各種土壌病原菌の50℃における死滅時間を示した。このうちキュウリホモプシス根腐病菌（*Phomopsis* sp.）、野菜類苗立枯病菌（*Rhizoctonia solani*）、半身萎凋病菌（*Verticillium dahliae*）は比較的熱に弱く、10 ～ 30分で死滅する。北海道において太陽熱消毒を実施する場合は、これらの耐熱性の弱い病原菌を対象に実施する必要がある。

（三澤　知央）

第2章 栽培技術（共通）

土壌消毒

還元消毒

病害虫防除は作物栽培において非常に重要で、生産者は防除歴、防除ガイドなどを参考に病害虫の発生に対応した防除を考えていると思われる。一方、土壌病害は病原菌が土地に侵入するまで防除を必要としないが、一度侵入を許すと完全に排除することは難しく、発生量や病害虫の種類によっては土壌消毒せざるを得ない状況となる。このため、土壌病害虫を侵入させないことが栽培当初からの最も重要な対策である。この対策の要は輪作であり、作物を変えるだけではなく共通の土壌病害虫ができるだけ少ないことも重要である。

一方、施設栽培では連作が恒常的になっており、そこに土壌病害虫が侵入してしまうと土壌消毒が必要な場面も多くなる。そこで、一般的な土壌薫蒸剤と比較して環境負荷が少なく、できるだけ高い効果を目指して開発した消毒技術が土壌還元消毒である。しかし、適切な条件で実施しなければ十分な効果を発揮できない場合もあり、失敗しないためには原理を理解する必要がある。そこで還元消毒の原理とともに処理方法について解説する。

原　理

■土壌の還元化

通常、土壌病害（連作障害）は畑地で発生し、水田では一部の病害を除いて発生は認められない。そのため、転作畑の小麦の立枯病のように、夏期に水を張ること（たん水処理）で発生を抑制できる。このようなたん水処理は処理期間が長くなるが、多くの土壌病害虫

を低減させることが可能である。また、たん水処理の土壌中に未分解の有機物を投入した場合や鉱物油で水面を覆うと、より効果が上がることが報告されている。有機物が土壌中の微生物の活動を活発にして呼吸量を増加させ、油が水面からの酸素の供給を絶つことで土壌中の酸素が急速に消費される。やがて鉱物として存在する二酸化マンガン（MnO_2）や水酸化鉄（$FeO(OH)$）なども利用され、これらの鉱物が還元（酸化物から酸素を奪い取る反応）されて2価のマンガンイオン（Mn_{2+}）や鉄イオン（Fe_{2+}）が生成される。さらに、有機物が微生物によって分解される過程で有機酸がつくり出され、酢酸や酪酸などが土壌中に放出される。このように土壌還元が進むとたん水処理による防除効果が高くなることが知られている。

一方、太陽熱消毒や蒸気消毒、熱水消毒は熱によって土壌病害虫を死滅させる物理的な消毒技術として広く知られている。このうち太陽熱消毒は40〜45℃以上の地温が必要であるため季節が限定され、北海道では効果が不十分になる場合もあるが、先ほどのたん水処理と同様、土壌に有機物を混和した状態であれば、より低い温度でも消毒が可能であることが明らかにされている。これも土壌の還元化が進行したためと考えられ、太陽熱消毒においても十分なかん水を行うことは基本技術である。

■鉄イオンと有機酸の消毒効果

このように土壌の還元化を積極的に進行させると高い消毒効果が得られることから、たん水せずにできるだけ短期間での高い効果を目指した技術が土壌還元消毒である。土壌還元消毒では、分解が早く微生物を増殖させやすい有機物と十分な水、30℃程度の地温の確保が重要である。

土壌還元消毒では、土壌の還元化に伴う化学的な変化が重要であることが明らかにされてきている。前述したように土壌がたん水状

土壌消毒（還元消毒）

写真1　消毒後の土壌（ふすまを混和した作土層が2価鉄によって青灰色に変化している）

態で未分解の有機物が豊富に存在していると、分解する際に有機酸である酢酸や酪酸が生成するが、これらには一定の殺菌効果が認められており、土壌還元消毒の殺菌効果の一部を担っていると考えられる。しかし近年、2価の鉄イオン（Fe_{2+}）が最も影響を及ぼしている要因であることが明らかにされており、主体となる鉄イオンと有機酸との複合的な効果が大きいと考えられる。2価鉄は土壌還元消毒後の土壌の断面を見ると青みがかった灰色の層として確認でき、このような場所ではほぼ消毒が成功したといえる（**写真1**）。この状態を圃場全体でつくり出すためには、均一に圃場を整地し、水分むらをつくらないこと、地温を十分に上昇させることが重要である。

処理方法

■実施時期

実際に圃場で土壌還元消毒を行うのは、基本的に施設栽培が中心となる。温度と水が確保できれば露地栽培でも可能であるが、ここでは施設栽培を前提として解説する。

まず処理を行う時期は、通常の作土の消毒では20cm深の地温を30℃以上、深い土層までの消毒では40cm深の地温を25℃以上確保する必要がある。そのため北海道ではおおむね5月上旬（消毒開始）から9月上旬（消毒開始）

まで処理が可能であるが、場所によって日照時間、日射エネルギー、日中の気温、夜温が異なるため、初めて処理する場合は処理中の地温を測っておくことが賢明である。また処理後に晴天が予想される時に始めることが望ましい。

■作業手順

基本的な作土層に対する消毒では「ふすま」および「米ぬか」を有機物として用いるのが最も取り組みやすい。処理の手順は、これらを10a当たり1t均一に散布し、耕起深15〜20cm程度で土壌と十分に混和する。次にかん水むらができないように土地を平らにし、かん水を行う。

かん水チューブの間隔を60cm以下にできる場合は、あらかじめ被覆フィルムの下に設置できるが、この場合土壌が乾燥していると水分が行き渡らない部分ができる可能性があるので注意する。かん水チューブを数多く設置できない場合は、圃場全面にかん水した後、

写真2　ふすま混和後のかん水の様子（この場合は7時間程度必要）

写真3　かん水後、透明マルチを複数枚重ねて被膜したところ

第2章 栽培技術（共通）

透明なポリやビニールなどの資材で全面を覆う（**写真2、3**）。この被覆は、地温を上昇させると同時に土壌の水分を蒸発させないことが目的であり、何枚かの資材をつないで利用するときは、重ねる部分を十分とること、また穴などは修理して水分が蒸発して逃げないようにすることが大切である。

かん水は降水量にして、排水が悪く水分の多い土地は100mm、排水良好な土地は150mm行うため、100坪ハウスでは33～50tにもなり、やや時間がかかる。目安としては土壌に水分が十分に浸透し、それ以上浸透できずに圃場に水たまりができ、一時的にたん水状態になれば適量と考えられる。後で被覆する場合は、かん水終了後できるだけ早く被覆を行う。また、ポリフィルムや古ビニールなどの縁から空気が入らないように重しなどを乗せるとよい。

この状態でハウスを密閉し、地温の上昇を促す。土壌中に十分に水分がある状態（圃場容水量以上）で地温が30℃以上に上昇すると土壌の還元化が進み、5日前後で土壌からドブ臭がする。この状態になれば、北海道では20日後には土壌消毒が完了する。

■深層までの消毒

作土層の消毒のみの場合は前記の方法で問題ないが、トマトなどの作物で深くまで消毒する必要がある場合は深耕ロータリを用いて40cm深まで有機物を混和する必要がある。この場合、有機物（ふすまや米ぬか）の量も2倍の2t/10aが必要となる。このような深層までの土壌還元消毒では、40cm深の地温を30℃以上確保可能な7～8月では20日間、これを除く5～9月で25℃以上を確保できる場合は30日間処理する必要がある。

この方法では有機物の投入量が多いため、次作の施肥設計に注意する。具体的には米ぬかを2t投入した場合、トマトでは基肥で窒素10kg/10aおよび追肥の1回目の4kg/10aを省略でき、リン酸およびカリは20kg/10a減肥できる。

■廃糖蜜・低濃度エタノールの利用

この他、可溶性の糖類を用いた深層までの土壌消毒方法として、廃糖蜜を利用した方法や低濃度エタノールを用いた方法がある。これらの方法では、あらかじめ土壌に有機物を混和するのではなく、液状の有機物をかん水とともに土壌中に注入するため、有機物の散布・混和の手間は省けるものの、ある程度正確に希釈する液肥混入器が必要である。

廃糖蜜の場合は、そのままでは粘度が非常に高く水に容易に溶解しないため、一度2倍程度に希釈し、さらに液肥混入器を用いて希釈する。この方法では固形分80％、全糖分55.7％の廃糖蜜の場合、0.6％（重量パーセント〈w/w〉）以上の濃度で効果が認められた。低濃度エタノールの場合は、還元消毒用として市販されているエタノール（商品名：エコロジアール）を用い、エタノール濃度で0.75％（体積パーセント〈v/v〉）以上あれば効果が認められる。

これらの方法のメリットとしては、希釈液が浸透した部分には消毒効果があるため、土壌が均一な圃場では耕起することなく下層土まで消毒が可能となることと、前記の資材の場合は窒素分などの肥料成分をほとんど含んでいないため、後作の施肥設計に影響を及ぼさないことが挙げられる。一方、排水の良過ぎる圃場ではかん水量が多くなり、有機物の必要量も増加する。この方法では目安として

写真4　エタノール（エコロジアール）を液肥混入器で希釈してかん水している

土壌消毒（還元消毒）

写真5　ふすま混和後にハウス内を鎮圧している

は1㎡当たり200ℓ、あるいはそれ以上のかん水量が必要となる場合が多い（**写真4**）。

■留意点

　土壌還元消毒の効果が認められた病害虫として、北海道では各種作物のフザリウム病、半身萎凋病、線虫類、トマト褐色根腐病、いちご疫病が確認されている。また青枯病については、効果はあるものの単独処理では不十分で、台木などを併用する必要がある。府県の試験ではホモプシス根腐病など、これ以外の土壌病害にも効果がある事例が報告されており、比較的広範囲の土壌病害虫に効果を示す。

　土壌還元消毒について説明を行ったが、投入する有機物が異なる場合でも基本的な技術は共通である。最も重要なことは、十分な温度が得られない10月以降や4月以前には行わないこと、土壌水分が不十分な場合は効果が得られないため、できるだけ長期間水分を維持するように土壌の空隙を水で満たし、酸素の供給源となる空気の層をできるだけ少なくすること、土壌表面を透明なフィルムで覆ってできるだけ表面に密着させることである。

　また、土壌の物理性を損なわない程度に鎮圧することも有効で、具体的にはかん水前に圃場を均平化するとともに、トラクタやクローラなどで鎮圧することで効果が安定する（**写真5**）。これらによって急速に還元化が進行し、十分な2価鉄イオンと有機酸が蓄積して高い消毒効果を発揮する。　　（新村　昭憲）

第2章 栽培技術（共通）

IPM
病害対策

病害防除というと、農薬で病原菌を殺す、ということを思い浮かべる人が多いであろう。農薬の散布は病害防除の主流を成してきたが、その効果と使いやすさからスケジュール的になりがちで、耐性菌の発生や多発条件下では薬剤のみでの防除は困難となるなど問題も多い。そこで近年では、被害予測や被害査定に基づいた必要最小限の農薬使用と、病害の発生しにくい環境、品種、栽培方法、施肥量などの多様な防除技術を組み合わせて被害を防ぐIPM（総合的病害虫管理：Integrated Pest Management）の考え方が広まっている（図1）。IPMの考え方により病害防除を行うためには、病原体であるウイルス、細菌、糸状菌などの生態（生活史、生活環、宿主範囲など）や、発生しやすい条件を知ることが重要である。

病害発生のしくみ

植物の病気を引き起こす条件として、主に3つが挙げられる。「病原体の存在」「環境要因（温度や湿度など）」「感染し得る植物の存在」である。この3つが重なって初めて病気が起こる（図2）。つまり、これら3つの要因それぞれを制御することが病害防除につながり、これがIPMの基本となる。以下に各防除法について解説する。

図2　病害発生の仕組み

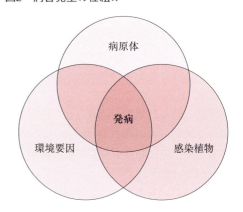

図1　総合防除法の概念図

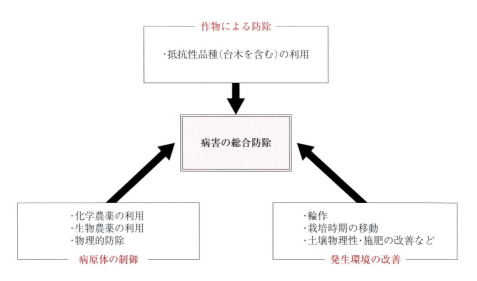

IPM（病害対策）

病原体の制御による防除

病害の防除には、病原体を抑え込む方法が最も多く用いられている。その中でも化学農薬の使用に代表される化学的防除法が主流となっているが、それ以外にもさまざまな防除形態がある。

■化学的防除法

農薬による防除法がこれである。農薬の種類にはさまざまなものがあり、対象となる病原体の違いによって殺菌剤、殺細菌剤、抗ウイルス剤などがある。茎葉に散布するものから土壌に処理するものまでさまざまあるが、多発してからでは高い効果は期待できない。

■生物的防除法

生物（主に微生物）の働きを活用した防除方法である。病原菌に対して拮抗的な微生物を利用して防除する試みであり、幾つかの微生物については生物農薬として開発され、環境に優しい農薬として注目を集めている。また、土壌中に有機物を施用すると防除効果が認められる場合があり、これらは土壌中の微生物相が変化した結果といわれている。

■物理的防除法

光や熱などの物理的作用によって病原体を制御する方法をいう。太陽熱消毒や種子の乾熱滅菌、紫外線カットフィルムの利用が挙げられる。また、ウイルスの媒介昆虫が忌避するシルバーマルチやテープを展張することなどの物理的遮断もこれに該当する。例として、紫外線カットフィルムの被覆により、アスパラガスの立茎栽培において被覆2年目まで斑点病の抑制効果が期待できる他、ほうれんそうの萎凋病の発病が低下することが知られている。

発生環境の制御による防除

病害にはそれぞれ発生する時期や発生しや

表1 主要病害の発生しやすい温度条件

野菜名	病害名	発病適温（℃）
トマト	疫病	20
	葉かび病	20〜23
	灰色かび病	20
	うどんこ病	23
	斑点細菌病	27〜30
なす	うどんこ病	25
	灰色かび病	20
	黒枯病	25
	菌核病	15〜24
ピーマン	うどんこ病	25
	灰色かび病	20
	疫病	28〜30
きゅうり	べと病	20〜25
	うどんこ病	25
	灰色かび病	20
	菌核病	18〜20
	黒星病	17
	斑点細菌病	25
	疫病	28〜30
	つる枯病	20〜24
メロン	うどんこ病	25
	べと病	20〜25
	つる枯病	20〜24
いちご	うどんこ病	20
	灰色かび病	20
	炭そ病	25〜30

すい条件がある。この条件をできるだけ回避して防除に結び付けるのがこの方法である。以下に代表的な方法について述べる。

■気象条件の制御

糸状菌や細菌には、発生に好適な温度や湿度条件がそれぞれ存在する（表1、2）。施設栽培では環境制御を実施しやすく、加温、マルチ、マルチ下のかん水および株元での切りわら敷き詰めなどの方法が知られている。例として、きゅうりのべと病は湿度が高いと発病が多くなるが、ハウス内全面をマルチ被覆

第2章　栽培技術（共通）

表2　各病害の発生しやすい湿度条件

病害名	伝搬方法	分生子の発芽・侵入	発病までの条件	分生子形成
炭そ病、斑点細菌病	雨滴・かん水	多湿・ぬれ	多湿	多湿
べと病、灰色かび病	風・湿度変化	多湿・ぬれ	多湿	多湿
さび病	風	多湿・ぬれ	−	−
うどんこ病	風・湿度変化	多湿	乾燥	乾燥

することでハウス内の湿度が低く抑えられ、発病が抑制されることが知られている。またトマトの灰色かび病は、湿度が高いと胞子飛散が多くなるため、風通しを良くしたり、防霧フィルムを用いたりするといったハウス管理が有効である。

■土壌・施肥条件の改良

多くの病害は窒素を多用すると発生が多くなる傾向にある。また、排水不良地では根の活性が低下し、ピシウム菌などが発生しやすい条件となる。暗きょや明きょの設置、土壌改良、深耕などによる良好な作土層の確保などにより根の健全な生育を心掛ける。

■栽培方法の改善

作期を移動することで、病原菌の活動時期を回避して発病を軽減させることができる。

例えば、多くの野菜で発生する軟腐病は夏期の高温期を回避すると発生しなくなる。また、土壌湿度と病害の発生も大きく関係していることから、排水を良好にする高畝栽培で発生を軽減できる。降雨によって広がる病害などは雨よけ栽培で改善される。

移植可能な野菜においては、セルトレイやペーパーポットなどに播種し、ハウス内で無病の培土を用い育苗管理することで、発芽直後に発生する病害を回避して栽培できる。

■輪作

病害の防除を行う上で最も考えるべき方法である。連作すると土壌中の病原菌密度が年々上昇する他、茎葉に発生する病害でも植物残さが翌年の発生源となるため発生しやすくなる。

植物の改良による防除

品種改良技術が進み、各作物で問題となる病害虫を考慮した抵抗性品種の育成が行われている（**表3**）。抵抗性育種が盛んな品目では、複数の病害虫に対して抵抗性を有する品種が数多く市販されている。接ぎ木が可能な野菜では、抵抗性台木の育成も進められている。しかし、一部の病原菌では真性抵抗性を持つ品種を侵す系統（レース）が出現するなど、複数のレースに対する抵抗性を持たせる必要のある品目も多い。近年では、レースの存在に左右されない圃場抵抗性を重視した品種の開発が望まれている。また、バイテク技術を用いて植物体内からウイルスを検出する技術も進み、健全苗・球根の生産に寄与している（**表4**）。

病害診断の大切さ

病害防除の基本は早期発見、早期防除であり、病害の発生を早期に発見することにより、防除対策の選択肢を広げることも可能となる。そのためには日ごろから作物をよく観察し、発生している病害の種類をまず明らかにする必要がある。これを一般的に「病気の診断」という。誤った診断によって誤った防除対策を講じることは、発生している病害を全く防除できないだけでなく、その費用、労

IPM（病害対策）

表3　抵抗性品種がある主な施設野菜とその対象病害

作物名	病　害　名
ほうれんそう	べと病
いちご	うどんこ病
なす	青枯病＊、半身萎凋病＊、半枯病＊、褐色腐敗病＊
トマト	モザイク病＊、青枯病＊、萎凋病＊、　根腐萎凋病＊、半身萎凋病＊、褐色根腐病＊、斑点病、葉かび病
ピーマン	モザイク病、青枯病＊、疫病＊
きゅうり	つる割病＊、うどんこ病、べと病、褐斑病
メロン	つる割病＊、えそ斑点病＊、うどんこ病、べと病、つる枯病
すいか	つる割病
キャベツ	萎黄病、根こぶ病
はくさい	根こぶ病、軟腐病、ウイルス病、べと病
かぶ	ウイルス病、根こぶ病、べと病

＊は台木品種を含む

力、時間を無駄にしてしまうことになるため、診断は防除対策の重要な第一歩である。

　しかし、施設野菜に発生する病害の種類は多く、また新しい野菜の栽培、苗の移入、夏期・冬期の気温の上昇など環境の変化に伴い、これまで北海道で確認されていなかった病害が発生することもあり、判断が難しい場面も想定される。正確な診断と適切な防除を行うためには、病害への知識や経験を多く身に付け、作物の状況を観察する目を養うことが大切である。　　　　　　　　　　（白井　佳代）

表4　簡易な方法でウイルスを検出できる作物例と対象ウイルス

作物名	ウイルス名
いちご	イチゴモットルウイルス
	イチゴマイルドイエローエッジウイルス
	イチゴベインバンディングウイルス
	イチゴクリンクルウイルス
ねぎ	ネギ萎縮ウイルス

第2章 栽培技術（共通）

IPM

虫害対策

IPM（総合的病害虫管理：Integrated Pest Management）は「病害虫防除は殺菌剤・殺虫剤で」といった単一の防除手段だけに頼らず、化学農薬を含めたさまざまな防除手段をうまく組み合わせて、病害虫の発生や被害を経済的に許容できる水準以下に抑えるための管理技術である。

特に施設栽培において問題となるアザミウマ、アブラムシ、コナジラミ、ハダニなどの微小害虫は増殖のスピードが早く、1年に何世代も繰り返すため、化学農薬偏重による防除では薬剤抵抗性が発達しやすい傾向にある。そのリスク低減を図るためには、化学農薬のみに頼った防除体系ではなく、効果的なIPMを行う必要がある。

害虫に対するIPMで利用できる化学農薬以外の防除手段は**表**に示したように、耕種的防除法、物理的防除法、生物的防除法に分けられる。一般に施設栽培におけるIPMでは、耕種的防除により害虫の発生しにくい作物、あるいは発生しにくい環境をつくり、物理的防除によって施設内への害虫の侵入を抑え、生物的防除と化学的防除（化学農薬）により実際に害虫を防除する。

■耕種的防除法

■抵抗性品種・台木

作物には遺伝的に害虫の発生を少なく抑えるものや、寄生密度が高くても被害程度の軽い品種や台木が品種改良によりつくられており、ネコブセンチュウに対して抵抗性を示すトマトの台木が知られている。

■健全苗の育成

健全な親株あるいは種子を使用し、害虫に強い健全な苗を育成することが重要である。さらに、施設内に苗とともに害虫を持ち込まないようにすることが大切で、一度、持ち込むとその後の防除が困難になる。

■適切な肥培管理

必要に応じ土壌診断を行い、その結果を参考に適切な肥培管理を行うことで、害虫に強い作物を育成する。

■温湿度管理

循環扇や遮光カーテンなどを利用し温湿度を最適にコントロールする。特に物理的防除法である防虫ネットを展張すると高温多湿になりやすいため、循環扇を利用して最適な施設内温度を保つ。また、夏場の高温期の栽培においては、遮光カーテンを設置することで施設内温度を降下させることができる。さらに、施設内に展張することで天候に応じた開閉も容易になり、作物や利用時期を考慮して遮光率の異なるカーテンを選択すれば、適切な照度も確保できる。

■圃場衛生

害虫の発生源となる施設内の雑草を除去することはもちろん、施設周辺の雑草も適切に管理する。また、摘葉・摘果の残さや栽培後の残さなども害虫の発生源となるので、施設内や周辺に放置せず適切に処分する。

物理的防除法

■太陽熱消毒

栽培終了後に施設内の作物残さを持ち出し、農業用ポリフィルムを敷いて密閉することにより、夏の暑い時期には地温が50℃程度まで上昇するので、土中のハモグリバエ類やアザミウマ類のさなぎに対して殺虫効果があり、次作での発生を抑制できる。

■防虫ネット

ハウス側面や開口部に防虫ネットを展張し

IPM（虫害対策）

害虫の侵入を阻止する。目合いが細かいほど侵入防止効果は高いが通気性が悪くなり、温度・湿度が上昇することがあるので強制換気などを行う。また、対象となる害虫によって目合いを変えるなどの対策をとることが必要である。具体的には、アザミウマやコナジラミは0.4mm目合いが必要だが、アブラムシは0.8mm、オオタバコガやヨトウガでは2.0〜4.0mm目合いでよい。

■光反射シート

ハウス周辺に敷設すると、シートによる太陽光の反射が害虫の視覚に影響を及ぼし、アザミウマやコナジラミのハウス内侵入を抑制できる。光の反射によってこれらの害虫の侵入が抑制されるメカニズムはまだ十分解明されていないが、昆虫が飛翔する際に通常は背面（複眼の背中側に光受容細胞が多く分布する）で受ける太陽光や空からの散乱光を地表方向から受けると天地が識別できなくなり、正常な飛翔を続けられなくなるためではないかと考えられている。

■紫外線カットフィルム

昆虫が視覚で感じる光の波長域は、人間の可視光の範囲（400〜700nm）よりも紫外領域（250〜400nm）にずれていて、多くの昆虫は人間には見えない紫外線を「色」として認識している。

波長域が300〜400nmの近紫外線を透過させない農業用フィルムが実用化され、その紫外線カットフィルムを展張した施設では、昆虫にとって「暗黒」に近い環境条件となるため、アブラムシ、コナジラミ、アザミウマなどがハウス内の作物を認識できなくなり、これら害虫の侵入を抑制できる。

最近は塩化ビニルフィルムに加えて、耐久性の高いポリオレフィン系フィルムでも紫外線をカットする製品が開発されており、害虫の発生抑制に活用されている。ただし紫外線カットフィルムは、太陽光が存在する昼間に活動する害虫にのみ防除効果がある資材であ

り、ガの仲間など夜間に活動する害虫には効果がない。また、果実の着色に影響を及ぼすため、なす栽培には利用できず、授粉昆虫として蜜蜂を導入している施設では、蜜蜂の授粉活動に影響を与えるため利用できない。さらに、きゅうりなど紫外線カットフィルム被覆下で徒長傾向にある作物もある。一方、天敵生物類については、一部の種で移動行動抑制が指摘されているが、全般的に影響は少なく、生物的防除法（天敵利用の生物農薬）と併用可能な資材といえる。

■黄色蛍光灯

夜行性のガに対して黄色蛍光灯を点灯することにより被害を防止できることが知られている。これは夜行性のガが一定以上の明るさの光に遭遇することで複眼が「明適応」（昼間の状態）に切り替わり、活動が抑制されることを利用したものである。黄色蛍光灯を使った行動抑制による防除は、キクやカーネーションでのオオタバコガ防除や青しそでのハスモンヨトウ防除などに活用されている。

生物的防除法

生物的防除法のほとんどが防除対象害虫の天敵を利用した生物農薬である。化学農薬と比較して防除効果がマイルドで、かつ速効性を期待することができない。しかし、農作物や人畜に対して安全性が高く、薬害や薬剤抵抗性発達のリスクが低いため、IPMを実施する上で重要な防除法の一つとなっている。

■チリカブリダニ剤

ナミハダニやカンザワハダニを好んで捕食するが、植物や花粉は食べない。害虫であるハダニの探索能力に優れ、全ての発育ステージのハダニ類を捕食するとともに、卵の捕食量が多いため密度抑制の点では効果が大きい。比較的低温条件で活動が活発である。

■ミヤコカブリダニ剤

ハダニ類を広く捕食するが、ハダニ以外に

第2章 栽培技術（共通）

花粉などを食べて増殖するため、ハダニ類の発生前から導入が可能で定着性も高い。比較的高温時にも活発に活動する。

■スワルスキーカブリダニ剤

アザミウマ類の他にコナジラミ類、チャノホコリダニなどを捕食（アザミウマ類は若齢幼虫、コナジラミ類は卵と若齢幼虫が補食対象）する多食性の生物農薬である。花粉やホコリダニを餌として増殖するため、定着性が高く、対象害虫の発生前から予防的に導入が可能である。暑さに強く、比較的高温環境下でも生存し定着できる。

■タイリクヒメハナカメムシ剤

広食性でアザミウマ類の他に、ハダニ類やアブラムシ類、コナジラミ類も捕食する。さらにはヨトウムシの卵や花粉も食べることが知られている。アザミウマ捕食能力が非常に高く、いったん施設内に定着すると防除効果は強力である。成虫も補食するため、スワルスキーカブリダニ剤のサポートとして併用することも可能である。

■オンシツツヤコバチ剤

コナジラミ類の幼虫に寄生する内部寄生蜂である。また雌成虫は2〜4齢幼虫の体表に穴を開け体液を吸汁して殺傷する。

■コレマンアブラバチ剤

アブラムシ類の内部寄生蜂で、特にワタアブラムシ、モモアカアブラムシなどに寄生して殺傷するが、ジャガイモヒゲナガアブラムシなどの大型のアブラムシに対しては効果が期待できない。春から秋まで活動できるので、アブラムシ類を長期間にわたって低密度に抑えることができる。

■ボーベリア・バシアーナ剤

ボーベリア・バシアーナという糸状菌の分生子を有効成分とする微生物農薬で、コナジラミ類やアザミウマ類、コナガなど寄主範囲が広い特徴がある。感染から死亡までが1週間〜10日間程度とやや時間を要するため、対象害虫の発生初期から導入する。

■バーティシリウム・レカニ剤

糸状菌のバーティシリウム・レカニ胞子を有効成分とする微生物農薬で、コナジラミ類の他にアブラムシ類やカイガラムシ類など寄主範囲が広い。寄主特異性が高く、害虫には感染するが、オンシツツヤコバチなど天敵に対しては感染しないため、他の生物農薬との併用が可能である。

■BT剤（バチルス チューリンゲンシス剤）

バチルス・チューリンゲンシス（BT）という細菌の芽胞形成時につくられる結晶タンパクを有効成分とする微生物農薬である。チョウ目（チョウ・ガの仲間）害虫の幼虫がこのタンパクを餌とともに食すると、タンパクがアルカリ性の消化液で溶解され、殺虫力を示すタンパクにまで分解されて害虫は死亡する。死亡には2〜3日を要するが、食後2〜3時間で摂食活動を停止するので遅効的であっても被害は進まない。

各害虫に対するIPM

生物的防除法は対象害虫が多くなる前の発生初期に実施しなければ効果が安定しないので、害虫発生状況をモニタリングすることが必要である。

一つは昆虫の色に対する誘引反応を利用し、有色粘着板（ホリバーなど）を用いて害虫発生状況をモニタリングすることで、その発生時期を容易に見極めることができる。黄色に誘引される昆虫類には、アブラムシ類、コナジラミ類、ハモグリバエ類などがあり、青色にはアザミウマ類が誘引される。

ハダニ類にはモニタリングプラントを利用する方法がある。ハダニ類の侵入箇所となる施設の出入り口などに、ハダニ類が好む菜豆などの鉢植えを作物の定植時に設置してモニタリングする方法である。モニタリングプラントでは、作物での寄生と同時期かそれよりも前にハダニ類の発生を確認することができる。

IPM（虫害対策）

表　施設栽培においてIPMに利用できる化学農薬以外の害虫防除手段

防除法		対象作物	対象害虫
耕種的防除法	抵抗性台木	トマト	ネコブセンチュウ
	健全苗の育成	野菜類	各種害虫
	適切な肥培管理	野菜類	各種害虫
	温湿度管理	野菜類	各種害虫
	圃場衛生	野菜類	各種害虫
物理的防除法	太陽熱消毒	野菜類	ハモグリバエ、アザミウマ
	防虫ネット	野菜類	アザミウマ、アブラムシ、ヨトウガなど
	光反射シート	野菜類	アザミウマ、コナジラミ
	紫外線カットフィルム	野菜類(なすを除く)	アブラムシ、コナジラミ、アザミウマ
	黄色蛍光灯	キク、カーネーション、青しそ	オオタバコガ、ハスモンヨトウ
生物的防除法	捕食性ダニ	野菜類	ハダニ、アザミウマ他
	捕食性昆虫	野菜類	ハダニ、アブラムシ、コナジラミ
	寄生性昆虫	野菜類	コナジラミ、アブラムシ
	昆虫病原性糸状菌	野菜類	コナジラミ、アブラムシ他
	昆虫病原性細菌	野菜類	コナガ、ヨトウガ他

　また実際の防除場面では、生物農薬と化学農薬による防除を併用する場合もあるが、導入する生物農薬に影響が少なく、併用可能な化学農薬をあらかじめ準備しておくことが重要である。

■ハダニ類の防除

　ハダニ類は世代交代が早く、薬剤抵抗性を発達させやすい特徴があるため、生物農薬と化学農薬を組み合わせて上手に活用することが効果的である。モニタリングプラントを活用しつつ、生物農薬としてチリカブリダニ剤やミヤコカブリダニ剤を導入する。

■アザミウマ類の防除

　作物を食害し、さらにウイルス病を媒介するため、施設野菜を栽培する上での重要害虫である。防虫ネットなどの物理的防除で侵入を抑制しつつ、侵入したアザミウマ成虫やふ化したアザミウマ幼虫は、生物農薬を上手に使って防除することが重要である。生物農薬としてはスワルスキーカブリダニ剤とタイリクヒメハナカメムシ剤、また微生物農薬（ボーベリア・バシアーナ剤）もある。

■コナジラミ類の防除

　黄色粘着板でモニタリングしつつ、生物農薬、微生物農薬（バーティシリウム・レカニ剤）、天敵に影響のない化学農薬によるIPMが必要である。薬剤抵抗性が発達したコナジラミ類やアザミウマ類には、微生物農薬と化学農薬の混用散布で高い効果が期待できる。生物農薬としてはスワルスキーカブリダニ剤、オンシツツヤコバチ剤などがある。

■アブラムシ類の防除

　アブラムシ類は短時間で高密度に増殖するので、発生が予測される時期より前に天敵を増殖させておくことが必要である。あらかじめ天敵が増殖するために必要な昆虫（作物の害虫とはならないムギクビレアブラムシなど）を、餌植物（秋まき小麦など）を栽培したプランターとともに施設内に設置し、そこで天敵の維持・増殖を行う。このような目的で使う植物は「バンカー植物」と呼ばれている。生物農薬としてはコレマンアブラバチ剤、微生物農薬としてはバーティシリウム・レカニ剤がある。

　IPMは利用可能なすべての防除技術の中から、病害虫の発生増加を抑えるための適切な手段を総合的に講じ、これを通じて環境への負荷を最小の水準にとどめるものである。その結果として化学農薬の使用を必要最小限に抑えることとなり、安全・安心な農作物の生産が可能となる。

（橋本　庸三）

第2章 **栽培技術（共通）**

生理障害対策

施設栽培で発生しやすい生理障害

　施設栽培で発生する生理障害は、露地に比較すると頻度も高く、土壌中の化学性に要因がある場合が多いものの、診断は容易ではない。生理障害の回避には、栽培予定品目に適した条件をあらかじめ整えることが必須であり、品目ごとの土壌条件の基準値は「北海道施肥ガイド2015」に掲載されている（道農政部食品政策課ホームページ〈http://www.pref.hokkaido.lg.jp/ns/shs/index.htm〉から閲覧可能）。同ガイドの指針に従って、窒素、リン酸、カリの施肥量を品目ごとの土壌診断値に基づいて算出するのと同時に、pH、EC（電気伝導率）、塩基類などが園芸作物（施設栽培）の土壌診断基準を満たすように土壌改良を行うことが求められる。微量要素については、あらかじめ土壌分析を実施して栽培を予定している品目に影響の大きい要素を中心に確認しておくことが望ましい。

　土壌養分バランスを整えた場合でも、土壌水分（水切れによる石灰欠乏など）や温度（高温時：石灰、苦土欠乏など、低温時：リン酸、亜鉛欠乏など）の影響で生理障害が出やすい場合がある。特に降水がなく表層に塩類蓄積が発生しやすい施設栽培では、余分な施肥を控えることが大切である。また、施設栽培では土壌に硝酸態窒素が残存しているため、スターター窒素の施用を必要としないことが多い。経年化した施設では、養分が過剰に蓄積されていることも多いことから、深さ20〜40cmの下層土の採取を行いながら残存硝酸態窒素量を評価し、必要に応じて減肥することが可能である。

　生理障害は植物体の根が弱いときに発生しやすい。近年は土壌診断の普及が進んだこともあり、養分の過不足に起因する生理障害よりも、下層の排水不良や堅密層などによる根系の発育障害が引き起こす生育不良事例が多い。露地栽培と同様、施設栽培においても根系が過度のストレスなく伸長できる土づくりが望まれる。

障害の判断手順

　施設栽培の生理障害を判断するのに当たって、ここでは「土壌・作物栄養診断のための分析法2012」の項目「V-4．栄養生理障害診断」を抜粋して、その手順を示す（原著は道総研の農業技術情報広場〈https://www.hro.or.jp/list/agricultural/center/index.html〉から閲覧可能）。

　①病害虫による被害や除草剤などによる薬害ではないことを確認する。

　②発生状況を確認する。主な確認事項は、発生場所（施設内での分布状況）、土壌タイプ、土壌水分（かん水条件）、温度条件、施肥内容、有機物施用の有無、前作での発生の有無、である。

　③植物体の症状を観察する。症状が出ている部位とその内容（色や形状など）を**図**および**表**（P70〜71）と照らし合わせて要因を推察する。

　④症状の発生状況に一定の傾向が認められない場合は、湿害やガス障害など他の要因も疑われる。さらに土壌物理性の悪化による根の伸長不良が生育障害を助長する場合があるため、下層土の物理性にも留意する。

　⑤土壌分析を行い、pHとECを確認する。pHの高低によって欠乏症や過剰症を引き起こす場合があり、特に施設栽培では高ECによる濃度障害が起こりやすい。

図　養分欠乏・過剰が発現しやすい部位

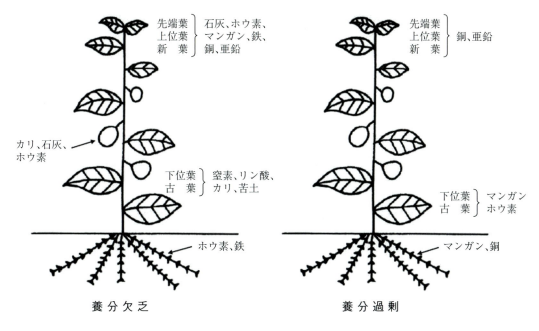

道総研農業研究本部「土壌・作物栄養診断のための分析法2012」より引用

⑥各養分の分析結果を診断基準と比較し、過不足の有無を検討する。土壌中に十分な養分があっても拮抗作用で欠乏症として現れる場合（窒素−カリ、石灰−苦土、苦土−カリなど）もあるので注意する。

⑦植物体の分析を行う。症状のレベルが異なる複数の個体や茎葉を分析したり、健全な個体と障害が出ている個体を比較することで、それぞれの差が見られる場合がある。

⑧各養分の欠乏や過剰に対する応急的対策を取った後、あらためて抜本的な対策を行う（表、P70〜71）。

代表的な施設栽培品目（トマト、いちご、メロン）については、北海道原子力環境センター（農業研究科：http://www.pref.hokkaido.jp/soumu/sm-gensc/nouken.html）が具体的な栄養障害事例の画像を解説付きで公開しており、こうした情報を活用することも望まれる。

（柳田　大介）

第2章 栽培技術（共通）

表　各養分の欠乏・過剰の症状と対策

要素名	欠乏 症状	欠乏 対策	過剰 症状	過剰 対策
窒素	1. 植物全体が一様に緑色が減じ、特に葉の黄化が著しい 2. 植物体は矮小（わいしょう）になり、分けつが減少する 3. 根の発達・伸長が鈍化する 4. 子実の成熟が早くなり、収量が少なくなる	＜応急的対応＞ 1. 尿素溶液などの葉面散布 2. 硫安などの窒素質肥料の追肥 ＜抜本的対策＞ 3. 堆肥施用による地力増進 4. 土壌診断に基づく施肥量の適正化	1. 葉は暗緑色となり、軟弱となり、病害虫、冷害などの抵抗性が減少する 2. 葉の伸長、分けつの増加が顕著で過繁茂となり、倒伏しやすい 3. 病害虫にかかりやすい 4. 出穂が遅延し、登熟不良のため品質が低下する	＜応急的対応＞ 1. 分・追肥の中止 ＜抜本的対策＞ 2. 土壌診断に基づく施肥量の適正化 3. 堆肥の施用を控える
リン酸	1. 欠乏症は一般に下葉より発生し、上葉に及ぶ 2. 葉の幅が狭くなり、茎や葉柄が紫色になる 3. イネ科植物では分けつが少なく、開花・結実も悪くなる 4. 果実類は甘味が少なくなって品質が落ちる 5. 根毛が粗大になり、発育不良となる	＜応急的対応＞ 1. 第一リン酸カリウム溶液または第一リン酸カルシウム溶液の葉面散布 ＜抜本的対策＞ 2. 土壌pH改善 3. 堆肥施用による地力増進 4. リン酸質資材による土壌改良 5. 土壌診断に基づく施肥量の適正化	1. 過剰症は極めて発生しにくい 2. 成熟が早まり、減収する 3. 亜鉛・鉄・苦土・石灰欠乏を誘発する	＜抜本的対策＞ 土壌診断に基づく施肥量の適正化
カリ	1. カリは移動しやすいので、欠乏症は古葉より発生する 2. 古葉の先端より黄化し、葉縁に広がり、その部分が褐色に枯死する 3. 新しい葉は暗緑色となり、伸びが悪く小葉となる 4. 根の伸びが悪く、根腐れが起きやすい 5. 果実の肥大が衰え、味、外観とも悪くなる	＜応急的対応＞ 1. 第一リン酸カリウム溶液などの葉面散布 2. 硫酸カリなどのカリ質肥料の追肥 ＜抜本的対策＞ 3. 堆肥施用による地力増進 4. 土壌診断に基づく施肥量の適正化	1. 窒素と同様、過剰に吸収されやすいが、過剰症は出にくい 2. 土壌中のカリの過剰は苦土・石灰の吸収を抑制し、これらの欠乏症を促進する	＜応急的対応＞ 1. 分・追肥の中止 ＜抜本的対策＞ 2. 土壌診断に基づく施肥量の適正化 3. 堆肥の施用を控える
石灰	1. 生体内で移動しにくいので、欠乏症は新しい葉から発生する 2. 成長の盛んな若い葉の先端が白化し、やがて褐色に枯死する 3. 根の表皮にコルク層ができ、根が短く太くなる 4. 子実の成熟が妨げられる（トマトの尻腐れ、はくさい・セルリーなどの芯腐れ）	＜応急的対応＞ 1. 塩化カルシウム溶液または第一リン酸カルシウムの葉面散布 2. 土壌を適湿に保つ ＜抜本的対策＞ 3. 土壌pHおよび交換性石灰含量を勘案して石灰質資材を施用 4. 土壌診断に基づく窒素・カリの施肥量の適正化 5. 土壌の過乾を防止	1. 石灰の過剰症は出にくい 2. しかし、多量の石灰施用は苦土・リン酸の吸収も抑制する 3. マンガン・ホウ素・鉄・亜鉛などの欠乏症が出やすくなる	＜抜本的対策＞ 1. 石灰含有資材の施用を中止 2. 土壌pH改善
苦土	1. 葉緑素の形成が妨げられ、葉脈間がイネ科植物では筋状に、広葉植物では網目状に黄白化する 2. カリを多量に施用すると苦土欠乏が起きる 3. 果実のなっている付近の葉に欠乏が出やすい	＜応急的対応＞ 1. 硫酸マグネシウム溶液の葉面散布 ＜抜本的対策＞ 2. 交換性苦土含量が低い時は苦土含有資材で補給。なお、土壌が酸性の場合は苦土石灰あるいは水酸化マグネシウム、pH6.0以上の場合は硫酸マグネシウムを施用するとよい 3. カリ過剰やリン酸の不足に注意する	土壌中のMg/Ca比が高いと作物の生育阻害が起きる	＜抜本的対策＞ 1. 苦土含有資材の施用を中止 2. 土壌pHおよび交換性石灰含量、Ca/Mg比を勘案して石灰質資材を施用

生理障害対策

要素名	欠乏		過剰	
	症状	対策	症状	対策
鉄	1. 葉緑素の生成が妨げられ、葉が黄白化する。欠乏症は上葉より発生する 2. リン・マンガン・銅の過剰吸収は鉄欠乏を助長する	**＜応急的対策＞** 1. 硫酸第一鉄溶液あるいは塩化第二鉄溶液の葉面散布 **＜抜本的対策＞** 2. 土壌pH改善	1. 多量の鉄資材の投与はリン酸の固定を増大し、その肥効を減じ、リン酸欠乏になる	**＜抜本的対策＞** 1. 土壌pH改善 2. 湿害対策 3. 有機物の施用を控える
マンガン	1. イネ科植物では新葉がしま状に黄化し、さらに症状が進むと壊死を起こす。広葉植物では斑点状の黄化や壊死が起こる 2. 葉が小型になる	**＜応急的対策＞** 1. 硫酸マンガン溶液あるいは塩化マンガン溶液の葉面散布 **＜抜本的対策＞** 2. 土壌pH改善 3. マンガン含有資材の施用	1. 葉脈あるいは葉脈に沿ってチョコレート色に変色したり、葉脈間に黒褐色の斑点を生じやすい。この症状は古い葉に出やすい 2. マンガン過剰は鉄欠乏を誘発する	**＜抜本的対策＞** 1. マンガン含有資材の施用を中止 2. 土壌pH改善 3. 湿害対策
銅	1. 上葉はカップリング症状を呈したり、しおれたように垂れ下がる 2. 葉色は淡緑化する 3. 麦類では新葉が黄白化、褐変し、よじれる。穂は萎縮したり、葉しょうから完全に抽出せず稔実が悪い 4. 果樹の枝枯れは銅欠乏とされ、若枝に水ぶくれ状の斑点を生じる。また葉に黄色斑点ができる	**＜応急的対策＞** 1. 硫酸銅溶液などの葉面散布 **＜抜本的対策＞** 2. 土壌pH改善 3. 銅入り肥料を用いる 4. 硫酸銅などの銅含有資材の施用	1. 主根の伸長阻害、分岐根の発生が悪い 2. 銅過剰は鉄欠乏を誘発する 3. 生育不良となり、葉にネクロシスが現れる	**＜抜本的対策＞** 1. 銅入り肥料・資材の施用を中止 2. 土壌pH改善 3. 有機物の施用 4. リン酸質資材あるいは亜鉛含有資材の施用 5. 天地返しによる希釈 6. 客土による希釈あるいは排土客土
亜鉛	1. 葉脈間が黄色になり、しま状が明瞭になる 2. 黄化は新葉から始まり、中葉に及ぶ。葉が小型化する 3. 葉は奇形を呈したり、外側に巻きやすい 4. 茎葉は硬くなる傾向を示す 5. 細根は発育不全となる	**＜応急的対策＞** 1. 硫酸亜鉛溶液などの葉面散布 **＜抜本的対策＞** 2. 土壌pH改善 3. 亜鉛入り肥料を用いる 4. 亜鉛含有資材の施用	1. 新葉に黄化現象が生じ、さらに葉、葉柄に赤褐色の斑点を生じる 2. 亜鉛過剰は鉄欠乏を誘発する	**＜抜本的対策＞** 1. 亜鉛入り肥料・資材の施用を中止 2. 土壌pH改善 3. 天地返しによる希釈 4. 客土による希釈あるいは排土客土
ホウ素	1. 成長点が止まり、もろくなって芯止まり、芯枯れとなる。菜種では不稔粒が多くなる 2. 葉柄がコルク化する。茎や根の中心が黒くなる 3. 果実にヤニができたり、コルク化が見られたりする 4. 根の伸長阻害、細根の発生が減少する	**＜応急的対策＞** 1. ホウ砂などの葉面散布 **＜抜本的対策＞** 2. ホウ素入り肥料を用いる 3. ホウ素含有資材の施用。ただしホウ素は施用適量の幅が狭く、過剰害も出やすいので、過施用にならないよう留意する	1. 葉縁が黄化し、ついで褐変する 2. 許容範囲が狭く、過剰症が出やすい	**＜抜本的対策＞** 1. ホウ素入り肥料・資材の施用を中止 2. 土壌pH改善 3. 天地返しによる希釈 4. 客土による希釈あるいは排土客土 5. 後作はホウ素耐性の強い作物を栽培
ニッケル	―	―	1. 新葉にまだらな黄化現象が生じる 2. 葉脈間に白色あるいは赤色の斑点を生じる 3. イネ科植物では生育中期に葉が葉脈沿いにしま状に白化する 4. キャベツでは生育が著しく阻害されるが、イネ科植物では生育が回復することもある	**＜抜本的対策＞** 1. 土壌pH改善 2. 天地返しによる希釈 3. 客土による希釈あるいは排土客土 4. 後作はニッケル耐性の強い作物を栽培

道総研農業研究本部「土壌・作物栄養診断のための分析法2012」より引用

第2章 栽培技術（共通）

CO₂施用

二酸化炭素（以下、CO₂）施用とは、収量を増加させるためハウス内のCO₂濃度を人為的に高めて光合成速度を向上させる技術である。施設園芸の先進地であるオランダでは、CO₂施用技術はトマト、きゅうり、パプリカ、いちごなどの果菜類の収量性を高める環境制御技術の中心となってきた。

導入・普及状況

国内のCO₂施用技術は1970〜80年代に多くの研究開発が行われ、生産現場にも導入されたが、83年の994haをピークに減少した。しかし現在は、施設で生産される野菜（主に果菜類）や花きなどの収量・品質を高めるCO₂施用の技術開発や製品開発が盛んに行われ、導入面積が増加しつつある。

効　果

外気のCO₂濃度は、季節変動にもよるがおおむね360〜410ppmの範囲で、平均は385ppm程度である。CO₂濃度が1,000ppm程度まで増加した場合、葉の光合成速度はほぼ直線的に増加することが知られ、ハウス内のCO₂施用が収量の増加に有効となる。ただし植物の光合成に対するCO₂濃度の影響は、光強度や温度、湿度などの環境要因が大きい。77年に試験研究成果や現地事例を参考にして基本的なCO₂施用基準が取りまとめられている（表1）。

CO₂の発生方法

CO₂の発生方法として最も普及している設備が灯油燃焼式である。特徴はコストが安く、小規模な設備から大規模な設備まで利用

表1　施設トマト、きゅうり栽培のCO₂施用基準（野菜試、1977年）

施肥時期	越冬栽培では保温開始時期以降、促成栽培では定植後30日ころからで、いずれも着果を見届けてから行う。育苗中は施用しない
施用時期	日の出後30分から、換気するまでの2〜3時間。換気しない場合でも3〜4時間で終了する
施用濃度	晴天時：1,000〜1,500ppm 曇天時：500〜1,000ppm 雨天時：施用しない
温度条件	昼温：CO₂を施用しない場合と同じく28〜30℃で換気する 夜温：変温管理として、転流促進時間帯（4〜5時間）を設ける。晴天時はきゅうり15℃、トマト13℃として、曇天時はこれより下げる 呼吸抑制温度はきゅうり10℃、トマト8℃である
湿度条件	CO₂を施用するためには、密閉時間を長くして、多湿になるようなことは避ける
施肥時期	特に多肥にする必要はない
かん水条件	やや控えめにし、CO₂により茎葉が過繁茂になるのを防ぐ
備考	堆肥が多く、土壌からのCO₂が発生している施設では施用効果が少ない。施用に先立ち施設内のCO₂濃度を測定する

「施設園芸・植物工場ハンドブック」より引用

が可能なことである。CO_2供給時は熱を発生するので、低温時はこの熱を利用できる。欠点は、春や秋の比較的気温の高い時期にはCO_2の供給と同時に発生した熱のために、ハウス内の温度上昇が起こって換気開始時間が早まり、CO_2の施用可能な時間が短くなることである。また、燃料である灯油に不純物が含まれたり、不完全燃焼による有害ガス発生の恐れがあることも欠点となる。

その他の方法としてはLPガス燃焼式や、ランニングコストは高いが熱の発生がない液化CO_2ガス式の設備が実用化されている。

施用方法

国内のCO_2施用方法は、日の出前後から換気開始までの数時間、1,000〜2,000ppmのCO_2濃度を維持する「高濃度短時間施用」が最も多い。理由はCO_2濃度センサーを持たないタイマー制御のみのCO_2発生装置が最も多く使われていることによると推察される。しかし、この方法ではCO_2濃度を高く維持できる時間が短く、日の出前後は気温が低く日射量が弱い時間帯であるため、光合成促進効果が低いという問題点がある。そのため、500〜800ppmのCO_2を7時間程度施用する「低濃度長時間施用」や施設内CO_2濃度と施設外CO_2

表2　CO_2施用が収量に結び付かない主な原因

1. 光合成が増加しない
   - 施用時間が短い
   - CO_2以外の環境要因（気温、光、湿度、養分供給）が不適切
2. 光合成量が増加しても果実に分配されない、可販果率の低下
   - 草勢が強く、作物のバランスが栄養成長に傾いている

濃度が等しくなるように施用する「ゼロ濃度差CO_2施用法」などが開発され、実用化が始まっている。

CO_2施用の今後

CO_2施用が思うように収量増加に結び付かない理由としては、作物の光合成量が十分に増加しないCO_2施用方法の問題と、光合成量は増加しても作物によっては必ずしも果実収量が増加しない作物生理や、それに伴う栽培管理の問題がある（表2）。そのため、CO_2施用の効果を高めて収量の向上に結び付けるためには、CO_2の利用効率を向上させ、CO_2施用を前提とした各作物の技術体系（品種、湿度コントロール、温度管理、養分供給など）の積極的な改善が必要である。（**田縁　勝洋**）

第2章 栽培技術（共通）

環境測定

施設野菜の収量・品質を向上させるには、栽培施設内の環境を制御し、作物にとって好適な環境に近づけることが重要である。このためには、まず環境測定を行い、作物の生育に影響を及ぼす要因について客観的に把握する必要がある。その上で必要に応じて好適環境に近づけるよう環境制御を行う。測定対象として光、温度、湿度、二酸化炭素などがあるが、ここでは温度と湿度について述べる。

温度の測定

温度は、植物の光合成や呼吸など成長に関わる生理作用と、花芽分化や休眠など発育に関わる生理作用の両方に関係し、植物の生育に及ぼす影響が大きい環境要因である。また比較的制御しやすい要因であることから、温度制御により作物の生育を調節することは主要な栽培技術となっている。

温度としては気温を測定することが一般的である。気温の正確な測定には、温度センサーに誤差がないことが前提となるが、適切な設置方法や位置で測定することが重要である。そのため、日よけカバーの中に設置するなどし、温度センサーに直射日光が当たるのを避ける。また、より正確な測定のためには、強制通風筒などを使用し、通風により温度センサーを測定しようとする空気に十分さらすことが望ましい（**写真**）。

植物の生理作用は、直接的には気温ではなく葉温など植物体温度に反応している。しかし、植物体温度の測定は気温測定よりも難しいため、一般に気温を測定して、その反応を確認している。このため温度センサーの設置位置には注意が必要であり、温度センサーは群落内に設置する。得られた測定値は、好適環境に近づけるための保温や換気などの環境制御に利用する。

湿度の測定

湿度は従来、病害発生を防ぐ観点から低く抑える方が良いとされることが多かった。しかし近年は、湿度が葉の気孔の開閉の程度や蒸散に影響し、光合成速度に大きく関係することが認識されている（**図**）。

湿度の表し方はさまざまあるが、相対湿度が用いられることが多い（**表**）。相対湿度は、ある温度の空気が含むことができる水蒸気の最大量に対する空気中に含まれる水蒸気量の割合を示す。一方、葉からの蒸散量に対して相対湿度より密接な関係にある飽差も使われる。飽差は空気中にあとどれくらい水蒸気を含む余地があるかを示すことから、数値が大

写真　自作の通風筒を使用した気温の測定

環境測定

図　湿度が光合成速度に影響する仕組み

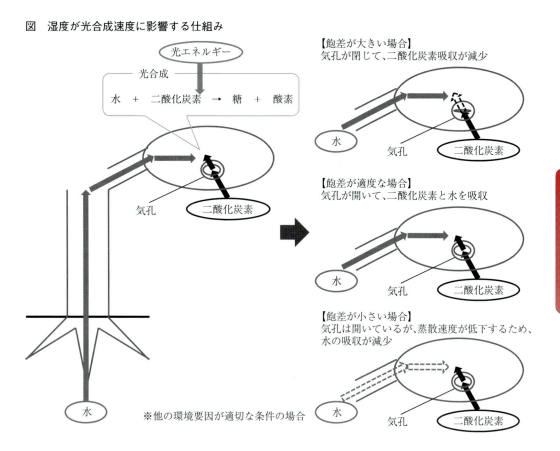

表　湿度に関する用語と意味

用語（単位）	意　味
飽和水蒸気量（g/㎥）	その温度の空気が含むことができる水蒸気の最大量。温度が高いほど多い
相対湿度（%）	空気中に含まれる水蒸気量の、飽和水蒸気量に対する割合
絶対湿度（g/㎥）	空気1㎥中に含まれる水蒸気質量
飽差（HD）（g/㎥）	対象とする空気の絶対湿度と、水蒸気飽和状態にある同じ温度の空気の絶対湿度との差
飽差（VPD）（hPa）	対象とする空気の水蒸気分圧と、同じ温度の空気の飽和水蒸気圧との差

きいほど湿度が低いといえる。

　湿度測定用のセンサーは数多くあるが、気温と比較すると安定して測定するのが難しい。湿度センサーは一度ぬれるとしばらく測定できなくなるため、注意が必要である。一方、従来からある乾湿球温度計を用いた湿度測定も行われている。飽差は温度と相対湿度から計算で求めることができる。

　湿度は適切な気孔開度を維持するよう、また病害発生を助長しないよう、かん水調節や空調装置による除湿、加湿などにより調節・制御する。トマトの施設栽培では、適切な気孔開度を維持する飽差（HD）の範囲は3～7g/㎥とされる。ただし、光合成の制限要因となるのは湿度だけではないので、光や二酸化炭素濃度などにも注意を払う必要がある。

（木村　文彦）

第2章 **栽培技術（共通）**

LEDの利用

植物工場には主に、太陽光利用型と人工光（ランプ）を利用する完全人工光型の2種類がある。この人工光を用いる完全制御型植物工場では、サラダナやリーフレタスなどの新鮮で栄養価の高い葉菜類を完全無農薬で、天候や場所に左右されず、狭い土地で大量に生産できる。生活照明向け用途で急速に進化を遂げてきたLED（発光ダイオード）は、完全人工光型植物工場の新しい光源として注目されている。

光源の種類と特徴

現在、完全人工光型植物工場では、光要求量があまり多くない葉菜類や苗の生産が多いため（**表1**）、利用される光源としては蛍光灯ランプが最も多い。

■蛍光灯ランプ

蛍光灯ランプの光自体は熱をあまり発生しないので近接照明が容易であり、多段式栽培棚の光源に適している。可視光をほぼカバーしており、安価で扱いやすい。しかし発光効率が20％程度で、植物の好む赤色成分

（660nm付近）が少ない。このため生産物の甘味が弱いなど品質がやや劣る場合がある。

■高圧ナトリウムランプ

高圧ナトリウムランプは可視光の変換効率が30％で大量の熱を発するため、植物との距離が必要で多段栽培に向かない。太陽光利用型植物工場の補光として利用される。

■メタルハライドランプ

メタルハライドランプは出力が高いため、光要求量の高い平面式栽培に適する。発光効率がやや低く寿命が短いため、実際の植物工場では使用されていない。

■LEDランプ

LEDランプは他の光源より熱放射がなく、長寿命で低電圧駆動が可能である。また、蛍光灯にない最大の特徴として、照射する光の波長の制御と光量調節が可能である。植物に対して吸収効率が高くなる発光波長（赤色〈660nm〉と青色〈470nm〉）を照射すれば、比較的弱い光で植物を健全に生育させることが可能となり、品質の向上も図れる。ただしLED単体のコストが高く、国内の完全人工光型植物工場でLED利用の事例はまだ少ない。

LEDと他の光源との比較

完全人工光型植物工場の光源としてLEDの性能を他の光源と比較した（**表2**）。植物工場において初期導入コストは重要であり、光源のコストは全体の30〜50％を占めている。

表1　国内の完全人工光型植物工場で栽培されている品目の例（実証中のものも含む）

通　称	主な栽培植物
野菜工場	葉菜類（サラダナ、リーフレタス、ベビーほうれんそうなど） ハーブ（バジル、チコリ、レッドマスタードなど） 果菜類（いちごなど）
閉鎖型育苗システム	野菜苗（トマト、きゅうり、レタス、ほうれんそうなど） 花き苗（トルコギキョウ、パンジーなど）

表2　光源の種類別の性能比較

光源の種類	ランプ価格	照明装置価格	寿命	光束効率	消費電力
白色蛍光灯	1	1	1	1	1
白色LED	20	6.7	5	1.3	1.0
高圧ナトリウムランプ	6	2.7	2	1.8	0.9
メタルハライドランプ	4	3.3	0.8	1.3	1.5

注）表中の数字は、白色蛍光灯を基準にした場合のおおよその倍率

ランプ価格や照明装置価格を見ると、蛍光灯に比べてLEDは高く、コスト削減がLED導入の課題である。寿命は蛍光灯に比べLEDが長く、メタルハライドランプがやや劣る。光束効率とは照明の明るさを示す基準であるが、蛍光灯に比べて白色LED、高圧ナトリウムランプ、メタルハライドランプが優れている。しかし、高圧ナトリウムランプ、メタルハライドランプは、発熱や装置の大型化の問題で植物工場の栽培用光源には向かない。消費電力は低いほど植物工場に向く。

LEDにはさまざまなピーク波長の素子があるため、今後、植物の生育に適する波長組成を見いだせば、既存の光源に比べ照明コストが削減できる。LED単体の低価格生産に加え、電気エネルギーから光エネルギーの変換効率が高まれば空調コストも削減できる。そうなれば植物工場の光源は将来的にはLEDに代わるものと考えられる。　　（田縁　勝洋）

第2章 栽培技術（共通）

養液土耕栽培

養液土耕栽培（以下、養液土耕）は点滴かん水施肥栽培、かん水同時施肥栽培とも称され、点滴チューブを用いて作物の株元に肥料と水を同時に与える栽培法である。国内では1990年代前半から養液土耕が生産現場に導入され始め、農林水産省による調査（2009年）では、養液土耕システムの設置面積は全国で1,243ha、北海道で39haとなっている。

特　徴

慣行栽培（以下、慣行）と養液土耕における施肥とかん水の特徴と比較を図1に示した。慣行（図1左）では基肥を全面に施用してから、耕起、ベッドづくりを行い定植する。かん水は数日に一度、散水型のかん水チューブで行い、追肥についてもかん水チューブを用いて液肥で行う。一方、養液土耕（図1右）では基肥を施用せずに耕起、ベッドづくりを行い定植する。かん水および施肥は点滴チューブを用いて株元に濃度の薄い液肥（養液）を毎日少量ずつ与える。また、養液土耕では必要とする分だけ養液を与えることから、慣行栽培と比べ施肥量を節減でき、施設土壌の塩類集積を防ぐ有効手段となる。

慣行では一度に多量のかん水を行うと、土壌が保持できなかった水は土壌養分とともに下層へ流れ、地下水を汚染する恐れがある。一方、養液土耕では養水分を毎日少量ずつ与えるため、養水分は下層へ流れにくくなる。また、養液土耕ではタイマーや液肥混入機でかん水や施肥を自動に行うため、かん水と施肥を省力化できる。

養液土耕が養液栽培と違う点は、培地として土壌を利用し、土壌の機能（緩衝能、養分保持能、養分補給能）を生かせることである。土壌はロックウールのような人工培地と比べ施肥に対する緩衝能が高いため、根域のpHや養分濃度の急激な変化は起きにくい。そのため養液栽培と比べ肥培管理に融通が利き、機械のトラブルがあっても短期間であれば作物への影響を最小限に抑えることができる。

必要な機器および資材

養液土耕を行うには、図2のような液肥の供給システムを必要とする。液肥供給システ

図1　慣行栽培（左）と養液土耕栽培における施肥とかん水の特徴

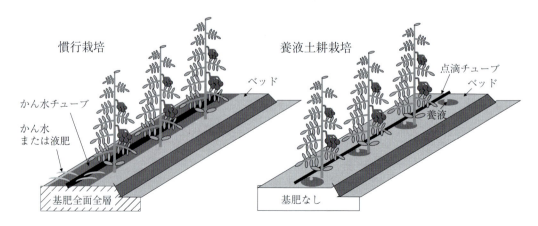

養液土耕栽培

図2 液肥供給システムの概略図

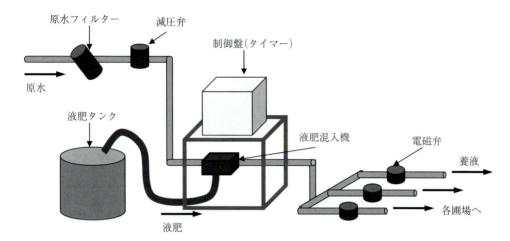

写真1 液肥供給システム例。A社システム（最大8系統制御）

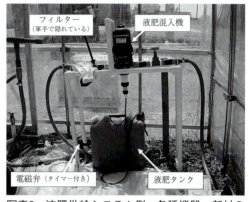

写真2 液肥供給システム例。各種機器・部材の組み合わせ

ムは、原水と液肥を混入する液肥混入機や原水中の砂やゴミなどを除去するフィルター、原水の水圧を安定させる減圧弁、養液の供給を自動化するための電磁弁と制御盤（タイマー）などで構成される。これらの機材の他に、かん水量を把握するための量水計（水道メーター）や土壌水分を測定するpFメーターを設置することが望ましい。

また、養液土耕では点滴チューブを用いて作物の株元に養液を与える。点滴チューブは一般的な散水型のかん水チューブとは異なり、一定間隔の孔から一定速度でかん水や養液を点滴で与えることができる（**図1**）。点滴チューブには、硬質と軟質のタイプがあり、硬質チューブの方が価格は高いが、耐用年数が長い。

養液土耕関連機材の取り扱い業者は数社ある。**写真1**の液肥供給システムでは最大8系統の肥料希釈倍率やかん水時間を制御できるため、複数のハウスについてかん水・施肥を管理することができる。システムの導入にかかる初期投資額は、点滴チューブなどの消耗品を含め、10a当たり100～150万円程度と想定される。一方、**写真2**は電磁弁、タイマー、フィルター、液肥混入機など必要な部材を自前で組み立てたシステムである。このシステムで制御できるのは1系統のみであるが、ハウス1棟程度の小規模栽培であれば自前で組

第2章 栽培技術（共通）

表1 トマトの養液土耕栽培における時期別の施肥およびかん水量の事例
（道南農試2003年栽培、施肥基準区、7段収穫）

生育ステージ	期間 （月/日）	窒素施肥量 （kg/10a・日）	窒素施肥量 （mg/株・日）	かん水量[1), 2)] （mℓ/株・日）	肥料希釈[3)] 倍率（倍）
定植～第1果房肥大期	5/14 ～ 6/6	0.15	45	180mℓ	560倍
第1果房肥大期～摘芯	6/7 ～ 7/25	0.30	90	450mℓ	700倍
摘芯～摘芯後1ヵ月	7/26 ～ 8/24	0.15	45	450mℓ	1,400倍
摘芯1ヵ月後～ 栽培終了	8/25 ～ 9/16	0	0	450mℓ	—
	9/17 ～ 9/25	0	0	0mℓ	—
合計	5/14 ～ 9/25	23.25	6,975	50,490mℓ	

1) 土壌水分はpF2.0～2.6で管理した
2) 栽培圃場の水はけや地下水位の違いによって、適切なかん水量および肥料希釈倍率が異なる
3) 肥料は養液栽培用複合肥料（N-P$_2$O$_5$-K$_2$O=14-8-25）を用いた

み立てる方が経費を節減できる。

使用する原水の条件

　養液土耕で用いる点滴チューブは散水チューブと比べ目詰まりしやすいため、原水は農業用水の基準を満たす他に、異物を含まないことが望ましい。原水に藻などの浮遊物や砂が含まれる場合は複数のフィルター（例：サンドフィルターとディスクフィルター）を併用し、配管への異物の侵入を防ぐ。原水が赤い色であったり、時間を置くと赤くなったりする場合、原水に鉄やマンガンが多く含まれることを現している。析出した鉄などが点滴チューブを詰まらせることがあるため、原水の使用を控えるか、事前に鉄などを沈殿させて上澄みを使用するなどの処置が必要である。

試験事例

　養液土耕のシステムは主に施設の野菜・花き栽培に導入されている。施設野菜に関して北海道では夏秋どりトマトの養液土耕栽培技術が確立されている（2004年普及推進事項）。トマトの養液土耕における時期別の施肥およびかん水量の事例を**表1**に示した。夏秋どりトマトにおける1日当たりの窒素施肥基準量は、生育初期に当たる定植～第1果房肥大期は0.15kg/10a、茎葉の生育（栄養成長）と果実の生産（生殖成長）が並行する第1果房肥大期から摘芯までは0.30kg/10a、摘芯後1カ月間は0.15kg/10aとし、摘心1カ月後から栽培終了までは無施肥としている。

　土壌水分の管理については、圃場が乾燥すると尻腐れ果などの障害果が発生する一方、過湿になると灰色かび病などの病害が助長されるため、pF2.0～2.6の範囲に収まるようにかん水量を調節する。なお、pFメーターがない場合は土を握ると少し湿りを感じる程度を目安とする。**表1**のかん水量は道南農試ハウス（褐色低地土）の事例であるが、圃場の水はけや地下水位の違いにより、適切なかん水量および肥料希釈倍率が異なることが想定されるので注意が必要である。

　トマトにおける養液土耕栽培試験の結果を**表2**に示した。7段収穫の場合、養液土耕における総窒素施肥量は約23kg/10aであり、慣行の30kg/10aに対し22～23％の減肥となり、さらに養液土耕では慣行を上回る果実収量が得られた。慣行では追肥やかん水は数日に一度であるのに対し、養液土耕では毎日のかん水施肥により安定的に養分が供給されることが、施肥効率を高めるとともに果実の生産を

養液土耕栽培

表2　トマト栽培試験の結果（夏秋どり7段収穫、道南農試）

年度	栽培方法	窒素施肥量[1] （kg/10a）	良果収量[1] （t/10a）	果実糖度[2] （Brix、%）	跡地土壌[3]	
					pH	EC（mS/cm）
2002年	養液土耕栽培	23.0（ 77）	14.6（107）	5.4	6.7	0.10
	慣行栽培	30.0（100）	13.7（100）	5.5	5.9	0.27
2003年	養液土耕栽培	23.3（ 78）	12.2（126）	5.8	6.6	0.10
	慣行栽培	30.0（100）	9.7（100）	6.0	5.8	0.31

1）かっこ内は慣行栽培を100としたときの指数
2）果実糖度は年3回測定した平均値
3）栽培前土壌のpHは6.5、ECは0.12mS/cm

高める要因となっている。また果実の内部品質について、養液土耕における果実糖度は慣行とほぼ同等であった。

施設栽培では作物に利用されなかった肥料成分（特に窒素）および副成分（硫酸イオン、塩素イオン）は土壌に残存し、土壌pHの低下やEC（電気伝導率）の上昇を引き起こす。慣行では栽培前（pH6.5、EC 0.12mS/cm）と比べ、栽培跡地土壌のpH低下とECの上昇が認められた。一方、養液土耕では施肥の効率が高く肥料の吸い残しが少ないことや、副成分を含まない養液栽培用の肥料を用いていることから、栽培跡地のpHとECは栽培前の値と大きく変わらず、土壌の塩類集積を回避することができる。

かん水と追肥の労力軽減

慣行におけるかん水や追肥作業は、手作業でポンプの起動やバルブの開閉などを行うため、人手がかかるとともに、かん水中に他の作業を並行することは難しい。一方、養液土耕では液肥原液の調製と液肥供給システムの設定を行うことで、かん水と施肥が自動化される。

トマトやカーネーション栽培において養液土耕を導入した場合、かん水と追肥にかかる労働時間は慣行（年間10a当たり50時間程度）に対し、10分の1程度になると試算されている（道南農試、2004年、06年）。

土壌養分の影響

養液土耕では土壌の緩衝能を生かせる利点がある一方で、土壌に残存する養分や地力窒素など土壌から放出される養分の影響を受けることに注意が必要である。硝酸態窒素が蓄積しているハウスで養液土耕を行うと、作物が養液の他に土壌中の硝酸態窒素を吸収して窒素過多に陥ることがある。土壌に養分が蓄積している場合は、その残存量に応じて施肥やかん水を控える必要がある。

トマト養液土耕マニュアルの紹介

養液土耕であっても、施肥が過剰になると生育障害や土壌の塩類集積を引き起こすこととなる。養液土耕で適切な肥培管理を行うには、作物体あるいは土壌の養分状態を診断しながら施肥量を決めることが望ましい。

施設野菜では夏秋どりトマトについて、生育時期別の施肥量に加え、土壌診断基準および葉柄汁液を用いた窒素栄養診断基準を組み合わせた「ハウストマト養液土耕マニュアル」が公開されている。その詳細は道総研道南試験場ホームページ（http://www.hro.or.jp/list/agricultural/research/dounan/publication/manual/tomato_fertigation.pdf）に掲載されている。

（坂口　雅己）

第2章 栽培技術（共通）

かん水方法

施設では降雨による水の補給は基本的に期待できないことから、かん水が不可欠となる。かん水は、必要量を必要とする場所に均一に行うことが求められるが、その方法は作物の種類や施設規模などにより多様である。

かん水資材

■ノズル

ノズルはスリットから水を水平方向に噴出させる資材である。ノズルの種類により散水の範囲や角度を変更できる。適当なノズルを一定間隔で塩化ビニルパイプや鋼管に取り付け利用する。頭上・地表かん水では水圧を最も高くでき、およそ0.5 ～ 3kg/㎠の水圧で吐出量は1 ～ 10ℓ/分になる。これにより飛散距離を調節する。かん水強度は高くなりやすいことから、土壌水分や作物状況に合わせたかん水時間やノズルの選択を行うことが重要になる。水を霧状にするノズルもあり、細霧システムにも活用されている。

■多孔質チューブ

厚さ0.15 ～ 0.25mm程度のポリエチレンなどの軟質チューブに、ミシンやレーザーにより0.2 ～ 0.5mm程度の小孔が開けられた資材である。およそ0.1 ～ 0.5kg/㎠の水圧で1m当たりの吐出量は0.1 ～ 0.5ℓ/分程度である。かん水方向や孔間隔にはさまざまな種類があり、使用環境に合わせて選択していく。安価な器具であり、取り扱いやすいという利点があるが、耐用年数は短い。

塩化ビニルパイプに小孔を開け、直接かん水する多孔パイプもある。より強度が強く水

圧をかけられ、耐久性は高いが、かん水むらは多くなりやすい。

■点滴チューブ

チューブ内でフィルターやジグザグ流路によって水流を衝突させるなどの減圧障壁を有するチューブを用いて、小孔より点滴としてかん水するための資材である。使用する水圧は0.1 ～ 0.5kg/㎠と低い。

水圧やかん水強度はノズルが最も高く、点滴チューブが低い。逆に吐出量の均一性は点滴チューブが最も高い。

かん水方法

かん水は適切な原水供給力を有するポンプを用いて、以下の方法などで行う。原水には主に井戸水、河川水や貯水槽などが用いられることが多く、かん水の不具合につながる汚れ除去のためのフィルターが必須である。

■散水

ノズルや多孔質チューブを活用し、水を主に水平方向に噴出させながらかん水するものである。全面に省力的かつ比較的安価にかん水を行うことができ、最も一般的な方法になっている。

【頭上かん水】

施設棟下より葉上へ散水するものである（**写真1**）。塩化ビニル管などに一定間隔で取り付けたノズルやつり下げたノズルを用いて行う。施設サイドに配管などを行い、このサイドからかん水を行う方法もある（サイドかん水）。各種野菜・花きの育苗や葉菜類などに利用される。

【地表かん水】

主に作物の畝中で散水する方法で、多孔質チューブが主に用いられる（**写真2**）。多孔質チューブは孔の開け方（径、ピッチ）、耐水圧性と散水量の関係で多様な製品が開発されており、育苗や葉菜類への使用はもとより、株元かん水やマルチ下かん水による果菜類用な

かん水方法

ど数多くの品目に利用されている。

【自走式かん水システム】

施設内にレールを設置し、ノズルの付いたパイプを自動走行させながら散水するシステムである。タイマーにより自動制御でき、速度変更も可能である。施設棟下からつり下げたノズルを用いるモノレール式もある。かん水の均一性が高いため、育苗場面における苗の斉一化に有用である。

■点滴

多孔質チューブや点滴チューブ（図）を土壌表面や作物根域に敷設するなどして、土の毛管に従いゆっくりとかん水するものである。地形に左右されにくく、均一にかん水することができ、土壌構造を壊したり、肥料流亡や温度低下を起こしたりしにくい。さらに、施設内が多湿になることや水の消費量を抑えるといった効果が期待できる。

【地中点滴】

点滴チューブを埋没させて行うものであり、地表にチューブがないことから農作業や管理がしやすい。一方、埋没後のメンテナンスや水の吐出状況を確認しにくい。孔詰まりしにくく耐久性に優れる資材の開発も進んでおり、アスパラガスや果樹などの永年性作物に導入されている。

【地表点滴】

地表に点滴チューブを敷設して行うものである。根圏が浅くなりやすい欠点はあるものの、表面にあることからメンテナンスや点滴状況を把握しやすく、撤去や管理が行いやすい。多孔質チューブでも地表点滴に対応したものがあり、果菜類を

写真1　頭上かん水用のノズル例（福川原図）

写真2　多孔質チューブを用いた表面かん水（スミサンスイRハウスワイド、住化農業資材㈱提供）

図　点滴チューブの構造例（スーパータイフーン、住化農業資材㈱HPより）

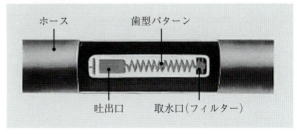

第2章 栽培技術（共通）

中心に利用されている。

【点滴かん水施肥（養液土耕）】

水分や肥料分の損失を抑える点滴を活用した養液土耕技術が発展してきている。かん水・施肥をコントロールできる液肥混入機もさまざまなものが開発されてきており、品目に合わせた適切なかん水肥培管理が可能となっている。なお、養液土耕栽培についてはP78〜81を参照してほしい。

■細霧システム

施設内の湿度と温度の制御を行うことを主目的にしたかん水システムである。水滴が微細であることから土壌表面を固めにくい。細霧の気化潜熱を利用した高温期の冷房効果も期待でき、主に夏期の高品質生産が求められる果菜類や花き向けに導入されている。噴霧の時間短縮や間けつ化により作物のぬれを抑えるものも開発されている。

■底面かん水

野菜の育苗や鉢花栽培などでは、植え替えや鉢移動、整枝やかん水などの作業軽減を主な目的として栽培ベンチ（架台）が使われることがある。このベンチを浅いプール状にして底面よりかん水を行うものである。

かん水の制御は、簡易にはタイマー利用により任意の時刻や間隔で入切を自動化できるものがある。近年では、温度や湿度はもとより、日射や日射量による雨天判定、土壌水分のみならず土壌pH、EC（電気伝導率）などのセンサー類が発達し、水量調節や施肥量と合わせた制御も可能となり、高度自動かん水にも対応できるようになっている。適切なシステム設計により、かん水作業の大幅な省力化につながることはもちろん、生産性や品質の安定化にも貢献すると考えられる。ただしメンテナンスを日々怠らず、かん水むらやかん水量などの確認をしっかり行うことも忘れてはならない。

（杉山　裕）

自然エネルギーの利用

北海道は亜寒帯に属する気候帯のため、冬期は本州に比べ厳しい気象条件となる。そのため北海道では夏を中心とした露地園芸が主体で、施設園芸の発達は本州に比べ大きく遅れていた。当然のことながら寒地での施設園芸の成立に大きな課題となるのが低温期における暖房コストである。しかし、北海道は地熱など自然エネルギーの宝庫でもあり、地熱エネルギーを使った施設園芸などがこれまで取り組まれてきた経緯がある。そこで、北海道における自然エネルギーの施設園芸への利用状況と今後の展望について述べる。

ヒートポンプ

ヒートポンプの熱源には空気、地中熱、地下水などがあるが、ここでは空気熱源について述べたい。空気熱源のヒートポンプは家庭用やビルのエアコンなどとして広く普及している。しかし、施設園芸用のヒートポンプの普及は近年ようやく始まったところであり、北海道ではバラ農家を中心に利用されている。

空気熱源のヒートポンプは熱交換のための室外機とハウス内に設置する本体からなる。利点としては設置が比較的容易で、暖房だけでなく冷房や除湿もできるところにある。不利な点としては、ヒートポンプ本体のコストが燃油加温機の約10倍とまだ高い上、硫黄薫煙下では使えないなど機械の耐候性にも問題があり、北海道のような寒地では厳冬期の省エネルギー性能が低下するところにある。さらに、近年は燃油価格が低下していることから、ランニングコストは安価であるものの、以前と比べて優位性は低下している。しかし中長期的なエネルギー動向の中では確実な地位を占めていくものと思われる。また、地球温暖化で夏期の温度上昇が進む中で、安定生産のための空調機器として利用が進む可能性がある。

地中熱

地中熱とは地下200mより浅い比較的地表に近い部分の太陽熱に由来する熱である。地表面の熱は日射により年間で変動するが、10m以下になると年間ほぼ一定となり、札幌では10℃とされている。この部分の地中熱を使って冬期暖房、夏期冷房に使う。地中熱ヒートポンプが代表的なものであり、空気熱源のヒートポンプに比べランニングコストが安いのが最大の特長である。

地下に太さ20〜25mm程度の樹脂性のパイプを垂直に100m程度埋設して、北海道では不凍液を封入、循環させて採熱する。現在、赤平市の民間企業の温室（5,728㎡）では、85mのパイプを78本垂直に埋設した135馬力のヒートポンプ2台が2008年から稼働中である。このシステムは埋設に工事費がかさむのが問題であったが、農地などの浅い所（1〜2m）に埋設して工事費を低減させる取り組みも進んでいる。また、ヒートポンプ本体も空気熱源のものに比べ機種が少なく、園芸用途のものが開発中である。

その他には大口径の樹脂性のパイプ（300〜500mm程度）を地下1〜2mに埋設し、その中に送風して採熱する空調システムがある。ヒートポンプに比べ可動部分が送風機だけというところが特長である。しかし地温の範囲でしか送風できないので、北海道のような寒地での冬期利用には、これだけで加温するのは困難であり補助的な使い方となる。

いずれのシステムも通常の使い方では地下

第2章 栽培技術（共通）

図1　地中熱交換システム模式図

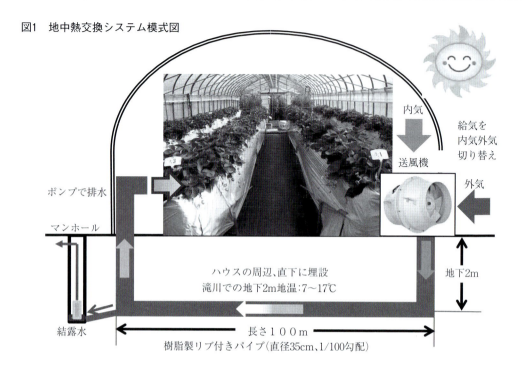

に温熱や冷熱が蓄熱されることはなく、地震にも強いとされ、長期的（地下埋設部50年以上）に安定的な利用が可能であるが、いずれも初期投資が燃油機器に対して高価であるため、ランニングコストの削減や、周年利用など利用方法の拡大による償却年限の低下が待たれる。地中熱交換システムの模式図を図1に示す。

温泉熱

温泉熱は北海道の自然エネルギーの中では最も早く導入されている。温泉水を直接利用する方式と、一度地熱発電で利用した地熱水を利用する方式がある。また、温泉熱を直接ハウスまで導入してチューブの中を循環させて加温する方式や、一度熱交換機を介して温泉水から温水をつくる方式もある。

森町濁川地区では1973年ごろから温泉水、82年から地熱発電所からの地熱水を利用したきゅうりやトマトの生産が行われている。また、壮瞥町幸内地区では80年から温泉水を利用したトマトの生産が行われている。さらに、函館市恵山町のいちご、弟子屈町のマンゴー、ほうれんそうなど全道各地で導入が進んでいる。

その特長としてはランニングコストが安い点である。また温泉水を流すだけであればシステムが簡易にできる。しかし、温泉がある所でしか利用できないことや、温泉源が安定的に枯渇しないで利用できるかという問題もある。さらに、腐食性の高い温泉水を利用する場合の配管や熱交換設備などの維持管理費、更新時のコストが温泉熱利用の課題となるところである。現在、経済産業省では地熱開発理解促進関連事業支援補助金などを通じて、地熱の有効活用を促進する事業を進めている。同事業では道内からの採択もあり、今後導入が進むものと思われる。

バイオマス

バイオマスには以下の2種類がある。①廃棄される紙、家畜糞尿、食品廃棄物、建設発

自然エネルギーの利用

生木材、パルプ製造時の廃液である黒液、下水汚泥などの廃棄物、②農作物非食用部、林地残材といった未利用バイオマス—である。利用方法としては林地残材などを直接燃焼してエネルギーを使うもの、家畜糞尿などを発酵させて得たメタンなどバイオガスを燃焼させるものに分けられる。

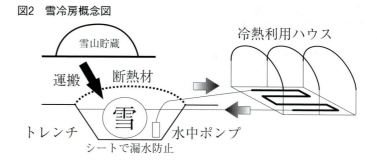

図2　雪冷房概念図

北海道は畜産系や林業系、水産系などのバイオマスの宝庫であるが、北海道の施設園芸における利用はまだほとんど進んでいないのが実態である。このうち施設園芸で最も早く利用されたのが、製材副産物や間伐材などを圧縮成型した木質ペレットであり、既に園芸用ペレットボイラーも販売されている。道内でも2007年から伊達市などで導入が進んでいるが、課題としては木質ペレットの安定的な供給、イニシャルコスト、灰の処理やボイラーのメンテナンス、細かい温度調整が難しいことが挙げられる。また、ペレットに加工しないチップを利用している事例も芦別市や苫小牧市の大規模な植物工場で見られるが、こちらの課題も木質ペレットと同様である。

バイオガスを利用した園芸施設の加温の事例としては厚沢部町、鹿追町などがある。しかし、バイオガスを得られる地域と施設園芸が盛んな地域が一致していないのが実情である。バイオガスプラントは高価なため、地域での高度な有効活用が必要であり、これからの普及には施設園芸施設を組み込める利活用システムの構築が重要である。

雪　氷

近年は猛暑となる夏が頻発し、北海道といえども夏から秋にかけての施設栽培での安定生産に影響が出ている。その中で、雪冷熱利用では1996年から取り組んでいる沼田町や美唄市など、氷冷熱利用では池田町の農産物貯蔵での取り組みが先行しているが、栽培面での取り組みはやや遅れてスタートしている。

花・野菜技術センターでは2002年から雪冷熱を使った花きの安定栽培法が検討され、04～05年には沼田町での実証試験も行われ、冷房効果が認められた。利用上の問題点としては夏までの貯雪や利用時の運搬が必要であることから、既設の農産物貯蔵庫を含め雪が利用できる地域に限られるところである。野積みで貯蔵する場合は大量の雪を積み上げる場所が必要で、現状では個人農家での対応は難しいと思われる。しかし、09年からは岩見沢市で四季成りいちご栽培に雪冷熱が利用され、夏期のいちご生産に対する有効性が確認されている。市街地排雪の雪捨て場の利用など地域での雪利用システムの構築が待たれる。雪冷房の概念図を図2に示す。

太陽光

道内では太陽光を樹脂性の集熱管やバッグに集熱し、それによる温水をハウス暖房に利用するシステムが開発されている。また、山口県ではいちご高設栽培で石に蓄熱する方式が開発されている。さらに、中国では日光温室と呼ばれる太陽光利用型温室が広く普及している。日射量が見込める地域での利用となるが、集熱性能の向上とイニシャルコストの低減が待たれる。

（生方　雅男）

第2章 栽培技術（共通）

温泉熱・地熱利用事例

森町濁川地区の施設栽培

森町濁川地区は函館市から北へ約50kmに位置する6km²ほどの濁川カルデラ（小盆地）にあり、自噴を含む豊富な温泉源に恵まれ、「濁川温泉郷」としても有名である（**写真1**）。

当地区はかつて典型的な水田単作地帯であったが、1970年に米の生産調整が始まったのをきっかけに温泉熱、地熱資源活用の機運が高まった。現在は56戸の農業者のうち51戸が約600棟、延べ約29haで温泉熱・地熱を利用したハウスによりトマト、きゅうりを中心とした野菜栽培を行っている。

■温泉熱利用の概要

72年、39戸の農業者が稲作転換特別対策事業により54棟のハウスを建設し、道内で初めて温泉熱を利用した本格的な施設園芸（ビニールハウス栽培）を開始した。1年目は促成きゅうりの栽培（4～6月収穫）を行い、翌年からは「促成きゅうり→抑制トマト（9～11月収穫）→タイナ（12～3月）」の周年施設栽培を行うようになった。

温泉熱利用ハウスは各戸で温泉井戸（泉源）を所有し、温水をくみ上げ、個々のハウスへ熱源として供給している（**写真2**）。深度100m前後で毎分50～100ℓ、温度45～60℃

写真1　森町濁川地区の全景

写真2　温泉井戸と温泉熱利用ハウス

図1　森町濁川地区のトマト・きゅうりの作型

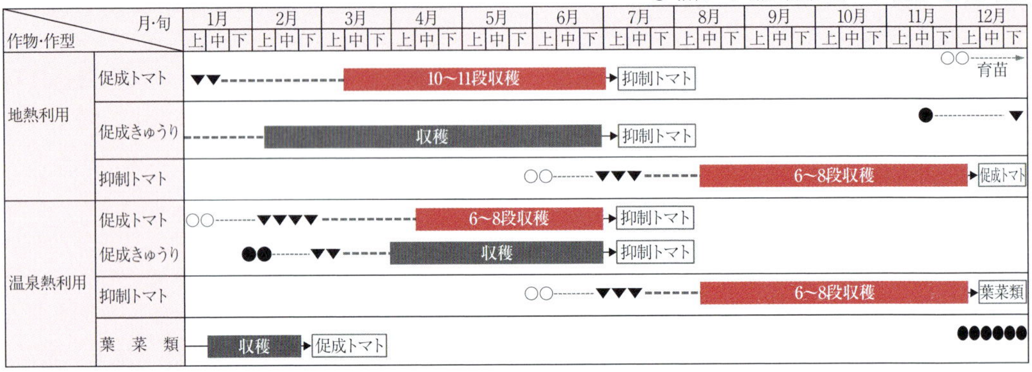

温泉熱・地熱利用事例

写真3　地熱の配管と利用ハウス

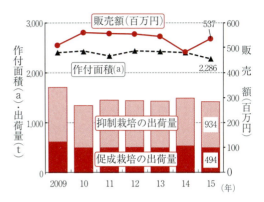

図2　濁川地区のトマト生産実績の推移(JA共選場分)

のものが多い。しかし、泉源やハウスの位置などにより循環される温泉温度は10～70℃と大きな差があるため、後述の地熱利用ハウスよりやや遅い作型や冬期はこまつななどの葉菜類を導入している（図1）。

現在では「温泉熱利用組合」(25戸)と「情熱野菜生産組合」(3戸)で約200本の泉源があり、約500棟で温泉熱が利用されている。

■地熱利用の概要

82年、濁川地区での北海道電力㈱森地熱発電所の稼働に伴い、森町が発電後の約120℃の余剰熱水を真水と熱交換させ、85℃の温水を循環させるシステムを整備した。同時に地熱ハウス第一団地38棟(澄川ハウス利用組合：9戸、両屋根単棟型、硬質プラスチック製、間口5間、1棟約450坪)を建設した。さらに89年には第二団地35棟(濁川ハウス利用組合：7戸)を建設した。

地熱水は金属製のパイプでハウスまで送り(写真3)、ハウス内に配置してあるビニール製のチューブに温水(ハウスに供給される時点で70℃前後)を循環させ、室温、地温を15℃以上に保つことができる。利用開始当初から促成トマト、またはきゅうりを栽培し、その後抑制トマトを栽培する1年2作の周年栽培を基本に作付けを行っている（図1）。

年間にかかるコストは、暖房用の燃料費は不要であるが、水道料などの共通維持費(60万円/戸)の他、個々のハウスや供給用配管の修繕費などである。

ハウス建設後30年以上が経過し、熱交換システムなども更新時期となり、2016年度から新規建設を行っている。

■野菜の生産実績

15年度濁川地区のJA販売額は9.7億円で、トマトは5.4億円（約55%）となっている（図2）。年間1,400tのトマトは、道内の生産量が少ない3～6月と9～11月の出荷を中心に、道内市場と関東市場で高単価を維持している。

しかし近年は、長年にわたる温泉熱や地熱の利用による周年栽培体系を続けてきた結果、土壌病害虫の被害増加と湯温や湯量の不安定化が問題となり、その対策が急がれている。

促成トマト栽培のポイント

■作型

地熱利用ハウスでは温水が常時70℃前後で地温の確保が容易であることから、1月上～中旬に定植を行い、3月上旬から収穫を開始している。また、温泉熱利用ハウスでは前述の通り循環される湯温に大きな差があるため、2月上～中旬に定植を行い、4月中旬ごろから収穫を開始している。

第2章 栽培技術（共通）

後作に抑制トマトを7月上〜中旬に定植するため、6月下旬までには収穫を終えている（図1）。

■品種と育苗管理

「桃太郎ファイト」「麗容」を基幹品種とし、ほとんどがベルグアース社の購入接ぎ木苗（ヌードメイク苗およびツイン苗）を利用している。台木品種は褐色根腐病の耐病性がある「グリーンセーブ」「グリーンガード」が多い。

地熱利用ハウスの場合、12月上〜中旬に12cmポリポットに鉢上げし、その後30日程度育苗を行っている。低温期であるため、最低夜温が12℃以下とならないように細心の注意を払っている。

■仕立てと栽植様式

接ぎ木苗は1株2本仕立てとし、地熱利用ハウス（間口9m、写真4）では5ベッド2条植え、温泉熱利用ハウス（間口5.4m）では3ベッド2条植えが多く、平均畝幅90cm、株間80〜90cmとなっている。自根苗の場合は1株1本仕立て、株間40〜45cmとしている。マルチフィルムはダークグリーンマルチを使用することが多い。

■施肥管理

基肥は残存肥料を考慮し、有機肥料を主体に窒素成分で1〜5kg/10a程度を施用している。追肥は3段花房開花ごろから草勢や天候などの状況を判断しながら、液肥の窒素成分量で0.5〜1.0kg/10aを3〜5日間隔で行っている。

■温度・かん水管理

促成栽培では育苗から収穫開始ごろまで冬期間の低温寡照条件下となり、低〜中段の果実品質への影響が大きいことから、地温とハウス内の温度確保のため、温度設定に合わせた温水の循環を実施している。

定植直後はやや高めの温度管理を行い、活着を促進させている。活着後は伸び過ぎに注意して、昼間の日照時間や日射量に応じた温度・換気管理を行い、夜間は同化産物の転流をスムーズにさせるためやや低めとし、最低夜温を10℃以下としないように管理している。

かん水は天候、温度に合わせ、過度にならないように少量かん水を行っている。

また、トマトは光要求量が高いので、ハウスの外張りフィルムは光透過性の良いものを使用したり、下葉の除去や株間を広めに確保することで、株元へ光を当てることも大切となる。

■病害虫防除

長期周年栽培ハウスがほとんどであるため、特に土壌病害虫（褐色根腐病、サツマイモネコブセンチュウ）とハウス内の越冬害虫（オンシツコナジラミなど）、灰色かび病の防

写真4　定植準備を終えた地熱利用ハウス

写真5　抑制トマトの育苗

除対策に気を付けている。
■その他注意点
【着果促進】
　段ごとに気温に合わせたホルモン処理を行い、着果促進を図っている。
【玉出し】
　低温寡照時期は果実肥大と着色を良くするため、葉を切って玉出しを行っている。
【摘芯】
　最終収穫を6月下旬としていることから、5月上旬に最終収穫花房の上位葉2枚を残して摘芯する。

抑制トマト栽培のポイント

■作型
　温泉熱利用・地熱利用ハウスともに7月上～中旬に定植を行い、8月中旬から収穫を開始している。最終収穫は11月下旬～12月上旬とし、その後に地熱利用ハウスでは促成栽培のトマトまたはきゅうりの定植、温泉熱利用ハウスではこまつなどの葉菜類の播種を行う（図1）。
■品種と育苗管理
　品種は促成栽培と同様で購入苗を6月上～中旬に12cmポリポットに鉢上げし、その後約30日程度育苗を行い（写真5）、第1花房開花前のやや若苗を定植している。高温強日射でしおれが懸念される時は、遮光資材を利用している。
■仕立てと栽植様式
　仕立て、栽植様式、マルチ資材は促成栽培と同様である。
■施肥管理
　基肥は残存肥料を考慮し、無肥料の場合や有機肥料を主体に窒素成分で1～5kg/10a程度を施用していることが多い。追肥は3段花房開花ごろから草勢や天候などの状況を判断しながら、液肥の窒素成分量で0.5～1.0kg/10aを3～5日間隔で行っている。

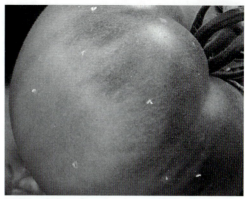
写真6　発生の多いオンシツコナジラミ

■温度・かん水管理
　高温期の定植なので強風時以外は常時換気を行い、高温が続く場合は遮光率の低い寒冷しゃで被覆することもある。かん水は蒸散量が多い晴天日を中心に2.0～2.5ℓ/株を目安に実施している。
　8月下旬以降で最低気温が10℃となる時期から夜間は密閉する。10月からは温泉熱、地熱を利用してハウス内の温度と地温を確保し、裂果の発生を防いでいる。
■病害虫防除
　特にオンシツコナジラミ（写真6）と10月以降の灰色かび病の防除対策に気を付けている。
■その他注意点
【着果促進】
　高温時期には空洞果を防ぐため、ジベレリン処理を併用することもある。
【玉出し】
　収穫後半の10月以降は、果実の着色を早くするため、葉切りを多くして玉出しを行っている。
【摘芯】
　最終収穫が11月下旬～12月上旬となることから、10月上～中旬に最終収穫花房の上位葉2枚を残して摘芯する。

（高橋　恒久）

知っておきたい農協論

渡辺　邦男　著

　協同組合の理念や原則をねじ曲げようとする改正農協法が施行された。一方、農業・農村の現場では農協離れが問題になっている。

　ニューカントリー本誌連載企画を加筆・修正してまとめた本書は、農協の原点や歩みを踏まえ、あるべき姿や今後進むべき道を提言する。

Ａ５判104頁　定価1,111円（＋税）送料200円

―図書のお申し込みは下記まで―

株式会社 北海道協同組合通信社　デーリィマン社　管理部

☎ 011(209)1003
FAX 011(271)5515
e-mail　kanri@dairyman.co.jp

※ホームページからも雑誌・書籍の注文が可能です。http://www.dairyman.co.jp

第3章

栽培技術（作物別）

【果菜類】
- トマト（促成・半促成・抑制栽培）… 94
- トマト（高糖度トマト）………… 101
- トマト（生育・栄養診断）……… 104
- トマト（マルハナバチと単為結果性品種）… 106
- きゅうり ………………………… 110
- さやえんどう …………………… 114

【葉菜類】
- 簡易軟白ねぎ …………………… 118
- はくさい ………………………… 122
- ほうれんそう（雨よけ栽培）…… 126
- ほうれんそう（寒締め栽培）…… 130
- にら（促成・半促成栽培事例、知内町）… 132
- 軟白みつば（切りみつば）……… 136

【果実的野菜類】
- すいか …………………………… 139
- メロン …………………………… 143
- いちご（高設栽培）……………… 148
- いちご（窒素栄養診断）………… 154
- いちご（夏秋どり栽培事例、JAひだか東）… 156

【洋菜類】
- ピーマン（シシトウ、パプリカを含む半促成栽培）… 160
- レタス …………………………… 164
- アスパラガス（立茎栽培）……… 167
- アスパラガス（ホワイトアスパラガス）… 171
- アスパラガス（立茎栽培事例、檜山南部）… 174
- ベビーリーフ …………………… 177

第3章 栽培技術（作物別）

【果菜類】

トマト

促成・半促成・抑制栽培

性質

　トマトはナス科の1年生草本で、原産地は南米のエクアドル周辺のアンデス高地といわれている。生育適温は昼間25〜28℃、夜間15℃程度で、5℃以下の低温では生育が停滞する。30℃以上の高温が続くと植物体の栄養状態が悪くなり、果実の肥大不良や落花を招く。花芽分化は一般に播種後25〜30日で起こり、本葉8〜9枚目に第1花房を着生させる。その後、3葉ごとに第1花房と同じ向きに花房を付けながら生育を続ける。光を好むため日照不足になると軟弱徒長し、空洞果やすじ腐れ果の発生が多くなる。土壌適応性は広いが、過湿には弱いので、地下水位の高い所は排水対策を行い高畝栽培とする。

作型と品種

　北海道におけるトマト栽培は夏期冷涼な気候を生かして、各地で大玉トマト（1果重150〜220g）、中玉トマト（1果重30〜80g）、ミニトマト（1果重10〜20g）が生産されている（**写真1**）。特に、大玉トマトとミニトマトは夏秋期（7〜11月）の出荷量で全国1位の産地となっている（農林水産省「2015年産指定野菜〈春野菜、夏秋野菜等〉の作付面積、収穫量及び出荷量」より）。

　施設野菜における大玉トマトの作型は、1月中に播種を行う加温促成栽培から、11月に収穫を終了する抑制栽培まであり、主要な作型は半促成栽培とハウス夏秋どり（早熟栽培）である（**図1**）。品種は半促成栽培では「CFハウス桃太郎」「りんか409」が、ハウス夏秋どりでは「CF桃太郎ファイト」「桃太郎ギフト」「麗夏」などが多く栽培されている。

　ミニトマトの主要な作型は半促成長期どり

写真1　ミニトマト　中玉トマト　大玉トマト

図1　主な作型

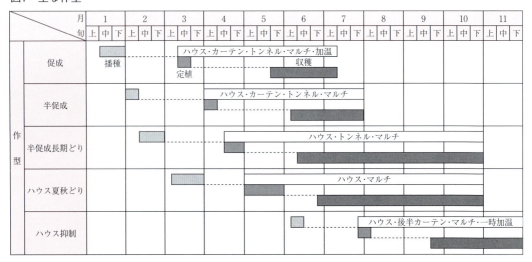

トマト（促成・半促成・抑制栽培）

（半促成栽培）およびハウス夏秋どり（早熟栽培）である。現在使用している品種の作型適応性が広いので、作型によって品種を変える必要はない。品種としては、「キャロル10」「SC6-008」「キャロル7」「アイコ」などがある。

中玉トマトは、「シンディースイート」「ラウンドレッド」「カンパリ」などがつくられているが、ミニトマトと同様に品種の作型適応性が広いので作型による品種変更の必要はない。なお、栽培管理についてはミニトマトとほぼ同様と考えてよい。

栽培上の要点

■育苗

育苗期間は約60日である。以前は育苗箱に播種していたが、現在はセルトレイを利用するセル成型苗育苗が主流であり、民間業者や農協などで育苗されたセル成型苗を購入する生産者が多い。セル成型苗はそのまま定植するのではなく、ポリポットに鉢上げして第1花房開花まで育苗後、定植するのが一般的である。

自分で播種する場合は128～200穴のセルトレイと専用園芸培土を使用し、播種は1穴1粒とする（**写真2**）。発芽までは地温を25～28℃として発芽をそろえる。30℃以上になると発芽がばらついたり発芽不良となるので、温度が上昇しやすい日中の温度管理に注意する。発芽後は随時かん水を行い、昼温22～28℃、夜温15～16℃として、子葉を大きく伸び伸びと育てる（**表1**、**写真3**）。

播種後20～25日の本葉2～2.5葉の時に、12～15cmのポリポットに鉢上げする。セル成型苗の根鉢は、ポリポットの鉢土から出さないようにやや深植えとする。活着までは夜温16～18℃、地温20～23℃を目標に管理し、スムーズな発根を促す。活着後は徐々に夜温を下げるが、低夜温はチャック果や窓あき果の発生原因となるため夜温が12℃を下回らないようにする。

育苗期間中に第3花房までの花芽が分化するので温度管理や水管理に注意し、根鉢がしっかりし、がっしりした苗を育てる。定植適期の苗は第1花房が1～2花咲いたころ

写真2 セルトレイの播種。1穴に1粒ずつ播種する。コート種子を使えば、播種板が使えて作業効率が良い

写真3 子葉展開中のセル成型苗。発芽をそろえ、子葉を大きく伸び伸び育てる

表1 育苗の管理目標

温度管理		発芽まで	発芽～鉢上げ	活着まで	活着～6葉期	6葉期～定植
気温	昼	－	22～28℃	20～26℃	20～26℃	20～24℃
	夜	－	15～16℃	16～18℃	15～16℃	12～15℃
地温	昼	25～28℃	20～23℃	22～23℃	16～20℃	16～20℃
	夜	25～28℃	18～20℃	20～23℃	16～18℃	13～15℃
かん水			十分かん水	十分かん水	徐々に少なめ。葉をしおれさせない	

第3章 栽培技術（作物別）

写真4　定植適期の苗

表2　定植後の温度管理

晴天	曇天	雨天	夜間
25～28℃	20～25℃	15℃以上	10℃を確保

図2　草勢から見た生育診断

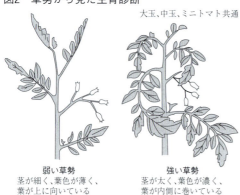

大玉、中玉、ミニトマト共通

弱い草勢
茎が細く、葉色が薄く、葉が上に向いている
→ かん水量を増やし、追肥を行う

強い草勢
茎が太く、葉色が濃く、葉が内側に巻いている
→ かん水、追肥を控え、わき芽かきを遅らせる

対策

写真5　トマトトーンは成長点にかからないように散布する

である（**写真4**）。

■定植準備および定植

　定植の1週間前には施肥・耕起・ベッド成形・マルチの敷設を終了し地温を確保する。

　基肥は有機質主体の肥料で10a当たり窒素10kg、リン酸20kg、カリ40kgを施用するが、ハウスによって残存肥料や土質が異なるので、土壌診断に基づいた土壌改良や施肥を行う。特に、pHが低い場合は尻腐れ果が多発するので、pH6.0～6.5になるように石灰資材で矯正する。

　定植は晴天の温暖な日に行い、午後3時までに終わらせる。第1花房を通路側に向けて定植すると、その後の花房も同じ位置に着生してくるので、管理がしやすい。

■温度管理と追肥

　トマトは30℃以上の高温が続くと草勢が低下し、花落ちや小果が増加するので28℃を上限として管理する（**表2**）。一方、10℃以下の低温でも、傷果や乱形果などの生理障害果が多くなるので注意する。

　追肥は、液肥をかん水時に使用すると便利である。適正な草勢の場合は第3花房開花時から追肥を開始するが、生育の状況を見ながら追肥の開始を前後させる。草勢は成長点付近の茎葉の様子で判断できる。葉が内側へ極端に巻いていて茎が太くなってきていたら草勢が強過ぎるので、かん水や追肥を控え、わき芽かきを遅らせて草勢を調整する（**図2**）。

　第3花房開花時以降は、各花房開花時に追肥を行う。トマトは1度草勢を低下させてしまうと、その後に追肥をしてもなかなか回復しない。適期に追肥を行い、草勢を適正にコントロールするのが安定生産の基本である。

■着果促進

　着果促進にはトマトトーンなどによるホルモン処理やマルハナバチの利用などがある。ホルモン処理は、使用基準を守り同じ花に重複散布しないよう食紅を混ぜて使用するとよい。成長点に散布すると薬害が生じるので、

トマト（促成・半促成・抑制栽培）

写真6　着果数が多い場合は4果程度に摘果する

手で花房を覆いながら散布する（**写真5**）。なお、高温期のホルモン処理は空洞果になる恐れがあるので、ジベレリンを加用する。

マルハナバチの利用は、ホルモン処理作業から解放されるため、道内では広く利用されている（p106～109参照）。しかし、現在使用されているセイヨウオオマルハナバチは、外来生物法に基づく「特定外来生物」に指定されていることから、環境省の許可を受ける必要がある。また、ハウスの開口部すべてに飛散防止のためのネット（目合い4mm以下）を展張し、使用後の巣箱は死滅処理を行ってから廃棄しなければならない。

■摘果（花）

適正な草勢維持のため、摘果（花）を行う。大玉トマトの場合は、着果後に障害果を中心に摘果し、1果房当たり4果程度とするが（**写真6**）、草勢を見て果数を増減させる。摘果は果実の大きさが500円玉からピンポン球くらいまでに行う。これ以上大きくなってから摘果しても効果が半減するので、適期に行うことが重要である。

ミニトマトは、中～上位段になると花数が多くなる傾向にあり、1花房に200以上の花が咲くこともある。そのまま着果させると小果ばかりになるだけでなく、過度の着果負担で草勢の低下を招くので摘花を行う。摘花は遅咲きの花や房を中心に、着果前の花やつぼみの段階で行い、着果数を1花房当たり50花程度となるようにする（**写真7**）。

■病害虫

主な病害虫は、灰色かび病、葉かび病、スリップスなどがある。灰色かび病、葉かび病は草勢の低下や過繁茂による通気性の悪さから発生しやすくなるので、適正な草勢管理に努め、換気を十分に行ってハウス内の湿度を下げる。また、老化した葉や病気の発生した葉は、早めに摘葉する。ハウス周りの雑草はこれらの病害虫の発生源となるので除去する。病害虫の発生を確認したら直ちに薬剤防除を行い、まん延を防ぐ。

■収穫

収穫時の果実の着色程度は、市場までの輸送時間や季節により調整する必要がある。収穫は涼しい時間帯に行い、収穫果も冷涼な場所に保管し、品質保持に努める。

写真7　多花状態の花房（ミニトマト）。1花房当たり50花程度に摘花する

第3章 栽培技術（作物別）

新しい栽培方法

【セル成型苗直接定植で省力化】

ポット苗の定植に比べ、セル成型苗を直接定植することは定植作業を大幅に省力化できる（**表3、写真8**）。トマト生産者の多くはセル成型苗を農協などから購入しているので、購入したセル成型苗をそのまま植えることができれば育苗作業は定植までの数日の管理だけとなる。しかし大玉トマトの場合は、ポット苗定植に比べ草勢が強くなり、尻腐れ果や乱形果などの生理障害果が多発しやすい。そこで、定植時には土壌表層がむらなく適正な乾燥状態となるようにハウス準備を行い、定植後も極力かん水を控えるなどの注意が必要となる。

一方、ミニトマトはセル成型苗を直接定植しても、大玉トマトほど草勢が強くならず生理障害果の発生も少ない。このため、セル成型苗直接定植を行う場合でもポット苗定植と同様の定植条件およびかん水管理でよい。しかし、ミニトマト栽培でセル成型苗直接定植を導入すると、低段位から花数が増加し小果傾向となるため、後述する摘房および側枝葉利用技術の活用が望ましい。また、ミニトマトには異形株の発生が多い品種がある。そのような品種では、小苗時には異形株の判別ができないので、セル成型苗直接定植を行わない。

【ミニトマトの摘房および側枝葉利用による収量安定化】

ミニトマトでは、ポット苗定植の場合は中〜上位段、セル成型苗直接定植では低位段の果房の花数が多くなる傾向にある。花数が多いと小果が多くなるばかりではなく、草勢が急速に衰えてその後の収量が期待できない。

半促成栽培の場合は、8月上〜中旬に収穫のピークを迎えるが、この時期はミニトマトの需要が低下するので価格も下がりやすい。そこで、摘房と側枝葉を利用することで小果の発生を抑え、収穫後期の収量を安定させる

表3 投下労働時間（2007年、花・野菜技術センター）
（時間/10a）

作業名	ポット苗定植	セル成型苗直接定植	省力化率（％）
育苗	43.0	1.0	97.7
定植	76.2	30.4	60.1
栽培管理	746.8	764.8	−2.4
合計	866.0	796.2	8.1

写真8　セル成型苗直接定植

摘房と側枝葉利用

慣行

写真9　9月下旬の上段果房（セル成型苗直接定植）

トマト（促成・半促成・抑制栽培）

写真10　摘房処理

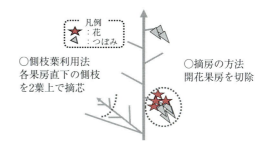

図3　摘房と側枝葉利用の方法

○側枝葉利用法
各果房直下の側枝を2葉上で摘芯

○摘房の方法
開花果房を切除

図4　新栽培法を導入した作付け体系

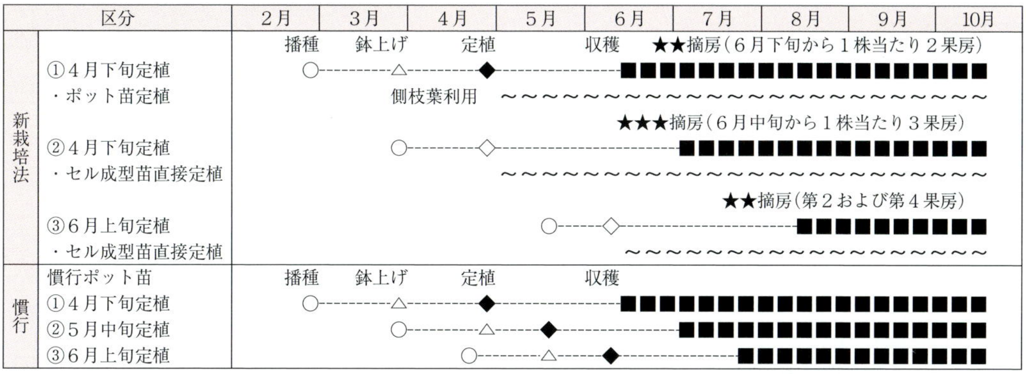

区分		2月	3月	4月	5月	6月	7月	8月	9月	10月
新栽培法	①4月下旬定植・ポット苗定植		播種○	鉢上げ△	定植◆	収穫	★★摘房（6月下旬から1株当たり2果房）			
				側枝葉利用 ～～～～～～～～～～～～～～～～～						
	②4月下旬定植・セル成型苗直接定植			◇		★★★摘房（6月中旬から1株当たり3果房）				
					～～～～～～～～～～～～～～～～～					
	③6月上旬定植・セル成型苗直接定植				○	◇	★★摘房（第2および第4果房）			
					～～～～～～～～～～～～					
慣行	慣行ポット苗		播種	鉢上げ	定植	収穫				
	①4月下旬定植		○	△	◆					
	②5月中旬定植			○	△ ◆					
	③6月上旬定植			○	△	◆				

○：播種　△：鉢上げ　◆：ポット苗定植　◇：セル成型苗直接定植　■：収穫　★：摘房　～：側枝葉利用

技術が開発された（**写真9、10**）。なお摘房と側枝葉の利用方法については、**図3**に示した。また、慣行のミニトマトの作型に対してそれぞれ推奨する方法および定植法が提案されている（**図4**）。

【3段どり栽培で出荷時期分散】

道産の大玉トマトの出荷時期は、ミニトマトと同様に市場価格の低迷する8月に集中しており、高単価が期待できる9月以降の出荷を増やしたいという産地の要望は強い。また出荷時期の集中は、共同選果施設の運営面でも課題となっており、出荷時期の分散による施設稼働率の平準化も要望されている。

そこで、9月に出荷ピークを迎え、短期間に3段どりを行う栽培技術が開発された。定植苗はセル成型苗を使用するが、子葉上で摘芯した側枝2本仕立て苗とする（**写真11**）。側

写真11　子葉上摘芯による2本仕立て苗（定植期）

第3章 栽培技術（作物別）

慣行栽培　　　　　　　　　　　　3段どり栽培

写真12　栽培法による果実外観の違い

図5　3段どり栽培マニュアル

第5果房開花始め	…第5果房の上2葉残して摘芯、第5果房摘房
第4果房開花始め	…第4果房の直上葉摘葉、第4果房摘房 ・追肥は第1果房肥大期に施用、追肥量は慣行栽培と同様とする
第3果房開花始め	…第3果房の直上葉摘葉、第1果房の下2葉残して下葉とり ・第2果房開花期より少量のかん水を開始し、本格的なかん水は第1果房肥大期から行う
第2果房開花始め	…第2果房の直上葉摘葉 ・早めに誘引する（遅れると摘芯部より裂ける恐れあり）
第1果房開花始め	…第1果房の直上葉摘葉、わき芽とり開始 ・基肥および定植時の土壌水分は慣行栽培と同様とする
6月中旬に定植	…側枝がそろった苗を株間50cm、畝間200cmの2条植え ・摘芯後7〜10日程度管理、かん水のみで追肥不要
6月上旬に摘芯	…200穴のセル成型苗で2.5葉期に子葉上で摘芯

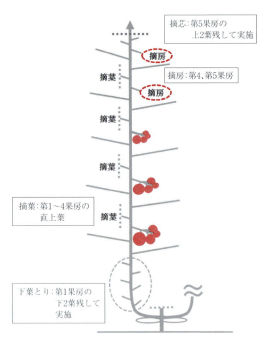

枝2本仕立て苗の使用により、セル成型苗直接定植で問題となる旺盛な草勢が抑えられるため、定植時の土壌水分はポット苗定植と同様で良い。

トマトの短期どり栽培では、短期間に収量を確保するために密植するのが一般的である。3段どり栽培は側枝2本仕立て苗を株間50cmで定植するため、側枝1本当たり25cm間隔となり、慣行の株間40cmに比べて密生状態

となる。これにより、収穫期間が短くても多収となる。また、果実が葉に覆われて過剰な日射が当たらないため、果皮の状態が良く秀優品率が増加する（**写真12**）。

本栽培法は密生状態になるため、摘葉など管理作業が遅れると過繁茂となり果実品質の低下や病害の発生を招くので、栽培マニュアルに基づき適期に作業を行うことが重要である（**図5**）。

（大久保　進一）

高糖度トマト

【果菜類】

トマト

高糖度トマト

北海道の気象に合った栽培技術を開発

果実糖度を向上させた高糖度トマト（フルーツトマト）は日本人の嗜好性に合致し、市場では高級食材の1つとして高単価で取引され、1年を通じた流通が望まれている。しかし、高糖度トマトは植物体に水分ストレスや塩分ストレスを与えることにより生産されるため、夏期に高温条件となる本州産地では着果不良や生理障害果の多発により生産が困難となることから、7～10月は高糖度トマトの端境期となっている。

そのため、北海道では端境期の有利販売を目指して冷涼な気象条件を利用した夏期生産の試みがなされてきたが、北海道に適した栽培技術が確立していなかったため、十分な収益が得られていなかった。そこで道立総合研究機構上川農業試験場では、北海道の気象条件に合った栽培技術の開発に取り組み、低コストで、簡易な高糖度トマトの養液栽培技術を確立した。

この技術は、21cm径のポリポット鉢による根域制限と肥料に食塩を混和した培養液の点滴かん水により、植物体にストレスを付与し

写真1　育苗管理

写真2　定植

写真3　液肥混入器（水力式定率混入ポンプ）を利用した給液装置

写真4　ポリポット鉢上に設置した点滴チューブ

第3章 栽培技術（作物別）

水不足によるしおれ

写真5 給液開始点の目安となる植物体の状態。左上写真のように主枝先端がぐったりとしおれないように、上位2～4葉が水分を失い、しおれ始めたころに給液を行う

て果実糖度を上昇させる栽培技術である。本技術をパイプハウスに導入すると、端境期である夏期に、果実糖度がBrix値で8％に達する高糖度トマトを収穫できる。

栽培上の要点

■育苗
特別な育苗管理は必要なく、一般的な大玉トマト栽培に用いる苗と同様に、温度とかん水管理に注意を払いながら、徒長がなく、がっしりとしたポット苗を育てる（**写真1**）。

■定植
第1花房が開花したころのポット苗を、約4ℓの培地を詰めた21cm径のポリポット鉢に定植する（**写真2**）。ポリポット鉢は2列に密着して並べ、栽植密度が一般的な大玉トマト栽培の約2倍（5,000株/10a程度）となるようにパイプハウス内に配置する。

■給液装置
水力式定率混入ポンプなどの液肥混入器を利用した給液装置（**写真3**）で培養液濃度を調整し、点滴チューブをポリポット鉢の上に設置（**写真4**）して給液量をポット単位でコントロールする。点滴チューブと比較するとやや高価であるが、ドリッパーと呼ばれる点滴かん水資材を導入すると、より精度が高い給液管理が可能となる。

■給液管理
定植直後は肥料のみを溶かした培養液（窒素濃度で200～300ppmに設定）を与え、苗の活着と生育を促す。第1花房開花後10日前後から培養液に食塩を加え、植物体に塩分ストレスを与える。食塩の濃度は0.1％になるように調節し、栽培終了時まで与え続ける。草勢が強くならないように第2花房開花期には培養液の窒素濃度を100ppmに変更する。

茎葉が成長するにつれて給液量は増加するが、栽培期間を通して主枝先端の上位2～4葉をしおれさせないように、1日当たりの給液量をポット当たり0～600mℓ（150mℓ×0～4回）で調節しながら管理する。このよ

図　側枝葉利用技術

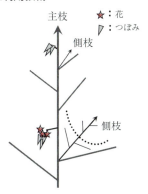

各果房直下の側枝を伸ばし、4～6葉期に2葉上で摘芯して植物体の葉面積を増加させる技術

写真6　収穫期を迎えた圃場

うな管理により、着果不良や生理障害果の発生が抑えられ、収量が安定する。栽培期間を通して水分不足によるしおれを発生させないことが本技術の最も重要なポイントである。そのため、給液開始点となる植物の状態を小まめに観察しながら、丁寧な給液管理を行うことが重要である（**写真5**）。なお、ポリポット鉢から排出される廃液は、適宜回収して処分する。

■整枝

主枝1本仕立ての直立誘引とし、古い葉や側枝は随時摘み取る。**図**に示した側枝葉利用技術を用いると果実糖度がより安定化する。

■収穫

果実が色付いてきたら、裂皮や裂果（特に上位果房で発生が多い）が生じる前に収穫する（**写真6**）。水稲育苗後のハウスを利用した早熟作型では「5段どり」が、半促成長期どり栽培では「6～8段どり」が可能である。

■病害虫防除

本技術に特異的な病害虫の発生はなく、大玉トマト栽培と同様の病害虫が栽培上の問題となるため早期防除を心掛ける。

注意事項

上川農業試験場の栽培試験では、品種に「CF桃太郎ファイト」、培土に「高設栽培用いちご培土」、培養液の肥料に「OK-F-3」を用いた。他の品種、培地、肥料などを用いる場合には試作を行い、求める収量や品質が得られるか否かを必ず確認する。

（地子　立）

第3章 栽培技術（作物別）

【果菜類】

トマト

生育・栄養診断

トマトは1段目の果実がピンポン球大となる第1果房肥大期以降、茎葉の成長（栄養成長）と果実の生産（生殖成長）が並行するとともに、養分の吸収が盛んになる。そのため、第1果房肥大期以降は、トマトの養分吸収に沿った追肥が必要となる。この時期に養分の過不足があると、生育障害や収量の低下を招くことになる。生育期間を通じて適切な施肥を行うには、作物の栄養生理に見合った肥培管理が重要である。

草勢による追肥の判断

写真1はいずれも第1果房肥大期のトマトであるが、定植時の施肥やかん水の量によって草勢が大きく異なっている。養分が不足し草勢が弱い場合（**写真1左**）は、予定より早めに追肥を行う。一方、窒素が過剰の状態（**写真1右**）は、追肥を省略するとともに、かん水を控えて次の果房肥大期（約10日後）まで様子を見る。

写真1のように草勢に明らかな強弱が認められる場合は、追肥の判断材料となる。しかし、草勢が弱めに見えても土壌に窒素が十分蓄積しているなど、草勢が窒素栄養状態を反映していない場合もあり、安易な判断は肥料の無駄や収量の減少を招くことがある。夏秋どり栽培（早熟作型）の場合、追肥の判断に悩む時やトマトの栄養状態を知りたい時は、窒素栄養診断を用いるのが適切である。

葉柄汁液による窒素栄養診断

窒素栄養診断では、葉柄などの硝酸イオン濃度（以下、硝酸濃度）から作物の窒素栄養状態を診断する。硝酸濃度は、作物が根から吸収した窒素（硝酸）の作物体内濃度であり、窒素施肥量に対応して増減するため、窒素栄養状態の指標となる。トマトの窒素栄養診断では、各果房の肥大期ごとに葉柄硝酸濃度を測定し、追肥量を判断する。トマトでは上位葉よりも下位葉の葉柄硝酸濃度が窒素栄養状態をよく反映している。その中で最もよく窒素栄養状態を反映する第1果房直下葉を栄養診断の採取葉位としている。

収量が中程度の年（1999年）と多い年（2000年）では、いずれも葉柄硝酸濃度が6,000〜

写真1　第1果房肥大期におけるトマトの草勢
左（草勢弱）：茎が細く、葉身も小さく黄色がかっている。こうなる前に追肥する
右（草勢強）：茎は太く、葉がひどく巻いている。追肥を省略し、かん水を控える

トマト（生育・栄養診断）

写真2　RQフレックスを用いたトマトの窒素栄養診断の手順
①トマト5株以上から第1果房直下葉の先端小葉を採取する
②葉柄1.0gを乳鉢でよくすり潰し、蒸留水を49mℓ加え（50倍希釈）かくはんする
③RQフレックスで硝酸濃度を測定する。測定値(mg/ℓ)の50倍が葉柄硝酸濃度となる
※葉柄硝酸濃度(mg/ℓ)に基づく対応
　4,000 mg/ℓ未満：N 4kg/10a追肥。5日後に再度診断し、7000 mg/ℓ以下の場合、さらにN 4kg/10a追肥。
　4,000〜7,000 mg/ℓ：N 4kg/10a追肥（施肥標準の通り）。
　7,000 mg/ℓを超える：追肥を省略する。

7,000mg/ℓで収量が最高となった（**図1**）。また、4,000mg/ℓ以下では収量が大きく減少した。このことから、収量確保のために葉柄硝酸濃度は4,000mg/ℓ以上を維持する必要がある。

　無駄な肥料が多くなると、その栽培跡地の土壌硝酸態窒素は増加する。トマトの栽培跡地の硝酸態窒素は、栽培時のトマトの葉柄硝酸濃度が6,000mg/ℓを超えると急激に増加し、8,000mg/ℓを超えると10mg/100g以上の場所が多くなる（**図2**）。跡地に硝酸態窒素を多く残さないためには、葉柄硝酸濃度を7,000mg/ℓ以下に抑えることが大切である。これらのことから、トマトの栄養診断基準値を葉柄硝酸濃度4,000〜7,000mg/ℓと設定している。

　写真2は小型反射式光度計（RQフレックス）を用いた窒素栄養診断の手順である。診断を行う時期は、追肥時期と同じ各果房の肥大期である。診断部位として第1果房直下葉の先端小葉葉柄を採取し、手順に沿って測定された葉柄硝酸濃度から追肥量を決定する。

　コンパクトイオンメーターを用いる場合は、にんにく絞り器で葉柄を絞り、葉柄の汁液を電極の上に垂らすことで硝酸濃度を測定できる。

　このように、窒素栄養診断を活用すること

図1　葉柄硝酸濃度と果実収量との関係

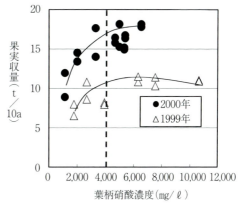

図2　葉柄硝酸濃度と跡地土壌硝酸態窒素との関係

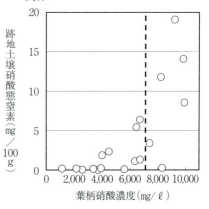

で収量を確保しながら肥料の無駄をなくし、環境に優しいトマト生産が可能となる。

（坂口　雅己）

第3章 栽培技術（作物別）

【果菜類】

トマト

マルハナバチと単為結果性品種

性質

北海道は全国屈指の夏秋トマト産地であり、「桃太郎」シリーズや「りんか409」「麗夏」などの品種を作付けし、道内外に出荷している。

一方、トマトの授粉作業を担ってきたセイヨウオオマルハナバチ（以下、マルハナバチ、**写真1**）が2006年に国の特定外来生物に指定されて使用が規制され、農家はマルハナバチの逃亡防止策としてネット展張の徹底や飼養等許可申請書類の作成・提出などが求められることとなり、管理を行うための負担が増した。

授粉作業の変更は、作業体系を見直すことにつながり、労力負担の増加も懸念される。産地からは、今後のトマト栽培におけるマルハナバチ授粉の代替技術への要望が強まっている。

一方、種苗会社からは、近年「ルネッサンス」「パルト」「F1-82CR（商標名：すっぴんトマト）」などの単為結果性品種（**写真2**）が育成されている。これらの品種は受粉や果実の着果・肥大を促す作業が不要であることから、マルハナバチに関わる諸作業を回避できるとともに、トマト栽培の省力化も期待できる。そのため、道内トマト産地の関心は強く、数年前から単為結果性品種に着目し早期に試作に取り組んだ地域もあるが、通常の品種よりも着果が旺盛であるため、慣行栽培では生育後期の草勢の低下や障害果の多発などの問題が見られる。

着果促進

トマトは果実を生産物とする野菜であり、果実を安定的に生産するためには、確実な着果が必要である。トマトの着果を積極的に進めるには幾つかの方法があるが、それぞれの方法のメリット・デメリットを勘案する必要がある。

着果促進の方法としては、マルハナバチを利用した授粉や人的労働（送風器や振動発生器を使った物理的振動）による授粉、ホルモン剤（合成オーキシン、商品名：トマトトーン）散布（**写真3**）といった作業の他、単為結果性品種（**写真4**）の導入という選択肢が挙げられる。

■マルハナバチの利用

授粉作業をマルハナバチに任せることにより農家の労働の大幅な省力化ができることと、確実な受粉が可能なため、収量と内部品質の両面が優れたトマトが得られる。一方、マルハナバチでは「外来生物法」による利用制限（後述）が大きな問題となっている。

写真1 トマトの花に訪れて花粉を集めているセイヨウオオマルハナバチ

写真2 単為結果性品種「パルト」の着果状況

トマト（マルハナバチと単為結果性品種）

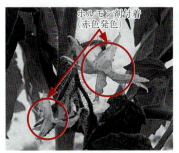

写真3　着果促進作業（ホルモン剤散布）

写真4　単為結果性品種の花（開花時に既に子房が肥大し始めている）

■送風器や振動発生器を使った物理的振動

受粉した良質の果実を生産できるが、農家による頻繁かつ高精度な作業が必要であるため、労力面の負担が大きい。

■ホルモン剤散布

ホルモン剤の散布により、授粉しなくても果実が着く「単為結果」を起こし、低温期や高温期でも着果を促進できるが、物理的振動による着果促進と同様に労力面での負担が大きく、障害果（空洞果）が発生することもある。

■単為結果性品種の採択

これまで述べてきた着果促進法における法的制約や労働負荷といったデメリットを回避できるとともに、着果が旺盛であることが利点である。一方、市販品種が少なく、収量性や品質が通常の非単為結果性品種の水準に達していないのが現状である。

以上のように、トマトの着果促進は、単純に果実収量や果実品質を決定するだけでなく、その方法により法律への対応や労働負荷の増減などが関わってくる。

近年の北海道のトマト生産においては、「マルハナバチの利用制限」が生産現場における大きな関心事の一つである。そこで特に、マルハナバチをめぐる情勢と今後の展望、および単為結果性品種の活用について整理する。

マルハナバチの導入

トマトの花は、花粉はあるものの蜜を生産しないことから、蜜蜂など花の蜜を求める種類の昆虫は訪れない。また、施設生産では、風が弱い状態で栽培されることが多いことから、風による確実な授粉は行われにくい。

一方、マルハナバチは、食用として花粉を集める性質を持つことから、トマトのような花粉だけの花にも訪れる。さらに、花粉を集める時、葯にとまり、胸の筋肉を振動させて花粉を振るい落とすが、その時に花粉が柱頭に付くことでトマトが受粉する。いわゆる「葯のバイトマーク（かみ痕）」はその際に顎でかじった部分が褐色に変色したものであり、マルハナバチの訪花履歴の確認に利用されている。

1980年代にヨーロッパでマルハナバチによるトマトへの授粉の有用性が認められると、マルハナバチの商業的大量生産が始められ、トマト栽培への導入が急激に進んだ。2010年時点でも、オランダの大規模なトマト栽培ハウスでは、受粉にマルハナバチが利用されており、品質の向上と省力化を実現している。

日本における
マルハナバチの利用

マルハナバチは、1991年に初めて日本に紹介され、92年にはトマトの施設栽培で利用が始められた。マルハナバチの利用により、それまで一般的な着果促進手法であった「ホルモン剤散布作業」を省略することができるようになったことから、大幅な省力化となった。また、マルハナバチが授粉したトマトは収量や品質、肥大性が良く、内部成分の充実や空洞果の減少も見られる他、着果後の花弁の落下が良いため灰色かび病の発生が少ないなどの優位点も見られることから、多くの農家に導入された。

第3章 栽培技術（作物別）

マルハナバチの情勢

マルハナバチの利用が始まった92年当時は、国外の有用生物を国内に導入することの是非を審査する制度がなかったため、ヨーロッパで商業的に大量生産されたマルハナバチが、そのまま日本国内にも輸入できた。

しかし、本来北海道の自然環境に存在しないはずのマルハナバチのコロニーが96年に北海道の屋外で発見され、それ以降、日本各地でマルハナバチの定着が進行していることが確認された。マルハナバチが日本国内の生態系に及ぼす悪影響としては、在来種マルハナバチ生息数の減少や外国から持ち込んだ体内寄生生物のまん延、在来植物の繁殖阻害などが挙げられている。

こうした実態が明らかになったことから、マルハナバチは2006年に外来生物法における「特定外来生物」に指定された。これにより、トマト生産でのマルハナバチの利用に当たっては、環境省の許可が必要となった。また、ハウスの開口部全てに飛散防止のために目合い4mm以下のネットを展張し、使用後の巣箱は確実な死滅処理を行ってから廃棄しなければならなくなった。

13年度末時点では、道内129市町村（累計）でマルハナバチの目撃または捕獲の情報があり、大きな問題になっている。マルハナバチの屋外での活動は生態系への悪影響が懸念されることから、現在、道環境生活部環境局生物多様性保全課では、一般市民参加型のボランティア活動組織として「セイヨウオオマルハナバチバスターズ」を展開し、計画的な監視や捕獲活動などの防除活動を行っている。

日本在来マルハナバチ利用の展開

マルハナバチの利用に関する法律上の制約は、マルハナバチが外来種（本来生息していない地域に導入された生物種）であることによる。

日本国内では、北海道以外（本州、四国、九州）の地域には在来種のクロマルハナバチが生息していることから、その農業利用が検討され、1999年に実用化された。現在、北海道以外のトマト産地では、外来種であるマルハナバチの利用から在来種のクロマルハナバチの利用へ切り替えを進めている。2014年に環境省などが公表した「外来種被害防止行動計画」にも、「在来種への転換を推進する」ことが明記された。

一方、北海道では元来クロマルハナバチが生息していないことから、クロマルハナバチは国内外来種としての取り扱いになる。このことから、北海道ではクロマルハナバチも利用できないため、北海道在来種であるエゾオオマルハナバチの実用化が検討されている。

単為結果性品種の位置付け

これまで述べてきたように、トマトの着果促進技術として重要であった「マルハナバチによる授粉」に法的制約がかかり、これまでマルハナバチを利用してきた農家は使用負担が増加するとともに、新規にトマトを導入する農家ではマルハナバチの利用が認められなくなった。また、「北海道在来種のエゾオオマルハナバチによる授粉」は実用化前であることから、北海道のトマト栽培においてはマルハナバチの利用が難しい状況である。一方、労力増大につながる「人的労働（送風器や振動発生器を使った物理的振動）による授粉」「ホルモン剤散布」の再導入は現実的ではない。そこで、新たな観点として、「単為結果性品種の導入」が検討されている。

単為結果性品種は単為結果性遺伝子を持つ品種で、授粉作業やホルモン剤散布作業をしなくても、自ら安定的に着果する品種である（**写真5**）。着果促進作業を行わなくても着果

108 ニューカントリー 2016 秋季臨時増刊号

写真5 単為結果性品種の着果状況

写真6 「F1-82CR（商標名：すっぴんトマト）」

写真7 「パルト」

するため、マルハナバチをめぐる法的対応を考慮する必要がないだけでなく、省力低コスト栽培が可能となる。

日本での単為結果性品種の育成と商品化は歴史が浅い。主な品種として、1994年に愛知県農総試が「ラークナファースト」、2000年に愛知県農総試と㈱サカタのタネが「ルネッサンス」、11年に㈱テピア・シードが「F1-82CR」（**写真6**）、12年にサカタのタネが「パルト」（**写真7**）、14年に愛知県農総試が「サンドパル」、16年にサカタのタネが「ハウスパルト」を発表している。

今後の展望

■単為結果性品種の導入

現在、道立総合研究機構（道総研）道南農業試験場では、地域技術グループと生産環境グループが連携して、単為結果性品種の栽培体系の確立に向け、単為結果性トマトの特性把握や可販果収量向上策を検討している。単為結果性品種は通常の品種に比べ、収穫果数は多いが果実はやや小さく規格内収量は同等からやや少ない。しかし、省力・低コストで栽培が可能であり、マルハナバチへの法規制に対応できることから、今後のトマト栽培において採択され得る選択肢の一つと考えられる。実際、道内産地の一部で生産・出荷されている。

また、育種研究も取り進められており、単為結果性品種は年々改良され、市販化されている。今後、収量性や品質が通常の非単為結果性品種の水準に達するような新品種の育成に期待したい。

■北海道在来種エゾオオマルハナバチ実用化

現在、道総研花・野菜技術センターでは、京都産業大学を中心とした研究グループに参画し、北海道在来種エゾオオマルハナバチの実用化に向けた技術情報の集積を行っている。この研究グループでは、マルハナバチと同等以上のトマト授粉能力を持つエゾオオマルハナバチの系統を選抜し、このマルハナバチの安定的・継続的生産を可能とする増殖方法の確立を目標としている。(2015年度農林水産業・食品産業科学技術研究推進事業〈発展融合ステージ〉)。

エゾオオマルハナバチの実用化にはまだ時間が必要であるが、道内産地の期待はとても大きいことから、研究の一層の進展と早期の実用化が望まれている。　　　　（植野　玲一郎）

【参考文献】
光畑雅宏（アリスタライフサイエンス㈱）「第2巻トマト-基礎編-本圃での生育と栽培-着果促進『マルハナバチの利用』」農業技術大系2014年版（追録第39号）、459～462ページ

第3章 栽培技術（作物別）

【果菜類】

きゅうり

性　質

　きゅうりはインドのヒマラヤ山麓原産とされ、わが国には平安時代に渡来した。従来、漬物や酢の物として利用されてきたが、現在はサラダなどの生食のほか、ピクルス、炒め物、煮込み料理などさまざまな用途で使われている。

　発芽適温は25～30℃とやや高めで、生育適温は日中25℃、夜間15℃前後である。10～12℃以下で生育が止まり、霜には極めて弱く、0℃になると凍害を受ける。一方、25℃以上になると生育が阻害され、30℃以上で奇形果が発生しやすくなる。

　根は、表層に細根が分布することから酸素要求量が高く、地温や水分に敏感である。土壌の適応性は広いが、排水の良い土壌や粘質土が適する。好適pHは6.0前後であり、酸性土壌には弱く、pHが5.5以下は適さない。

作型と品種

　北海道における主な作型は、道南地域や温泉熱利用で導入されている促成作型、最も多い5月中旬から10月まで収穫する半促成作型や夏秋どり（早熟）作型、促成トマトなどの後作で8月末から11月まで収穫するハウス抑制作型がある（**図1**、**写真1**）。

写真1　ハウス栽培状況

図1　主な作型

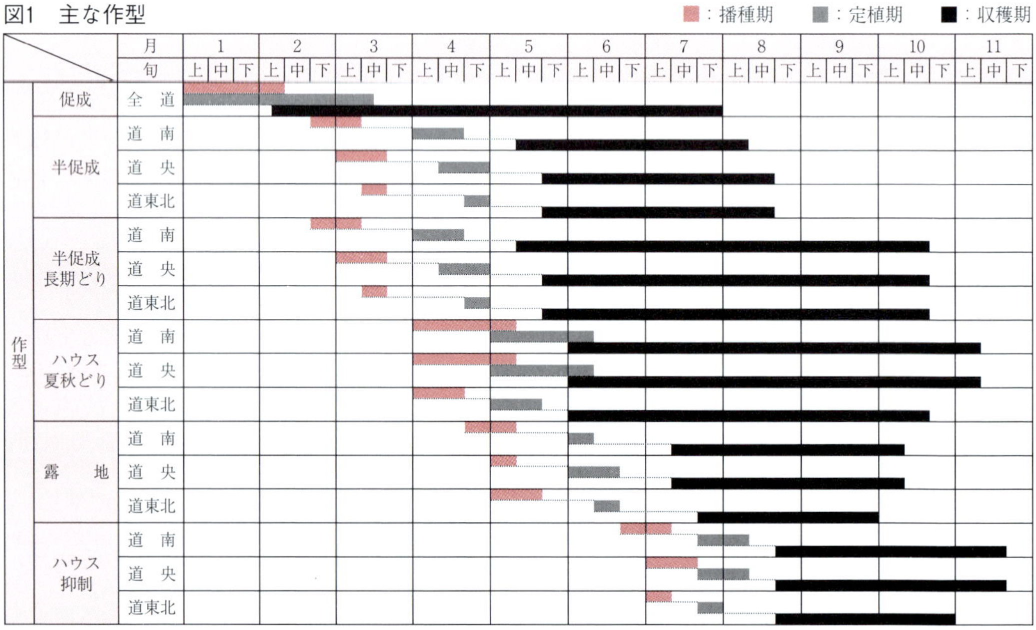

きゅうり

表1　品種特性

品種名	種子元	葉の大小	結果習性	側枝の多少	低温肥大性	果色	いぼ色	光沢	褐斑病耐病性
アルファ節成	久留米原種	中	節成	や多	中	濃緑	白	極良	中
オーシャン	埼玉原種	や小	や節成	中	や弱	濃緑	白	極良	弱
オーシャン2	埼玉原種	や小	や節成	中	や強	濃緑	白	極良	弱
ちなつ	埼玉原種	中	や節成	中	や弱	濃緑	白	極良	強
プロジェクトX	ときわ	小	や節成	中	中	濃緑	白	極良	中
ボルタ	ときわ	や小	や節成	中	や強	濃緑	白	極良	中
むげん	ときわ	小	や節成	や少	や強	濃緑	白	極良	弱

「北海道野菜地図その39」より作成

表2　台木品種

品種名	種子元	占有率
ときわパワーZ	ときわ	44%
FGY	埼玉原種	33%
ゆうゆう一輝(黒)	埼玉原種	13%

2014年産、道農政部調べ

図2　育苗

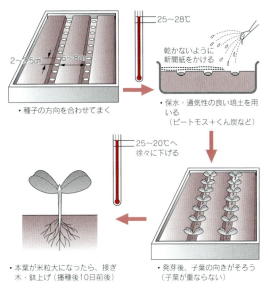

- 種子の方向を合わせてまく
- 保水・通気性の良い培土を用いる（ピートモス＋くん炭など）
- 本葉が米粒大になったら、接ぎ木・鉢上げ（播種後10日前後）
- 発芽後、子葉の向きがそろう（子葉が重ならない）

　道内では、地域の栽培環境に合わせ数多くの品種が作付けされている（**表1**）。最も多いのは「オーシャン」「オーシャン2」で両品種合わせて全体面積の約5割を占める。また「ちなつ」「アルファ節成」「プロジェクトX」がこれに続く。

　現在、出荷されているきゅうりのほとんどは果実に白い粉が発生しないブルームレスであるが、これはブルームレス台木に接ぎ木していることによる。台木は「ときわパワーZ」「FGY」「ゆうゆう一輝（黒）」が主要品種である（**表2**）。

　近年、同じブルームレスきゅうりでも、「プロジェクトX」や「むげん」などの光沢が強く緑が濃い「ワックス系品種」を穂木に利用する栽培が広がっている。

栽培上の要点

■育苗

　育苗方法には、セルトレイ利用による直接定植法やポットへ移植（鉢上げ）後、2次育苗するポット育苗法がある。ここではポット育苗法について述べる。

　床土は排水性や通気性、保水性が良い無病土を用いる。播種後、25〜28℃で発芽をそろえ、発芽後は徒長を防ぐため徐々に温度を下げ、接ぎ木、鉢上げを行う。播種後10日前後には地温20℃程度となるようにする（**図2**）。

　呼び接ぎの場合、台木の播種は同日から1〜2日後に行う（**図3**）。ポットは鉢上げの2〜3日前までに土を詰め、十分かん水し、地温を22〜25℃に高めておく。接ぎ木作業は本葉が出始めたころに行うが、接ぎ木後は速やかに鉢上げを行い、当日は気温、地温、湿度とも高めに管理する。日中はしおれを防ぐため寒冷しゃなどで遮光し、2〜3日後には光線を当てるが、しおれるようであれば日中

第3章　栽培技術（作物別）

図3　接ぎ木（呼び接ぎ）

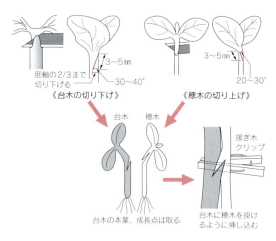

写真2　草勢が衰えたり、水不足など、株に負担がかかると、曲がりなどの奇形果が発生する

表3　標準的な施肥量　　　　　　　　　　　　　　(kg/10a)

要素＼作型	促成・半促成ハウス早熟	トンネル早熟露地早熟	ハウス抑制	追肥1回当たり（全作型）
窒素(N)	20	20	20	5
リン酸(P_2O_5)	20	15	15	0
カリ(K_2O)	20	20	15	5

注）追肥は、収穫始めと以後20日ごとに収穫終了予定20日前まで、ただしハウス抑制は収穫始めとその後30日ごと

遮光する。4日目からは通常の管理に戻し、接ぎ木後7～10日目の日照が弱まる夕方に穂木の胚軸を切る。活着後、最低気温は15℃程度とし、葉が触れ合うようになったら鉢ずらしを行い、徒長を防ぐ。定植4～5日前から最低気温は13℃程度と低めに管理し、かん水を控え、苗の順化を図る。

■畑の準備と定植

　施肥は事前に土壌診断を行い、その結果に基づき酸度矯正を併せて行う。きゅうりは育ちが早く、肥料の吸収量も生育の進行とともに増加する。肥料成分の果実への移行割合が高いため、生育状態に合わせた追肥管理が大切である（**表3**）。

　ベッドは早めにつくり、マルチをして十分にかん水し、定植時の地温は深さ20cmで最低15℃を確保する。定植時の苗は12cmポットでは3.5～4葉、それ以下のポットでは3葉前後の若苗を用いる。栽植密度は作型や整枝方法により異なるが、ハウス栽培では1条植えで畝幅180～200cm、株間40～60cmで10a当たり1,000～1,230株である。

■定植後の管理

　定植後、活着までは温度と水分管理には十分注意し初期生育をそろえる。活着後、水分が不足すると果実の肥大が劣り、曲がり果や先細り果が発生する（**写真2**）。また、側枝の生育も悪くなるので、乾き過ぎないように注意する。定植から収穫前まではpF2.2～2.3（土を握って水分を感じる程度）、収穫が始まったらpF2.0（握って水分がにじみ出る程度）をかん水の目安とする。かん水方法は午前中の少量多回数を基本とする。

　整枝は基本的には5～7節までは子づると雌花を除去し、その後10節までの低位節は子づるを1節で摘芯する。11～15節の中位節の子づるは、草勢と着果を維持させるため、生育の良い子づるを1～2本放任し、他は2節摘芯とする。それより上位節は1節摘芯または、半放任とする。孫づるは茎葉の繁茂と混み具合により1～2節で摘芯する（**図4**）。主枝の摘芯は、主枝が支柱の肩部分に届いたら行う。

きゅうり

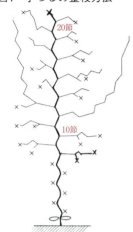

図4 子づるの整枝方法

写真3 きゅうりべと病による被害

写真4 収穫時の果実

茎葉が繁茂し過ぎると採光、通風が悪くなるので、新葉に日陰をつくっている葉を除去する。摘葉は1回で1～2葉、多くても3葉までとするが、古葉や病葉はこの限りではない。また、着果量が増して曲がり果などの変形果が発生したら、早めに摘果を行い株の負担を減らす。

■病害虫防除

きゅうりは、特に病害に弱い野菜の一つである（**写真3**）。そのため、土壌伝染性の病害では連作を避け、葉枯れ性病害では薬剤を効果的に使用する。近年、きゅうり栽培では化学農薬の他、生物農薬も利用されてきており有効活用したい技術である。

■収穫

通常は春先で開花後10～15日、高温期で7日ほどで収穫できる。収穫はM規格を中心とし、1果重で80～110g、長さが19～22cm（抑制作型では20～25cm）で取り遅れないようにする（**写真4、図5**）。収穫は早朝の涼しいうちに行い、収穫後は直ちに冷暗所に運び、品温が上がらないように努める。予冷温度は7～10℃で、湿度は90～95％が望ましい。近年産地では、機械による形状選別も行われている（**写真5**）。　　　　　（若宮　貞人）

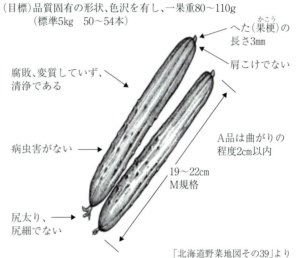

図5 品質目標

写真5 形状自動選別機

第3章 栽培技術（作物別）

【果菜類】

さやえんどう

性　質

えんどうは中央アジアから中東原産とされ、若ざやを食用とするさやえんどう、未成熟の種子を利用する実えんどう（グリーンピース）、近年人気の子実が肥大しさやが鮮緑色のうちにさやごと利用するスナップえんどうに分けられる。さやえんどうは主に煮物や炒め物に利用される。スナップえんどうは、高い栄養価で手軽に調理でき、癖がないためあらゆる料理に向く。

発芽適温は18～20℃で、0～4℃でも発芽するが、発芽日数は長くなる。生育適温は15～20℃で冷涼な気候を好む。5℃以下では開花や着莢に支障があり、25℃以上になると樹勢の低下が著しくなる。低温、長日条件で花芽分化する。

土壌の適応性は広いが、排水の良い壌土や粘質土が適する。中性や微アルカリ性の土壌を好み、最適pHは6.5前後である。酸性土壌では生育が劣り、pH5.5以下は適さない。

豆類の中で、最も連作障害が発生しやすく、連作により立枯性病害が多くなる。これらは土壌消毒などによりある程度は軽減できるものの、5年以上の輪作を基本とする。

作型と品種

さやえんどうのハウス栽培は、6月から収穫となる春まきの早熟作型（写真1）と8～10月が収穫時期となる雨よけ・抑制作型を中心に行われている（図1）。一方、露地栽培は冷涼な気候を生かして、7～9月収穫となる春～初夏まき作型で行われている。

ハウス栽培の基幹品種は、草丈が低く双莢率が高い「美笹（みささ）」であり、露地栽培には「華夏絹莢（かきぬさや）」「電光30日」「成駒30日」が多く使われている（表）。

収穫、選別作業に多大な労力を要するため、栽培面積、作型の検討は重要である。

写真1　ハウス栽培状況

図1　主な作型

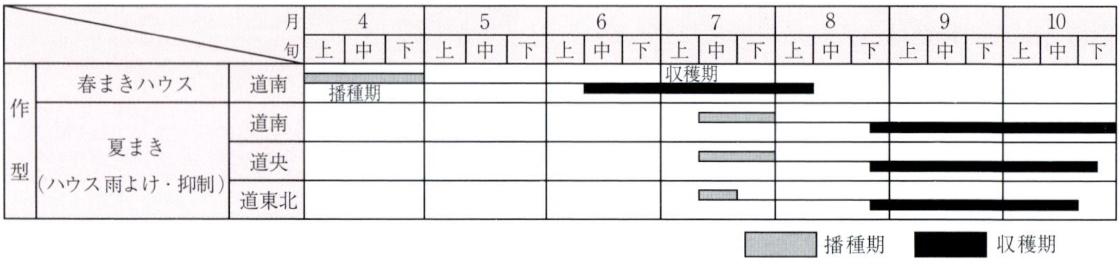

表　品種特性

	品種名	種子元	早晩性	草丈	着莢節位	分枝数の多少	収量性	さや色	さやの大小	曲がりの多少
絹さや	あずみ野30日絹莢	サカタ	極早生	高	中	中	○	濃	やや大	少
	電光30日	サカタ、原育種園	極早生	高	やや低	少	○	濃	やや大	少
	成駒30日	タキイ	早生	高	中	中	○	濃	やや大～大	少
	華夏絹莢	雪印	早生	高	やや高	少	○	濃	やや大	少
	美笹	アサヒ農園	中早生	低	低	中	○	濃	中～やや大	少
スナップ	ニムラサラダスナップ	みかど協和	極早生	高	低	少	○	濃	大	少
	グルメ	タキイ	早生	中高	低	少	○	濃	特大	少

「北海道野菜地図(その39)」を一部修正

栽培上の要点

■圃場の準備

深根性で湿害に弱いため、排水対策を行うとともに高畝栽培を基本とし、十分な作土層を確保する。施肥前に土壌診断を実施し、pH6.5を目標に酸度矯正を行う。ベッド幅は35～60cmで高さ20cm程度とする。マルチは、高温期には地温上昇抑制と害虫防除を目的にシルバーマルチや光反射マルチを用いる。一方、低温期には地温を確保するため、透明マルチまたはライトグリーンマルチを使用する。マルチングの前にはかん水チューブを設置しておく。

総施肥量は10a当たり窒素6kg、リン酸10kg、カリ10kgとし、窒素とカリは収穫始めに、分施する。

■播種

播種量は、品種により異なるが、10a当たり4～6ℓで、えんどう用の根粒菌を接種する。1株当たり2～3粒播種し、栽植密度は畝幅120cm、株間12～15cmの5,560～6,940株/10aである。覆土が厚過ぎると発芽不良の原因となるので2～3cmとし、軽く鎮圧する。欠株に備えて、補植用の苗を準備しておくとよい。

■支柱立て

本葉4～5枚で、草丈が10～15cmくらいになると巻きづるが出てくるので、その前に支柱を立て、ネットを張ってつるを誘引する。支柱は直径25mm程度の鉄管パイプや太めのイボ竹を用い、土に埋まる部分を考慮し、高さが2m程度になるように設置する。支柱の間隔は2～3mとし、ネットは市販のきゅうりネットなどを用いる。ネットの高さは180～200cmになるように張る（図2）。

■整枝(下位節の分枝摘除と摘花)

5節以下の下位分枝が多過ぎると草勢やさや品質の低下を招くので、早めに取り除く。また、10節以下の着莢は曲がりや欠粒ざやが多いので、早めに摘花、摘莢を行う。スナップえんどうは主枝1本仕立てを基本とする。

■水管理

天候や土壌水分により適宜チューブかん水をする。着莢期に水不足となると、品質・収量の低下につながるので注意する。なお、さやえんどうは湿害に弱いので、過湿にならないように管理する。

■病害虫防除

立枯病などの土壌伝染性病害に対しては、連作を避けるとともに土壌消毒も検討する。うどんこ病は初期防除が遅れると葉が枯れ上がり、さやに汚れが付くので早期防除に努め

第3章 栽培技術（作物別）

図2 支柱立て、誘引の方法

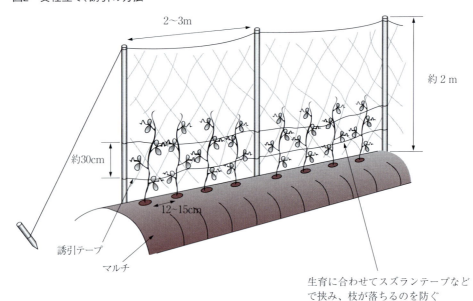

写真2 ナモグリバエによる被害

写真3 開花状況

る。モザイク病はアブラムシにより伝染するので、早いうちからアブラムシ類防除を徹底する。一方、ヒラズハナアザミウマの加害時期は7月中旬～8月中旬であるが、青色粘着板を活用し加害時期の把握や防除開始の目安とする。また、これらの害虫対策としてシルバーマルチなど光反射性のマルチも活用する。ナモグリバエは幼虫が葉に潜入し、文字を書いたように筋を付けるので、発生に注意して、早期防除に努める（**写真2**）。ハウス栽培の場合は、近紫外線カットフィルムの使用も、これらの害虫対策として有効である。

■収穫

開花（**写真3**）から収穫までは15日ほどと短く、収穫が遅れるとさやの肥大が進み品質が低下する。また、枝が過繁茂になると秀品率が落ちるので適宜整枝する。さやの長さが6～8cm、子実は米粒大で厚さが3mm以下を

さやえんどう

図3　品質目標

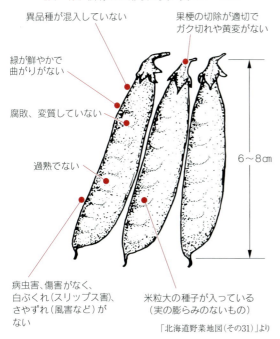

「北海道野菜地図(その31)」より

写真4　スナップえんどう着莢状況

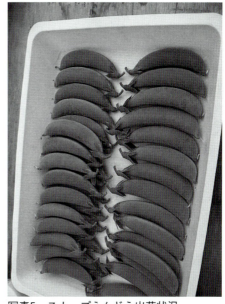

写真5　スナップえんどう出荷状況

写真6　アザミウマ類による「火ぶくれ症」の被害

目安に収穫する（**図3**）。スナップえんどうは、開花後20〜25日で粒が膨らみ、さやの厚みが1cm以上の若ざやを収穫する（**写真4、5**）。調製時には果梗が適切に切除され、ガク枯れやガクの黄変がないことを確認するとともに、アザミウマ類の被害による「火ぶくれ症（**写真6**）」やその他の病害、虫害のあるさやを取り除く。収穫後は黄化が早いので5℃を目標に速やかに予冷する。

（宮町　良治）

第3章 栽培技術（作物別）

【葉菜類】

簡易軟白ねぎ

性　質

　ねぎはヒガンバナ科ネギ属に属する植物で、たまねぎ、にんにく、にらなどと同じ仲間である。原産地は中国西部と推測されている。発芽適温は15 〜 20℃、生育適温は20℃前後であり、冷涼な気候を好む。土壌適応性は広いが、湿害には弱いので排水性の良い畑が望ましい。本来多年生の植物であるが、農業生産では一年生作物として扱われる。

　苗の葉しょう径が5 〜 7㎜くらいまで生育した後に一定の低温にさらされると花芽分化を開始し、その後の高温・長日条件で抽台する。ただし、品種により花芽分化開始に必要な低温の程度や時間の長さは異なる。抽台は商品性を低下させるため、農業生産では抽台させずに収穫できるように、品種および作型の選択が行われている。

　国内の冬期温暖な地域では夏〜秋に播種・定植して冬〜春に収穫する作型であるが、北海道では露地土寄せ栽培により冬〜春に播種・定植して夏〜秋に収穫する作型が多い。一方、簡易軟白栽培では土寄せ栽培では収穫できない冬〜初夏に収穫する作型も含め、ほぼ周年で収穫が行われている。

　ねぎは、主に葉しょうを利用する「根深ねぎ（白ねぎ）」と主に葉身を利用する「葉ねぎ（青ねぎ、小ねぎ）」に大別されるが、簡易軟白栽培では「根深ねぎ」を利用する。

作型と軟白方法

　北海道のねぎは作型の分化が進み、道内産地による周年出荷が可能である。「根深ねぎ」は軟白方法の違いによって「土寄せ栽培（土寄せで遮光する）」と「簡易軟白栽培（土以外の資材で遮光する）」に分けられる。簡易軟白栽培の作型と主要品種を**図1**に示す。

　品種は抽台性や生育の早さ、葉色などの特徴を基に産地ごとに選択される。簡易軟白栽培では、主に「北の匠」や「北洋一本葱」などが作付けされている。

栽培上の要点

■育苗

　簡易軟白栽培では穴開きマルチに1株ずつ定植することから、地床へシードテープで直接播種して苗床育苗する「慣行苗」や、みのる式育苗トレイ（448穴）利用の「セル成型

図1　簡易軟白栽培の主な作型と品種

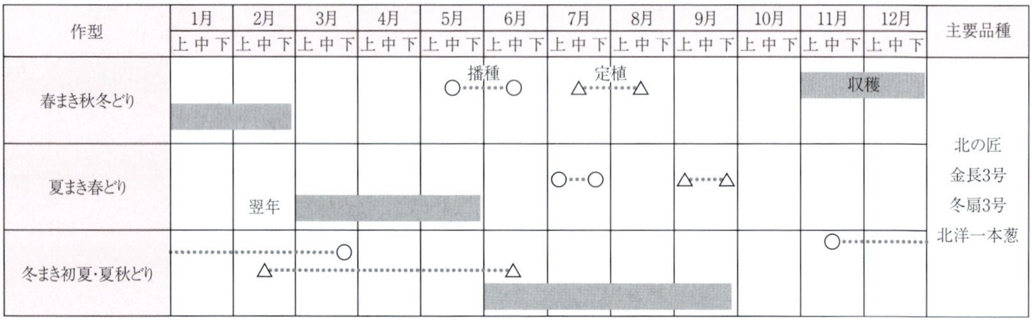

作型	1月 上 中 下	2月 上 中 下	3月 上 中 下	4月 上 中 下	5月 上 中 下	6月 上 中 下	7月 上 中 下	8月 上 中 下	9月 上 中 下	10月 上 中 下	11月 上 中 下	12月 上 中 下	主要品種
春まき秋冬どり					○···播種···○		△···定植···△				収穫		北の匠金長3号冬扇3号北洋一本葱
夏まき春どり		翌年				○···○		△····△					
冬まき初夏・夏秋どり	·····△·····		○		△				○····		○		

「北海道野菜地図（その39）」に基づき作成（道央地域）

写真1　セル成型苗　　　　写真2　穴開きマルチの敷設

表　簡易軟白栽培の施肥量と施肥配分 (kg/10a)

作型	基肥量 窒素	基肥量 リン酸	基肥量 カリ	全分施量(2回分) 窒素	全分施量(2回分) リン酸	全分施量(2回分) カリ	備考
春まき秋冬どり 夏まき春どり	8	16	8	8	0	8	定植45日目ごろと軟白処理前に分施
冬まき初夏・夏秋どり	5	10	8	10	0	8	定植30日目ごろと60日目ごろに分施

「北海道野菜地図(その39)」に基づき作成

苗」(**写真1**)が用いられる。育苗日数は育苗方法や育苗時期によって異なり、60〜100日間である。

慣行苗はシードテープ(100〜120粒/m)を苗床に条間10cmで埋設して播種する。セル成型苗はコート種子を利用し、ポット当たり1粒まきとする。播種後は1cmほど覆土し、軽く鎮圧しておくと発芽ぞろいが良い。播種後に地温確保と水分保持のためにポリマルチなどでべた掛けをするが、発芽後は直ちに除去して高温障害を受けないようにする。育苗中は日中25℃前後、夜間10℃以上を保ち、軟弱徒長防止のため、適宜せん葉を行う。定植苗の大きさの目標は、葉しょう径が3〜4mm、葉数3〜4枚である。

■定植

ねぎは通気性、保水性の良い土壌を好むので、あらかじめ堆肥を十分に施用して物理性の良い土づくりをしておくことが大切である。施肥は、リン酸が全量基肥、窒素とカリは基肥の他、2回の分施を行う(**表**)。定植の1〜2週間前に、ハウス内土壌に基肥を全面施用して十分混和した後に、かん水チューブを設置した上で地温上昇抑制タイプの穴開きマルチ(白黒ダブルやシルバー)を敷いておく(**写真2**)。栽植様式は、畝幅30cm、株間3〜4cmが一般的である。セル成型苗は定植直前に殺菌剤・殺虫剤のかん注を行い、慣行苗では掘り上げ後に殺菌剤・殺虫剤の根部浸漬を行っておく。苗はマルチ穴開き部分に1株ずつ手植えする。植え付けの深さは5〜6cmとし、垂直に植えて植え穴を軽く押さえる。この時、葉の分岐部を土に埋めると生育が遅れるので注意する。

■定植後の栽培管理

ハウス内の気温は15〜22℃を目標に管理する(**写真3**)。栽培が冬期にかかる時は、カーテンによる保温や、暖房機器による加温も行う。肥料の分施は、かん水チューブに液肥を流して行う。

軟白方法は主に遮光フィルムによるフィルム方式ともみ殻を利用する方式がある(**図**

第3章 栽培技術（作物別）

写真3　軟白資材設置前

写真4　軟白資材設置後

図2　主な軟白方法

(1)銀黒・黒フィルム方式

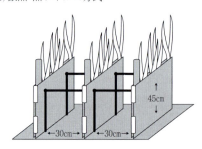

(2)黒ポリ＋フレーム＋もみ殻方式

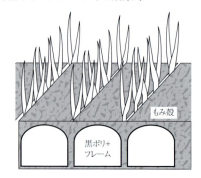

「北海道野菜地図（その39）」より

2）。遮光フィルムを使用する場合、収穫の30～40日前、葉しょう径13～15mm、草丈80～90cmの時に資材を当てて軟白処理を開始する（**写真4**）。ただし、軟白開始後は葉しょう部が太くならないため、十分に太くなってから軟白作業を行う。

■病害虫防除

　主要病害は、葉に病徴が現れるべと病、黒斑病、葉枯病、さび病、小菌核腐敗病などであり、各種糸状菌によって引き起こされる。生育期間を通して、多湿時に発生することが多い。

　マンゼブ水和剤（「テーク水和剤」「グリーンペンコゼブ水和剤」など）の予防散布を行うとともに、各病害の発生状況に応じて系統の異なる殺菌剤をローテーション散布する。連作畑では萎凋病や根腐萎凋病が発生することがある。これらの病害の病原菌は土中に残ることから、土壌還元消毒などの土壌消毒を行って、病原菌密度を低下させる。

　主要害虫は、ネギアザミウマ、ネギハモグリバエ、ネギコガ、タマネギバエなどである。虫害多発生後の茎葉散布では、被害が甚大になることがあるので、施用方法（定植時植え溝土壌混和、株元施用、株元かん注、茎葉散布）と系統の異なる殺虫剤の種類を適切に組み合わせて予防的に薬散しておき、少発生までにとどめるようにする。

写真5　収穫

■収穫・調製

　本格的な収穫の前に必ず試し掘りをして皮むき調製し、軟白部分の長さが40cmの出荷規格を確保できているかどうか確認する（**写真5**）。品質目標は、葉は鮮緑色で全体の長さ80cm、軟白長40cm以上、1本重100g以上である（**図3**）。

　ねぎの1日当たりの出荷数量は、皮むき調製作業の処理能力によって決まるので、収穫当日に調製できる分だけ収穫を行い、速やかに涼しい場所に搬入する。ねぎは寝かせておくと起き上がろうとして曲がるため、一時保管する際は垂直に立てておく。

　調製作業では根を短く切りそろえ（**写真6**）、皮むき機で葉を3～4枚残して皮をむく。皮むきによる作業は騒音が大きい上に連日長時間続くことから、耳への悪影響が懸念されるため、耳栓などの防音対策をする。皮むき機は高圧エア式と高圧水式があり、1時間に600～700本むけるものや、皮むきと同時に洗浄ができるものなどが市販されている。

（植野　玲一郎）

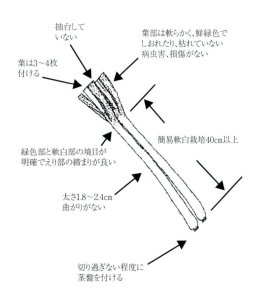

図3　ねぎ出荷時の品質目標

〈目標〉葉は鮮緑色で軟白部40cm以上。
1本重100g（3本/350g束）

「北海道野菜地図（その39）」より

写真6　根切り作業

第3章 栽培技術（作物別）

【葉菜類】

はくさい

性　質

　はくさいは冷涼な気候を好み、生育初期の適温は20℃前後、結球期が15℃前後である。

　耐暑性は弱く、特に結球期は高温に対する反応が敏感で、22℃を超えると生育が衰え、軟腐病が発生しやすくなる。耐寒性は強い方で－8℃まで凍害を受けないとされているが、急激に温度が下がる場合は－3℃くらいで凍害を受ける。

　3～13℃の低温に一定期間遭遇すると花芽分化する。花芽が分化すると葉の分化が止まり、葉数が増加しなくなる。一般に温度が低いほど、また、苗齢が進んだものほど低温に感応しやすい。花芽分化後の長日・高温条件によって抽台（とう立ち）が進む。一晩くらいの一時的な低温は、翌日28℃以上の高温で花芽分化は阻害される（脱春化現象）。

作型と品種

　施設栽培の主要作型は道南における早春まきハウス作型で、播種期1月25日～2月28日、定植期3月5日～31日、収穫期5月1日～31日である（図）。

　現在栽培されてる品種は、市場性の高い黄芯系品種が多い。早春まき作型では生育期間が短く、晩抽性の品種が栽培されている（表1）。

栽培上の要点

■育苗

　セル成型苗の利用が一般的であり、セルト

図　早春まきハウス作型（道南）

	1月	2月			3月			4月			5月			6月			基準収量/10a
	下	上	中	下	上	中	下	上	中	下	上	中	下	上	中	下	
5月上旬どり	●	━━		━	▲▲	∩∩	∩∩	∩∩	∩	━━	■■						
5月中旬どり		●●	━	━	━	▲▲	∩∩	∩∩	∩	━━	━	■■					10,000kg
5月下旬どり			●●	━	━	━	▲▲	∩∩	∩	━	━	■■					

●：播種　▲：定植　∩：トンネル　■：収穫

表1　品種特性（各社カタログなどによる）

タイプ	品種名	種子元	早晩性	抽台性	球型	球葉数	球の大小	球の締まり	芯色	根こぶ病耐病性
白芯	はるさかり	渡辺採種	極早生	極晩	円筒	中	中	中	白～黄	弱
黄芯	春笑	タキイ	極早生	極晩	砲弾	中	中	や良	黄	中
	春ひなた	タキイ	極早生	極晩	砲弾	中	やや大	中	黄	中

はくさい

レイは通常200穴を使用する。専用培土を用い、苗質をそろえるため各セルに均一に土詰めする。種子を1穴当たり1粒播種し、種子が隠れる程度（5mm）に覆土する。発芽適温は18～22℃であるので、播種後はトンネル被覆や地温ボイラーなどを利用して、発芽をそろえる。発芽後は気温15～25℃で管理し、抽台を避けるための保温対策を徹底する。

本葉2.0～2.5葉期になったら、10～12.5cmポリポットに鉢上げし、本葉10葉前後まで育苗する（写真1）。ポリポットに詰める培土は、専用培土または自家製床土を用い、鉢上げ2～3日前に詰め、十分かん水し、古ビニールなどで被覆し十分に暖めておく。

はくさいの場合、おおむね展開葉数の6倍が結球葉数となるので、育苗期間中は最低でも本葉8葉までは13℃以下の低温に当てないように管理する。

一時的な低温は翌日の日中の高温で花芽分化が阻害される。一方、曇天が続くなどの長期間の低温では花芽分化するので注意する。

定植1週間前ごろから徐々に温度と水分を控え、苗を順化させる。

■圃場の準備と定植

根こぶ病などの土壌病害を防ぐため、アブラナ科以外のトマト、ほうれんそうなどの作物と4年以上の輪作体系を組む。

浅根性で湿害を受けやすいので、ハウス周辺に明きょなどの排水対策を行う。根張り促進のため作土層25cm以上を確保する。

土壌pH6.0を目標とし、前年秋に石灰質資材などで酸度矯正を行っておく。土壌の物理性改善と結球期のカリ供給力を高めるため、前年秋に堆肥などを施用しておく。

早春まきハウス作型の施肥標準は、全量基肥として10a当たり窒素24kg、リン酸18kg、カリ22kgとなっているが、現地事例では窒素25～30kgとなっている。

窒素施肥量は、硝酸態窒素による窒素診断を行い、窒素肥よく度に応じて施肥量を決定する。リン酸とカリについても土壌診断値に基づいた施肥量を厳守する。ホウ素は適正領域が狭く、過剰害が発生しやすいことから施用量に注意する。

早春まきハウス作型の栽植密度は、間口5.4mハウスの場合には2ベッドで、ベッド

写真1　定植適期の苗

写真2　定植直後

表2　早春まきハウス作型の栽植密度

ベッド幅 （cm）	通路幅 （cm）	株間 （cm）	条数 （条）	栽植密度 （株/10a）	その他
210	60	45	5	4,120	条間45cm

第3章 栽培技術（作物別）

写真3　活着期

表3　はくさいの生育適温と障害発生温度

区分	温度
生育適温	18～22℃
結球適温	16～18℃
生育停滞温度	25℃以上
生育停止温度	5℃以下
花芽分化	13℃以下

写真4　結球初期

写真5　結球中期

幅210cm、通路幅60cm、株間45cm、5条植えで10a当たり4,120株である（**表2**）。

定植日の前日は、苗に十分に水を与えておく。定植時の最低地温15℃を確保するため、定植日はできるだけ晴天日を選び、午前中に定植を終え、定植後は速やかにトンネル被覆を行う。定植作業は、できる限り茎葉部や根部を傷めないように行う（**写真2**）。

■定植後の管理

保温は、トンネル＋2重カーテンなどを被覆して行う。定植後は活着まで水が切れないよう、十分にかん水をする（**写真3**）。

3～4月は気象変動が激しいので、高温障害や低温障害が発生しないよう、**表3**を参考に適切な温度管理を行う。特に外葉形成期の温度管理は、10～20℃を目標に保温や換気を行い、土壌水分も確認し随時かん水を実施する。また、雑草の発生が多い場合は、外葉が地面を覆う前までに早めに手取り除草を行う。結球初期（**写真4**）～中期（**写真5**）は、球肥大や石灰欠乏が発生しやすいので、結球始めには新葉にカルシウム剤の散布を行う。

■病害虫・生理障害対策

主な害虫は、コナガ、ナメクジ類・カタツムリ類、アブラムシ類（主要種はモモアカアブラムシ）である。

コナガは、冬期間施設内に放置されたアブラナ科野菜や雑草が越冬源となるので除去する。本成虫は道外で周年的に発生している温暖な地域から春期以降に飛来し、5月中～下旬から産卵を始めるので、飛来状況に応じて適切な防除を行う。

モモアカアブラムシ防除では、ハウス内で越冬させない対策が重要である。具体的対策として、①越冬ハウスの被覆を冬期間除去する、②被覆除去しない場合は、厳冬期に越冬

はくさい

ハウス内の雑草および作物残さを枯死させるか除去する—などを行う。

ナメクジ類はチャコウラナメクジ類が主要種である（**写真6**）。本種は夜行性で雌雄同体のため、他の個体との交尾により子孫を残すことができ、1匹当たり合計で200〜300個の卵を産むとされている。寿命は1年で、札幌市における成熟した個体の出現時期は積雪期間を除く7月〜翌年4月とされている。対策は、ハウス内への侵入を防止することが最も効果的である。

病害では主に、根こぶ病（**写真7**）、べと病（**写真8**）、尻腐病が発生する。生理障害では抽台、カルシウム欠乏の症状である縁腐れ症や芯腐れ症が発生する。

■収穫・調製

5月どり栽培では、播種後90〜100日、定植後60〜70日くらいで収穫となる。収穫適期の目安は、頂部が十分抱合し、手のひらで軽く押さえて少しへこむ程度の8〜9分結球である。収穫時には試し切りなどして成熟度を観察する。

収穫は涼しい時間帯に行い、収穫後は外葉を1〜2枚付けて箱詰めする。鮮緑色で巻きが良く、1球重2.5kg（10kg箱に4球）を品質目標とする。箱詰め後は品温が上昇しないうちに予冷する。予冷目標温度は5℃とし、差圧通風方式が望ましい。　　　　（池田　信）

写真6　ナメクジ類による葉の食害

写真7　根こぶ病

写真8　べと病（茎べと症状）

第3章 栽培技術（作物別）

【葉菜類】

ほうれんそう

雨よけ栽培

性　質

ほうれんそうは緑黄色野菜の主力野菜で、鉄分、β-カロテン、ビタミンCなどを多く含んでいる。おひたし、あえ物、炒め物、ソテー、スープなど幅広い料理に利用されている。あくの少ない生食用の品種も出ており、サラダにも利用されている。

冷涼な気候を好み、耐寒性は強いが、耐暑性は弱い。発芽適温は10〜20℃で、25℃以上になると発芽が抑制される。生育適温は発芽適温と同じ10〜20℃で、25℃以上では生育の停滞が見られる。

根の伸長が旺盛なほうれんそうは、耕土が深く排水性の良い肥よくな土壌が適する。酸性土壌に弱いため、石灰資材を施用しpH6.0以上に矯正する。

長日低温条件で花芽分化が誘起され、その後の長日温暖条件で抽台が促進される。そのため、北海道では5〜7月が抽台危険期に当たる。日長に対する反応は品種によって異なるため、播種時期に合わせた品種の選定が重要となる。

作型と品種

生食用のほとんどは施設栽培の雨よけハウスが基本的な作型である。雨よけハウス栽培では、地域によっては周年栽培も可能であるが、厳寒期（12〜2月）を除き年間4〜5作の栽培が一般的である（図1）。播種から収穫までの日数は、春夏まきから夏まきでは30日程度、早春まき、春まき並びに晩夏まきでは40〜60日程度である。

品種は、北海道向けのものが各種苗会社から多数販売されている（表）。葉に欠刻の入った剣葉で根元が赤みの強い東洋系品種と、葉

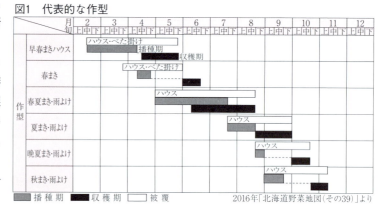

図1　代表的な作型

2016年「北海道野菜地図（その39）」より

表　品種特性

抽台性	品種名	種子元	草姿	葉形	葉色	べと病抵抗性
早抽	ハンター	カネコ	立	や剣	濃	1〜7
	トラッド7	サカタ	立	や剣	濃	1〜7
や早抽	ミストラル	サカタ	立	や剣	中	1、3、4、5
晩抽	SC-7-405	サカタ	中	中	極濃	1、2、3、4、5
	カイト	サカタ	半立	や剣	極濃	1〜7
	サンホープセブン	カネコ	立	や剣	濃	1〜8
	トリトン	サカタ	立	や剣	濃	1〜7
	ネオサイクロン	トーホク	半立	丸	濃	1〜8
	晩抽サンホープ	カネコ	半立	中	濃	1、2、3、4、5
	ブライトン	サカタ	中	中	極濃	1、2、3、4
	ミラージュ	サカタ	立	剣	極濃	1〜7

2016年「北海道野菜地図（その39）」より

ほうれんそう（雨よけ栽培）

形が丸く欠刻の少ない西洋系品種があるが、現在では両者の交配種が主流となっている。

各作型に求められる主な品種特性は、早春〜春夏まきでは低温伸長性や晩抽性、夏まきでは耐暑性や葉色の濃さ、晩夏まきでは低温伸長性や主にべと病の耐病性である。また、草姿の開張度によって収穫作業のしやすさが大きく異なる。栽培時期や地域で重視している特性を考慮し適した品種を選定する。

栽培上の要点

■圃場の準備

ほうれんそうは、過湿状態や酸性土壌に弱い作物である。そのため、排水性の良好な圃場を選び、ハウス周りに雨水の浸入を防ぐための排水路を設置する。土壌酸性度をpH6.0〜6.5に矯正し、耕土の深い肥よくな土壌を準備する。

生育最盛期に収穫するため、生育初期から収穫期まで一定レベルの窒素成分が土壌中に必要である。そのため、多肥傾向となりやすいが、多肥条件は作物体内の硝酸態窒素濃度を高め、ビタミンC含量の低下をもたらし、栄養素の面から見ると品質を下げることになる。また、年間4〜5作の連作を行うと土壌に窒素が蓄積しやすい。そこで、ほうれんそうの根系が主に深さ10〜30cmにあることを考慮し、作付け前に作土層（0〜20cm）に加えて、深さ40cmまでの土壌硝酸態窒素量を測定し、残存窒素量に応じた適正な施肥管理に努める。また、2〜3年ごとに可給態窒素も測定する。リン酸は過剰障害の出にくい成分であるが、年間施肥量が25kg/10aを超えないよう注意する。

■播種

播種は播種機（手押し方式、真空方式など）を利用して行う。栽植様式は畝幅15〜20cm、株間5〜7cm（90株/㎡程度）で、間引きする場合は株当たり2〜3粒を目安に点播ま

写真1　鎮圧輪を交換した2条まき播種機による溝底播種

たはシードテープを利用する。なお、ネーキッドやプライミング処理などが施された加工種子が多く市販されているが、これらを用いることで発芽率や発芽勢の向上が期待できる。

高温期にはハウス内の地温や気温を下げるために出芽始めごろまで遮光・遮熱資材などでハウスを被覆するか、溝底播種技術の利用が有効である。溝底播種は、幅10cm、深さ4〜5cm程度の溝の底に播種する栽培方法であり、市販されている専用の鎮圧輪に交換することで可能となる（**写真1**）。溝底播種は、高温多照条件下において、慣行播種と比較して発芽の遅れや発芽数の低下が抑えられ、規格内株率が高く多収となる。

■かん水管理

ほうれんそう栽培における最も重要な管理が、かん水である（**図2**）。植物体と圃場の状態を小まめに観察しながら行う。種々のかん水機材があり、圃場に合った方法を用いる。むらなくかん水して発芽をそろえることが生育のそろいを良くするために重要である（**写真2**）。なお、かん水は早朝に行う。以下に、播種前から収穫期までのかん水の要点を述べる。

【播種から発芽まで】

播種の4〜5日前に十分量のかん水（20〜30mm程度）を行い、土壌水分が落ち着いて

第3章 栽培技術（作物別）

図2 かん水管理

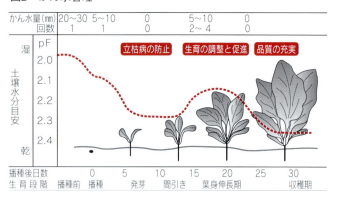

写真2 噴霧散水（ハウスサイドにチューブ設置）

から整地、鎮圧する。播種後のかん水は、土壌と種子がなじむ程度にし、発芽までは土壌が乾燥し過ぎない程度の少量にする。発芽がそろうころには土壌の表面が乾いているような状態が、理想的なかん水量である。過湿条件では立枯病が多発しやすい環境となるため、播種後は一度に大量のかん水とならないよう注意する。

【発芽後から本葉3～4葉期】

立枯病予防のため、この期間は極力かん水を控える。土壌が乾燥している場合は、少量のかん水を行う。

【5葉期から収穫7日前ごろ】

土壌の水分状況を見ながらかん水を行う。適当な土壌水分は、土を握って団子がつくれるがすぐに崩れるか大きく割れるくらいが目安である。また、高温乾燥時の水不足は、生育停滞を引き起こすため注意する。栽培時期や品種によって必要なかん水量は異なるため、土壌の水分状況を随時観察するとともに、品種の特性を把握し適切な水分管理に努める。この期間のかん水量は、1回当たり5～10mm程度とし、一度に大量のかん水は避ける。

【収穫7日前ごろから収穫期】

収穫時の作業性および収穫後の日持ち性などを向上させるため、生育状況を考慮してかん水を打ち切る。打ち切りが早過ぎると、草丈が伸びず高温乾燥によって芯葉付近が褐変枯死する石灰欠乏症が発生する。また打ち切りが遅過ぎると、軟弱徒長となり葉柄が折れやすく、夏期には収穫後の腐敗などの原因となる。

■播種後の温度管理

生育適温となるように栽培時期に応じた管理を行う。高温期にはハウスの換気部分をできる限り広くとり、温度を下げるようにする。また、発芽時の高温を防ぐことを目的とした遮光資材による被覆は3葉期までとし、徒長や葉色が淡くなるような品質の低下を防ぐ。遮光率が低く遮熱を目的とした資材も市販されているので、状況に応じて使用するとよい。曇天、雨天時は過湿状態となりやすいため、風通しを良くし徒長を防ぐようにする。また、低温期では、保温のためにハウスを閉めると過湿状態となりやすいため、気温の上がる昼間は換気を行う。

■主な病虫害と生育障害

主な病害虫としては立枯病、萎凋病、べと病、タネバエ、コナダニ類があり、生育障害としては土壌の酸性害、湿害が挙げられる。立枯病は連作、多湿状態で発生しやすい（写真3）。発芽から3～4葉期ごろは、り病しやすいため、多湿状態とならないようにかん水を控える。萎凋病は高温期に発生しやすい土壌病害である。本葉展開期ごろから収穫期ごろまで発生し、主根や側根が茶～黒褐色に

ほうれんそう（雨よけ栽培）

写真3　立枯病にり病した株

写真4　萎ちょう病にり病した株

写真5　コナダニ被害株

変色する。下葉から黄化、萎凋を伴って生育不良となる（**写真4**）。萎凋病耐病性の品種も市販されているが、発生しやすい高温期に作付ける場合には土壌消毒をしておくことが望ましい。

べと病は、比較的冷涼な気候の時に多湿条件で発病しやすい。多くのレースが存在するため、発生しているレースに抵抗性のある品種を用いる。現在では、レース1からレース12までの抵抗性品種が市販されている。また、栽培期間中は換気によりハウス内の湿度を低く管理する。タネバエは未熟な有機物肥料や収穫残さをすき込んだりすると発生しやすい。コナダニ類は新葉部に集中して寄生するため、葉は縮葉し奇形となる（**写真5**）。被害は春期および秋期に多発し、近年、全国的に発生地域が拡大している。ハウス内外に作物体残さを残さないよう留意するとともに、播種前に殺虫剤の土壌処理や2～5葉期ごろの茎葉散布による薬剤防除で対応する。

酸性害は土壌pHの低下によって引き起こされ、発芽しても根の先端が被害を受け、子葉先端が黄化して生育が停止し、ひどい場合は枯死することもある。湿害は排水不良などによる過湿条件によって発生し、根が褐変、葉が急激に黄化して生育が停止する。

■収穫、調製

草丈が22cmを超えたら速やかに収穫を始め、草丈が26cmを超えないうちに終える。収穫は収穫鎌を用いて手作業で行うことが一般的である。収穫後は直ちに選別・調製し、5℃を目標に予冷する。調製は子葉と下葉2枚ほどを除去し、黄化葉、病害葉の混入を避けるようにする。

春夏～夏まき作型で内部品質を重視する場合は、朝に収穫（朝どり）するよりも夕方16時以降に収穫（夕どり）する方が良い。夕どりしたほうれんそうは、朝どりしたほうれんそうと比較して硝酸イオン濃度が低くなる。この要因は、葉身における硝酸の同化、乾物率の変動に起因すると考えられ、硝酸イオン濃度の低下とともに糖度やビタミンCも増加する。ただし、夕どりするとしおれが発生することがあるため、収穫後に水漬（水道水に20～30秒）を行うことにより輸送時のしおれの発生を抑制する。

（江原　清）

第3章 栽培技術（作物別）

【葉菜類】

ほうれんそう

寒締め栽培

　昔からほうれんそうなどの葉菜類が冬期に甘くなることは知られていた。実際、ほうれんそうに限らず越冬する作物は寒さに当たると体内の糖分が上がる。これは、植物細胞が凍るのを防ぐ作物の自己防衛反応と考えられる。寒締め栽培はこの現象を積極的に利用した栽培法で、1995年に東北農業試験場（現農業・食品産業技術総合研究機構東北農業研究センター）で開発された。野菜を「寒」さで「締める」という意味で名付けられた。生育の初期から寒さを当てるのではなく、収穫可能な大きさまで育った時点でハウスの側窓や出入り口を開放し、外気を入れてハウス内の気温を下げ、寒さに当てる。冬期間の寒さを利用した期間限定の農産物として、道内各地で栽培されている（**写真**）。

寒締め栽培による内部品質

　葉身と葉柄の糖度は、気温と地温の低下とともに上昇するが、硝酸含量は減少する。硝酸含量は、ハウスの開放・密閉に限らず収穫前の気温や地温が低いほど減少する。

　ほうれんそうは、成長に必要な窒素養分の大部分を土壌から硝酸の形で吸収・蓄積することが知られている。硝酸含量が減少する要因としては低温により硝酸の吸収が抑制されるとともに、低温下においてほうれんそうの生命活動が維持されるため植物体内に蓄えていた硝酸が消費されることによると考えられている。シュウ酸含量に関しては、収穫前の温度との間に明らかな関係は認められず、寒締めにより増加あるいは減少することはない。

栽培上の要点

　寒締めが可能な低温下では、ほうれんそうの生育はほぼ停止するため、低温に当てる前

写真　道内産地（上川地方）の栽培ハウス（11月7日撮影、9月17日播種、品種「朝霧」）

ほうれんそう（寒締め栽培）

表　寒締めほうれんそうの代表的な品種

品種名	種子元	草姿	葉形	葉色	べと病抵抗性
朝霧	渡辺採種場	開張	丸	やや濃	―
冬霧7	渡辺採種場	開張	丸	やや濃	1～7
雪美菜01	雪印種苗	開張	中	濃	1～7、9

「北海道野菜地図（その39）」より

図　寒締めほうれんそうの播種期、側窓開放期間、収穫期

月	9			10			11			12			1			2			3		
旬	上	中	下	上	中	下	上	中	下	上	中	下	上	中	下	上	中	下	上	中	下

播種・側窓開放・収穫

「北海道野菜地図（その39）」より

に出荷規格の大きさまで生育させておく必要がある。播種期が遅過ぎると出荷可能な大きさまで到達せず、早過ぎると低温に当てる前に出荷規格よりも大きくなり過ぎる。そのため、播種期の設定は重要である。北海道では、9月10～20日ごろが播種期の目安となる。

品種は、**表**に示す、「朝霧」（**写真**）、「冬霧7」「雪美菜01（ゆきみなゼロワン）」などが寒締め栽培用の品種として市販されている。

草姿は、一般的な雨よけ栽培よりも株が開いた状態となる。そのため、栽植様式は一般的な雨よけ栽培（畝幅20cm×株間5cm）よりも粗く、畝幅25cm×株間10cm程度である。播種後の管理は、出荷規格の大きさに達するまで一般的な雨よけ栽培と同様の管理を行い、その後はハウスの側窓を積極的に開放し寒締め処理を開始する。現地事例として、道東地域や多雪地帯では11月上旬から寒締め処理を開始し、11月下旬から出荷を始めている。なお、北海道における寒締めほうれんそうの作付け体系を**図**に示す。

葉身部の〝ちぢみ〟状態を収穫の目安にするのではなく、糖度などの内部成分が高まった状態で収穫となる。その目安は糖度で8度以上とされている。1週間以上寒締め処理を行い、糖度を確認してから収穫するが、ほうれんそうの生育はほぼ停止しているため一斉に収穫する必要はない。株が開いた状態となり葉が地面をはうように広がるため、葉の裏側に土が付きやすく、収穫時にはその汚れを丁寧に取り除く。調製後、皿を重ねるようにほうれんそうを重ね、袋詰めする。

（**黒島　学**）

第3章 栽培技術（作物別）

【葉菜類】

にら

促成・半促成栽培事例（知内町）

地域の概要と特徴

知内町は、函館市から西へ約50km、渡島半島の南端に位置している。知内町のにらは、1971年に重内地区の生産者8人が研究会を立ち上げ、水稲の転作作物として試行錯誤の中、栽培を開始した（**写真1**）。4年後には知内町ニラ生産組合が発足し、地域に合う品種やハウス促成栽培方法を検討し、栽培技術の改善を実践してきた。

81年には販売体制の強化のため、個選共販を開始した。それと同時に役場、農協の振興策も充実されたことで生産者の栽培意欲も高まり、82年以降は栽培戸数、作付面積、出荷量、販売額が右肩上がりに伸びた。2015年には出荷量1,700 t、販売額が11億円を超え、過去最高の生産実績となった（**図1、2**）。

1997年には出荷表示を「北の華」に改称統一し、98年には野菜集出荷貯蔵施設を建設、道内外市場への安定供給体制が実現された。

写真1　津軽海峡を臨む知内町重内地区のにらハウス（提供:渡島農業改良普及センター）

図1　知内町ニラ生産組合の栽培戸数、作付面積の推移

図2　知内町ニラ生産組合の生産販売実績

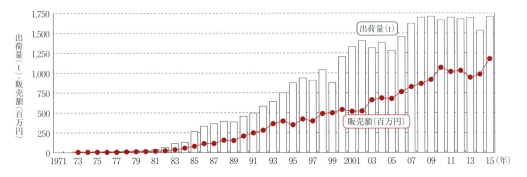

にら

その後も生産組合では、「全道一のにら産地」で築き上げた組織力を基に、共同利用機械の導入や栽培管理技術の向上、組合員間の情報の共有を進めるとともに、出荷量の平準化対策および高齢者対策となる春にら全棟共同ビニール掛け作業などを実施してきた。

　生産組合は、これまでの取り組みと成果が高く評価され日本農業賞やホクレン夢大賞など数多くの賞を受賞している（**表1**）。16年に設立45年を迎えるが、今後もにらの増産、出荷量のアップと生産者の労働力不足軽減を図るため、17年春からは「にら自動梱包ライン」を導入し、従来の束持ち込みからバラ持ち込

みに切り替え、「北の華」ブランドのさらなる強化を目指している。以下に生産組合でのにらの栽培ポイントについて紹介する。

栽培上の要点

■品種・作型

　品種は休眠性の深い「パワフルグリーンベルト」が基幹であり、草姿は立性で葉色が濃く、ハカマ（株元の葉しょう部）が長いため収穫・調製時の作業性に優れている。作型は**図3**の通りで、収穫2年目（定植年を含め3年目）での更新を前提としている。定植年は株の充実を優先するため、促成（加温）栽培は行わず、（無加温）半促成栽培または（雨よけ）普通栽培としている。

　にらの場合、収穫・調製に多くの労働時間を要することから、ハウスごとの収穫競合を避けるため、収穫年数と作型の組み合わせによりコンスタントな収穫作業にすることがポイントになる。周年出荷体制の確立に向け、一部では休眠性の浅い品種による晩秋どり栽培も行う。

■播種・育苗

　播種適期は3月下旬〜4月上旬ごろで、播種床の施肥を数日前に行い、播種にはシードテープ（条間10cm、120粒/m、定植面積10a当たり600m、無間引き）を利用している。覆土は6〜8mmで、過度の浅まき、深まきは避

表1　知内町ニラ生産組合の主な出来事

年度	主　な　出　来　事
1971	重内ニラ栽培研究会発足
75	知内町ニラ生産組合発足
81	個選共販開始
86	販売額1億円達成
88	日本農業賞「銀賞」受賞
93	販売額3億円達成
94	北海道朝日農業賞受賞
95	加温栽培にら初出荷
97	しりうちにら「北の華」販売
98	品種「パワフルグリーンベルト」に変更
2000	販売額5億円達成
01	全自動にら結束機導入
05	ホクレン夢大賞農業者部門「大賞」
08	GAP導入
10	販売額10億円達成

図3　知内町にらの作型

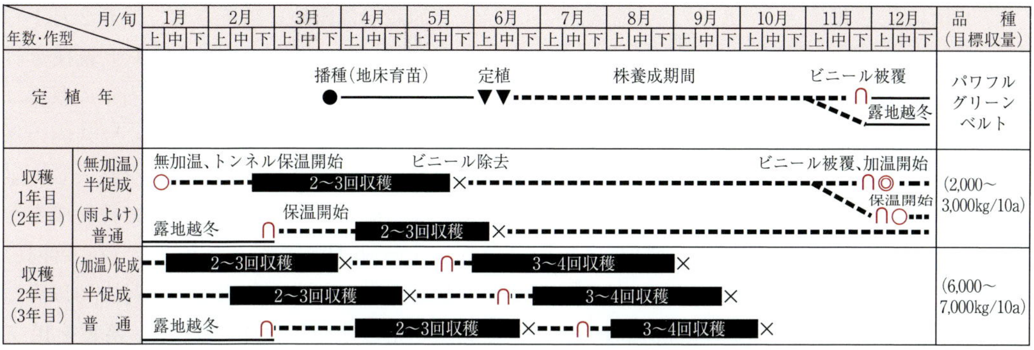

ニューカントリー 2016 秋季臨時増刊号　**133**

第3章 栽培技術（作物別）

写真2　良好なにらの発芽状況（4月中旬）

写真3　半自動移植機による定植（6月中旬）

写真4　無加温半促成栽培の萌芽状況（1月上旬）

ける。播種、かん水後は、シルバーポリで播種床を全面被覆し、おおむね70％以上出芽したら、晴天日の日中を避けてシルバーポリを除去する（**写真2**）。

ハウス内の高温や過乾、過湿に注意し、適切な換気、かん水を行う。育苗中盤以降は、手取り除草と生育により窒素追肥を行い、70〜80日の育苗を行う。

■施肥・定植

前年秋に完熟堆肥4〜8t/10aを施用し、pH6.0〜6.5を目標に土壌酸度を矯正する。定植前の基肥量は、10a当たり「NS262」を100kg、「S708E」を170kgが施肥例として一般的である。

定植は6月上〜中旬に半自動移植機（**写真3**）で行い、標準的な栽植密度は間口5.4mハウスで通路70cm、条間30〜35cm×株間20〜15cm、3〜4本/株植え（11,000株/10a）

である。植え付け深さは6〜8cmを目安とし、定植直後に必ず十分なかん水を行い、活着の促進を図っている。

■定植年〜収穫1年目の管理

定植後は、11月下旬まで露地で養成し、1カ月間隔で2回程度の追肥（窒素3〜4kg/10a程度）を行う。

半促成栽培では、茎葉が完全に枯ちょうする11月中旬ごろに掃除刈りと追肥、12月上旬にはハウスビニールの2重被覆を行い、全面マルチ敷設、トンネル設置などの保温準備を行う。1月中〜下旬から萌芽させ、にらがマルチを軽く持ち上げてきたら穴開けを行い、萌芽後は日中25℃以下、夜間5℃以上を目安に管理する（**写真4**）。厳冬期であるため、夜間はシルバーポリでトンネル被覆を行い、2月中旬以降から最初の収穫を開始する。その後、1カ月おきに1〜2回の収穫を行い、秋まで株養成を行う。

普通栽培は露地で越冬させ、早春2月下旬〜3月にハウスビニール、マルチ被覆を行い、4月から収穫を開始する。当年の収穫は2〜3回で終了し、その後順次ハウス内の保温設備の片付けと被覆ビニールを除去し、定期的な追肥と防除を行い、秋まで株養成を行う。5〜6月ごろからとう立ち（花茎伸長）が起こるが、適宜刈り取る。7月中旬以降に倒伏防止の葉刈りを行う場合は、茎葉を40〜

45cm程度残し、8月中旬以降は行わないようにしている。

■収穫2年目の管理

促成栽培の場合は、前年の11月下旬にハウスビニールの2重被覆を行い、12月上旬から温風ボイラーで地上部を加温するのが一般的な方法である。1月10～15日ごろの収穫開始を想定し、**表2**の温度設定を目安に適切な温度管理を実施している（**写真5**）。

なお、半促成および普通栽培の越冬前～早春の管理は、収穫1年目の管理方法に準じる。

収穫最終年であるため、各作型とも早春～春の収穫（2～3回）終了後は、60～90日の株養成を行い、夏秋期に1～2回の収穫をすることが多い。株養成は露地状態で行うことが望ましいが、被覆除去・再被覆の作業を省くため、雨よけハウスで養成する場合は、適切なかん水が重要となる。最終収穫を終えたら、除草剤処理を行い、古株を再生させないように、圃場にすき込む。

■主要病害虫

病害では白斑葉枯病と軟腐病、害虫ではアザミウマ類、ネギアブラムシ、ネギコガ、ヨトウガ、ネダニ類の発生が懸念されるので、細心の注意を払い、防除を行う。

■収穫・調製・出荷

出荷規格を順守し、草丈が45～50cmを目安にハカマの長さを確保し地際で刈るが、当日に調製できる量を見込んで収穫する。収穫適期が重複して、刈り遅れることのないように収穫のローテーションを工夫している。

調製作業は各戸の作業場で、ハカマ掃除（皮や土などのゴミ落とし）および計量・結束を行う。結束テープで一束重100gで結束し、異物などの混入がないかをチェックする。その後冷暗所で保管し、ＪＡ共選場に出荷され、検品・ＦＧ袋詰め・箱詰めを行い（**写真6**）、全国の各市場（道外30～35％）に出荷される（**写真7**）。　　　　（高橋　恒久）

表2　加温促成栽培の温度設定の目安

時　　期	作業内容	草丈
12月1～5日	加温開始（15℃）	−
10～15日	マルチ切開	萌芽
20～25日	加温（12℃）	15cm前後
25～30日	加温（10℃）	25cm前後
1月5日前後	加温（5℃）	40cm
10～15日	収穫始め	45cm～

写真5　収穫間際。半促成栽培の1番にら（1月下旬）

写真6　ＪＡ共選場のFG袋詰めと箱詰めライン

写真7　全国各地へ出荷される、しりうちにら「北の華」

第3章 栽培技術（作物別）

【葉菜類】

軟白みつば

切りみつば

性　質

　みつばは日本原産のセリ科野菜で、香りとシャキッとした歯触りを特徴とする。発芽最低温度は8℃で、発芽適温は15～20℃、30℃以上の高温では発芽率が極めて低下する。種子は好光性であるため、播種の際、覆土は薄くする。冷涼な気候を好み、生育適温は15～22℃であるが、10℃以上であれば生育する。25℃以上の高温で生育が停滞する。葉数3枚程度の時に、10～15℃以下の低温条件下で花芽分化を起こすが、播種期が早いと生育が促進され花芽分化がしやすくなる。また、花芽分化後は窒素過多や肥よく畑で抽台が多くなる傾向がある。

作型と品種

　軟白みつば（切りみつば）の作型は夏まき軟化栽培である。6月に露地圃場に播種し、養成した株（根株）を10月に掘り上げ、出荷時期に合わせてビニールハウスや温室に並べて（伏せ込み）加温し、年始の需要に向けて12月下旬から刈り採り出荷する（図1）。「柳川二号」が適品種である。

栽培上の要点

■根株養成

　抽台の少ない太く充実した根株を養成することが、軟白みつばの安定生産のポイントである（写真1）。圃場は作土層が深く、有機物に富み、排水性が良く、しかも保水性が高いことが望ましい。粘土質の強い圃場では、根から土を落としにくく、根株の掘り取りに多くの労力を要するので、圃場の選定に注意する。標準施肥量は10a当たり窒素12kg、リン酸20kg、カリ15kgで全面施肥する。生育期間が長いため肥料切れに注意する。

　播種時期が早いと抽台しやすく、遅いと生育量が不足して充実した太い根株ができない。そのため、各地域に合った播種時期の決定が必要になる。平均気温が15℃以上になる6月上～中旬が目安となる。播種は、畝幅45～60cmで、まき幅10cmの条まきとする。播種量は、6～8ℓ/10a程度とする（図2）。

　みつばは好光性種子なので、覆土を厚くす

写真1　根株養成（10月上旬）

図1　作型（夏まき軟化栽培）

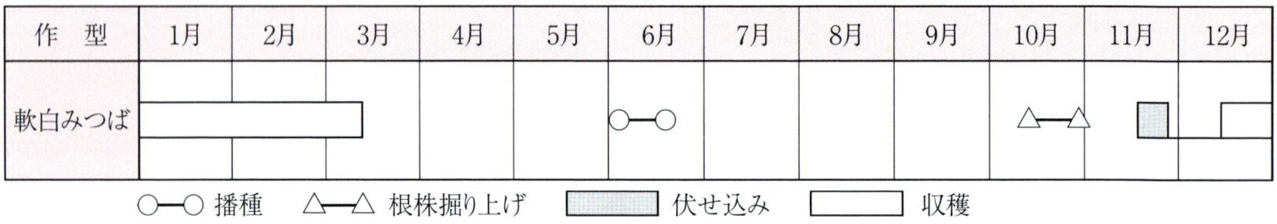

作　型	1月	2月	3月	4月	5月	6月	7月	8月	9月	10月	11月	12月
軟白みつば	▭	▭	▭			○─○				△─△	▨	▭

○─○ 播種　　△─△ 根株掘り上げ　　▨ 伏せ込み　　▭ 収穫

軟白みつば

図2　根株養成圃の播種

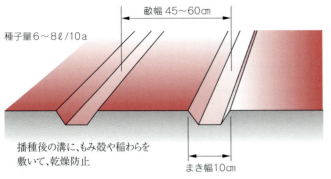

ると発芽が不ぞろいとなりやすいため、覆土は薄くし、よく鎮圧する。播種床を溝状にすると、種子付近の土壌水分が保持され、発芽ぞろいが良くなる。また、発芽時の乾燥に極めて弱く、乾燥により発芽が不ぞろいになると根株の生育量が大きく低下する。そのため、乾燥防止に、播種溝に稲わらやもみ殻を敷くとともに、発芽ぞろいまでは天候を見てスプリンクラーなどでかん水を行う。初期生育は緩慢で、この時期に雑草害を受けると、後の生育が著しく劣るため、除草は入念に行う。雑草の多い畑では、土壌処理型除草剤を利用できる。また、適宜テーラーなどで除草を兼ねて中耕する。

養成畑の病害では、立枯病およびべと病の発生が比較的多い。べと病には初発後の化学農薬散布で十分に防除効果がある。害虫については、アブラムシ類の一種であるヤナギフタオアブラムシが抽台株の花梗に好んで群生するため、抽台した場合は発生に注意する。

■根株堀り上げ

10月に入ると生育が止まり、霜に当たると茎葉が黄化してくるので、10月中〜下旬に根株の掘り上げを行う。掘り上げた株は、根を乾燥させないように茎葉を外に出し魚箱などに詰め、圃場に仮伏せし、茎葉から根部への養分転流を促す。

■伏せ込み

伏せ込みの開始は11月中〜下旬に行う。魚箱から飛び出ている枯れた茎葉を株元から3〜5cmの長さに切り落とし、根株面（上面）を洗い、魚箱をパイプなどの資材の上に並べて伏せ込む（図3）。10a当たりの根株の生育量は、1,500〜2,000kg程度で、必要な伏せ込み面積は50㎡程度（10a当たり魚箱200〜250箱程度）となる。また、魚箱を用いず根株をそのままハウス床の電熱線などの上に並べる地床伏せ込み法もある（図4）。この場合は、根株から根が地床に伸びて養分や水分を吸い上げるため収量は安定するが、ポジティブリストへの対応から伏せ込み前の作物の防除履歴に注意が必要である。なお、両伏せ込み方法に大きな収量差はない。伏せ込み後は、十分にかん水し、株が乾燥しないように管理する。

図3　仮伏せした根株の処理

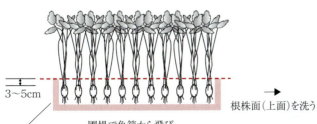

第3章 栽培技術（作物別）

図4 伏せ込み方法

①魚箱伏せ込みの場合
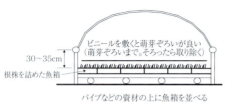

②地床伏せ込みの場合
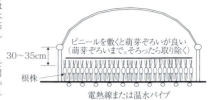

　伏せ込みハウスでは菌核病の発生が多いため、薬剤防除として伏せ込み後（かん水後）にイプロジオン水和剤1,000倍液2ℓ/㎡のかん注が必要である。

　加温開始から萌芽ぞろいまでは、25～28℃の比較的高温で管理する。28℃以上の温度が続くと根株が腐敗するので、かん水などを利用して温度管理に努める。その後、草丈が10cmくらいまでは18～20℃の範囲とし、徐々に温度を下げ、後半は15℃程度で管理する。収穫の前日までに設定温度を10℃程度に下げ、かん水を控え、収穫後の軟白みつばの日持ちを良くする。天候により生育が遅れ、収穫期近くにハウス温度を上げると、日持ちが悪くなるので注意する（図5）。

図5 軟白みつばの温度管理

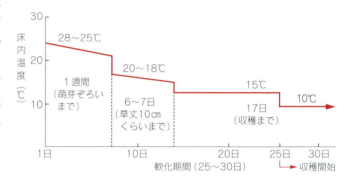

写真2　調製作業

■収穫

　草丈30cm程度で、株元から切り取る。水をためたキッチンシンクでみつばの先を持つように洗浄し、葉柄の短い葉を取り除く。長さをそろえて選別して結束後出荷する（**写真2**）。1つの根株からは2～3回収穫を行うことが可能である。1回目の収穫は最も販売価格の高い年末に行うが、収穫、調製には短期間に多くの労働力が必要になる。2回目以降の収穫時期を決めるに当たり、ハウスの燃料費、労働力および販売価格を考慮して、ハウスの加温温度を調節する必要がある。1月以降も積極的に加温して収穫労働力を投入する方法や、加温温度をやや低く設定して少ない労働力で長期間かけて収穫を続ける方法がある。

（菅原　章人）

すいか

【果実的野菜類】

すいか

性　質

　すいかはアフリカ大陸の原産といわれており、通気性が良く、排水の良い土壌を好む。果菜類の中でも高温と降水量の少ない条件を好む作物である。

　発芽適温は25〜30℃で、15℃以下や40℃以上では発芽は難しい。生育適温は25℃前後で、13℃以下では生育が抑えられる。従って北海道のすいかは、6月上旬から7月にかけての気温、降雨量、日照時間によって豊凶が左右される。根の伸長と根毛発生の最低温度は8〜14℃で、果菜類の中では高い温度が必要である。わずかでも花粉ができる温度は11〜12℃であるが、交配に差し支えない程度に花粉が出るためには13〜14℃が必要である。

　子づる仕立ての場合、雌花または両性花は5節以上でおよそ5節おきに着生するが、その花が着果するかどうかは気温と栄養状態に左右される。

　すいかは多くの水を必要とするが、根の酸素要求度が高いため、通気性の良い土壌で栽培しなければならない。一方、湿度に弱く各種の生育障害、病害などが起こりやすい。また、すいかは栄養成長と生殖成長が同時に行われ、栄養成長に強く傾くとつるぼけとなり、着果率が低下する。従って、着果までは肥効をやや抑え、果実肥大期に肥効が現れるような施肥を行うのが基本である。

作型と品種

　作型は主に促成栽培と無加温半促成栽培があり、大部分は無加温半促成栽培である。促成栽培は2月上旬から播種し、3月中旬からマルチ資材を使ってハウス内のトンネルに定植する。収穫は6月中旬から行う。無加温半促成栽培では2月下旬〜4月上旬に播種し、4月中旬〜5月上旬に定植して、7月上〜中旬に収穫する。（図1）。促成栽培では定植時期が融雪前であることから、前年秋からハウスの準備が必要となる。また、この時期の栽培では低温伸長性が重要であるとともに、つる割病の予防対策のため、ゆうがおなどへ接ぎ木を行うことが望ましい。

　各種苗会社からさまざまな特性の品種が出されており、果皮色、果肉色の変化にとどまらず、大きさや形も消費者ニーズに合わせて幅が広がっている。品種は、主に大玉系と小玉系があり、仕立て法により収穫個数は異なるが、大玉系は1株1果もしくは2果どりで、小玉系は2〜6果どりである。大玉系はしま皮系品種の他、黒皮系品種も地域ブランドとして栽培されている。小玉系については丸形とラグビーボールのようなだ円形があり、家族構成の変化に伴い需要が伸びている。

図1　主な作型（道南地域および道央地域）

作型	2月			3月			4月			5月			6月			7月			主な品種
	上	中	下	上	中	下	上	中	下	上	中	下	上	中	下	上	中	下	
促成栽培	○	-	○		△	-	△							■	■				祭りばやし 777 マイティ21
無加温半促成栽培			○	─	─	─	○	△	-	△						■	■		

○：播種、△：定植、■：収穫

第1章　気象に対応したハウス構造

第2章　栽培技術（共通）

第3章　栽培技術（作物別）

第4章　今後の施設栽培

第5章　今後注目の資材

第3章 栽培技術（作物別）

栽培上の要点

■播種

　播種床は肥料分の少ない水はけの良い土を利用する。促成栽培の場合、播種は台木のゆうがお播種の2～3日前に行うが、半促成栽培ではゆうがおの播種後2～3日に行う。播種床の温度は日中30～35℃、夜間16～20℃を目標に管理する。発芽後、覆土を持ち上げてきたら、日中27～28℃、夜間15～16℃に温度を下げる。

■育苗

　接ぎ木法には挿し接ぎ、割り接ぎ、呼び接ぎがあり、穂の削り方にも両面削りと片面削りがある。台木の用い方としては、挿し接ぎや割り接ぎには根付きもしくは断根する方法がある。呼び接ぎでは揚げ接ぎと、育苗ポットに台木、穂木ともに直まきする寄せ接ぎの方法がとられる。挿し接ぎや割り接ぎの断根では、作業能率は良いが、他の接ぎ木法よりも接ぎ木後の管理に注意が必要となる。断根の場合は、接ぎ木後3日程度で発根してくるが、発根するまでは十分に加湿し、適切な温度管理が必要となる。穂木のしおれが気になる場合には加湿器や霧吹きなどにより加湿する。育苗日数は、接ぎ木法によっても若干異なるが、おおむね35～40日である（**図2**）。また、接ぎ木後は発根と接合部の癒着を促すため、3日程度べた掛けし、除去後は激しくしおれるため、トンネルを密閉し遮光する。接ぎ木後5日程度でしおれなくなるため、一般管理に移行する。なお、接ぎ木育苗における一般的な播種から定植までのスケジュールは、図3の通りである。

■施肥と定植

　すいかの養分吸収量は、きゅうりやトマトより少なく、なすとほぼ同程度である。すいかの着果は草勢に左右され、窒素が多いなど草勢が強過ぎると着果しづらく落果しやすく

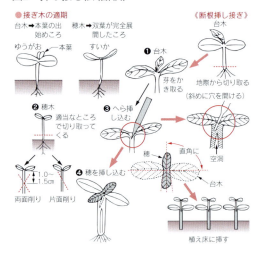

図2　挿し接ぎ法（断根）

図3　接ぎ木育苗

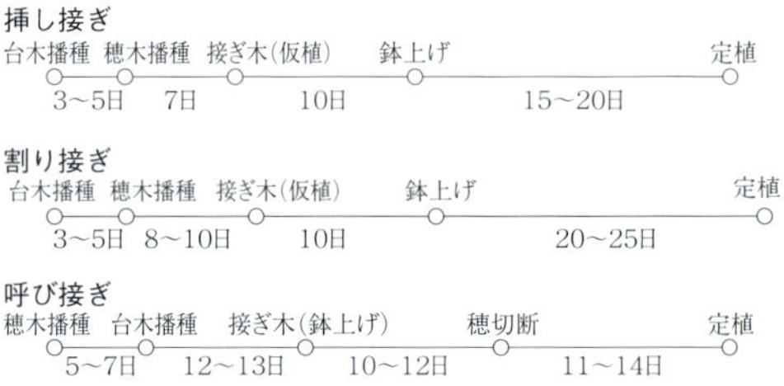

なり、いわゆるつるぼけとなる。また、生育後半の茎葉の過繁茂は、変形果、空洞果、果肉に黄白書の筋（黄帯）が入るなどの外部および内部品質の低下を招く。そのため、基肥は抑え気味にし、着果ぞろい後、速やかにかん水チューブを用いた液肥によって追肥を行う。なお、標準施肥量は無加温半促成栽培の基肥量で窒素4kg/10a、リン酸15kg/10a、カリ8kg/10aをマルチ幅全面に施用する。

　定植は、本葉2～5葉が適期である（**写真1、2**）。ハウス内の気温および地温に気を付け、地温15℃以上を確保する。マルチは、地温を十分に確保するため、定植1週間前には行い、定植前日には十分にマルチ下に水が行き渡るようにかん水する。定植前日もしくは定植日の朝には苗に十分にかん水し、根鉢を壊さないように植え付けるが、深植えを嫌うため植える深さに注意する。マルチの定植穴

写真1　定植苗

写真2　定植直後

図4　雌花の開花位置による草勢の診断

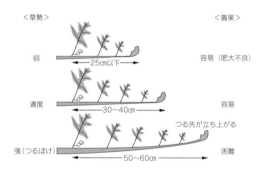

からはマルチで加熱された空気が抜けやすいため、定植後、定植穴の周りを土でふさぐ。

■整枝と着果

　北海道では這いづくりで栽培されており、作型や品種によって、主枝2本から10本以上の仕立て法までさまざまである。一般的には大玉品種では3本仕立て1果どりもしくは5本仕立て2果どりである。

　定植後、仕立てる子づるの本数より1〜2枚本葉を多く残して摘芯し、各節から発生した子づるが40〜50cmになったころに、よくそろった仕立て法ごとに子づるの本数を残し整枝する。子づるが着果目標節位に達するまで、適度な草勢を保つようにわき芽（孫づる）を整枝する。

　着果節位がマルチの所定の位置に来るように株元につるをたぐり寄せ、つる引きを行う。つるの草勢が強くなり過ぎると着果が不良となるため、過繁茂にならないよう注意する（図4）。また、つる引きにより株元に葉が混み合わないよう注意する。つる引き後、雌花の開花が始まるので、人工交配か蜜蜂による交配を行う。人工交配の場合、着果を確実にするために、午前中の早い時間（9〜10時ごろまでに）に授粉を行う。その場合、当日咲いた雄花の花粉をまんべんなく、雌花の柱頭に付ける。着果の良否は開花前後の環境に左右されやすく、花粉の出来や蜜蜂の活動から15℃以上の温度を保つことが必要である。また、葉数が少なかったり、光の競合によっても目標の着果が得られないことがあるため、適正な葉面積と栽植密度が重要となる。着果を確認したら着果日を記録する。一般的には色の異なる目印を立てたり、着果節に油性ペンで印を付け、これを目印に収穫の目安とする。

■着果後の管理

　品種や天候によって異なるが、開花後、成熟までに40〜55日くらいかかる。トンネルは夜温が15℃以上になるころに開放する。着果後、急激に窒素を必要とするため、圃場の着果がそろったころに十分にかん水および追肥を行う。追肥が遅れると着果負担により草勢が低下し、減収するため適期追肥に努める。追肥量は土壌の肥よく度に応じて、窒素で2〜8kg/10a程度行うが、1度の追肥は2kg程度に抑え、回数を多くする。かん水は基本

第3章 栽培技術（作物別）

写真3　収穫期ハウス（全景）

写真4　収穫期ハウス（アップ）

的には着果後20日までに終了し、登熟後期の糖度の上昇を促す。果実がテニスボール大になったころ、形の悪いものや低節位に着果したものを摘果し、目標の着果数に整える。果実がソフトボール大になったころ、果実の色むらをなくすため正座させる。その後も数回、玉直しを行い、色むらをなくす。

■病害虫防除

　つる割病に対しては、接ぎ木やねぎの混植により、抑制効果が期待できる。つる枯病や半身萎凋病はともに土壌病害であり、連作による発生が多いため、連作を避け、つる枯病については早めの予防的防除を行う。

　害虫はアブラムシ類やハダニ類の発生が見られる。特にワタアブラムシは、7月上旬ごろから寄生が見られるが、施設内では温度が高いので露地に比べて増殖が早い。そのため、定植時に粒剤を施用し、その後も葉面散布をして、増殖を抑える。ハダニ類は小さく、葉の裏に寄生しているために見つけにくいが、吸汁により葉の表に白いかすり状の少斑点が現れる。防除は発生初期の低密度のうちに行い、葉が繁茂すると薬剤が葉裏に寄生しているハダニにかかりにくくなるので、葉の裏側までかかるように丁寧に散布する。近年では薬剤が付着しやすくなる静電噴口の利用も多くなっている。また、薬剤抵抗性の出現を防止するために、同一薬剤は連用せず、ローテーションを組んで防除する。

写真5　ハウス秋マルチ

■収穫

　収穫は品種ごとの成熟日数を目安に試し切りによって、糖度、果肉色、種皮色、肉質を確認して収穫期を判断する。外観的には、果形や果皮色の変化、果梗部に発生する毛（毛じ）の脱落、着果節位の巻きづるの枯れ具合などを目安とする（**写真3、4**）。

近年の成果

　最近では春の繁忙期を回避するため、秋にマルチを施工し、翌春早くに植え付ける秋マルチも普及してきている（**写真5**）。従来の春マルチに比べ、初期生育が優り、1果重や果実糖度が高くなるなどの効果が見られている。

（鳥越　昌隆）

メロン

【果実的野菜類】

メロン

性　質

　北海道の夏は国内他産地と比べ、日射量が多く湿度も低い。また、夜温が低く気温の日較差が大きいため、糖の蓄積がスムーズに行うことができ、メロン栽培に適している。これらを反映して、北海道メロンは全国的に人気があり、5月中旬〜11月上旬の半年間という長期にわたり出荷されている。「メロン100日」と言われるように、播種から収穫までが3カ月強と比較的短期間であること、また、りんごやみかんのように貯蔵性が良くないことから播種時期を変えて出荷を維持している。

　栽培時期により加温半促成、無加温半促成、トンネル早熟、ハウス抑制の4つの作型があり（図1）、それぞれ気象条件が異なるため、作型ごとに栽培法や品種が異なる。各作型共通の栽培技術を述べた後、作型別の特徴を記載する。

各作型共通の栽培技術

■育苗

　発芽適温である28〜30℃で斉一に発芽させる。鉢上げは子葉が完全に展開する前の播種後約5日に行うが、作型により育苗鉢の大きさを変える。活着したら18℃まで徐々に地温を下げ、適切な水管理により徒長を防ぐ。定植1週間前から本畑より気温、地温ともにやや低くして順化させると、定植後の活着が促進される。

■本畑の準備と定植

　定植床は過湿の回避、地温上昇の促進などを目的として高畝にするのが一般的である。施肥量は作型により異なる（表1）。かん水チューブおよびマルチの設置は定植1週間前までに完了させ地温上昇を促す。子づる2本仕立ての場合、定植前日に本葉4〜5枚目の基部で摘芯を行う。定植時の地温は18℃以上を目標とし、最低でも16℃を確保してから行う。

■整枝と着果

　仕立て方は、北海道では這いづくりで子づる2本仕立てにし、1本のつるに2果着果させる1株4果どりが一般的である。子づるの各節位から出る孫づる（わき芽）を着果節位までは順次摘除し、ある程度つるが伸長して

図1　道央地域の作型図

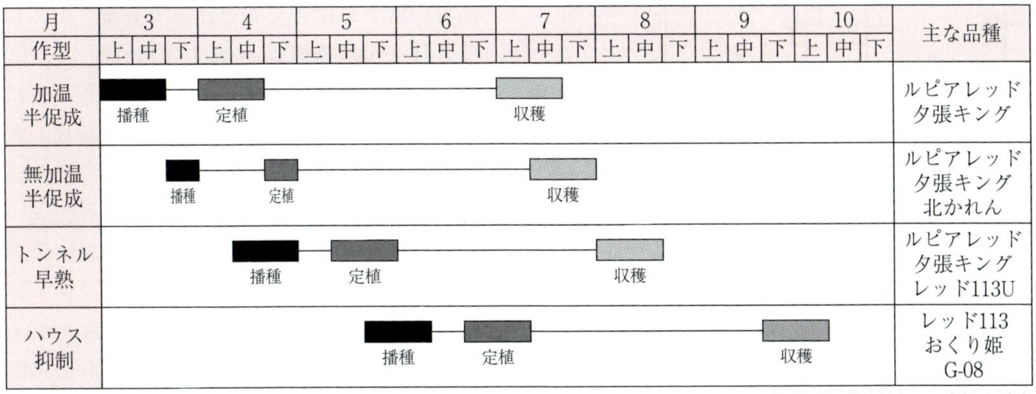

月	3			4			5			6			7			8			9			10			主な品種
作型	上	中	下	上	中	下	上	中	下	上	中	下	上	中	下	上	中	下	上	中	下	上	中	下	
加温半促成	播種		定植							収穫															ルピアレッド 夕張キング
無加温半促成		播種		定植							収穫														ルピアレッド 夕張キング 北かれん
トンネル早熟			播種		定植								収穫												ルピアレッド 夕張キング レッド113U
ハウス抑制					播種		定植												収穫						レッド113 おくり姫 G-08

「北海道野菜地図(その39)」より改変

第3章 栽培技術（作物別）

表1　施肥量　　　　　　　　　　　　　　　　　　　　　　　　　　　　　　　　　　　　　（kg/10a）

肥料＼作型	加温半促成	無加温半促成	トンネル早熟	ハウス抑制
窒素	14（基肥8、分施6）	14（基肥8、分施6）	10（基肥6、分施4）	14（基肥8、分施6）
リン酸	20	20	20	20
カリ	14（基肥10、分施4）	14（基肥10、分施4）	19（基肥15、分施4）	14（基肥10、分施4）

注）分施は着果ぞろい後　　　　　　　　　　　　　　　　　　　　　　　　　「北海道施肥ガイド2015」の標準施肥による

きたら誘引を行う。誘引方法は1方向（オールバック）整枝と振り分け整枝がある（**図2**）。着果節位は一般に10～15節の範囲で、品種や土壌条件に応じて調整する。着果には交配用蜜蜂を利用する。開花日は、かん水や温度管理あるいは収穫予定日を知るために極めて重要であるため、必ず把握する。着果節の孫づるは葉を2～3枚残して摘芯し、1枚目の葉のわきに着生する雌花を着果させる。着果節位以降の孫づるは小さいうちに摘除する。上位の孫づるは2本程度を遊びづるとして残し、子づるは25～28節で摘芯する。

■着果後の管理

幼果が鶏卵大になったころに肥大や果形が良好な幼果を各つる2果（1株4果）選び、残りを摘果する。玉直しは果実がソフトボール大くらいのとき、ネット形成前に行う。縦ネットが発現する開花から約2週間後には、気温をやや低く管理して果実の硬化を促すとともに、かん水を控えネットの大割れを防ぐ。横ネットが発現する開花から約3週間後には、気温をやや高く管理してかん水を多めにし、ネットの発現および果実肥大を促進する。ネットが完成した後は水分を控え、成熟を促し糖度の上昇を図る。

■収穫

受粉後45～60日で収穫期を迎える。収穫適期判定の目安には成熟日数、結果枝の葉の褐変、果皮色の変化、二次ネットの出現などがあるが、品種や作型により異なるため品種の特性を把握することが必要である。

加温半促成作型

出荷量が少なく、中元ギフト時期の出荷でもあり高単価が望める半面、栽培時期が寡日照・低温なため燃料費が掛かるとともに果実品質の低下を招きやすい作型である。主として3月上旬に播種し、7月上旬に収穫する（**図1**）。本畑での管理日数を短くするとともに花芽分化異常を防ぐため、播種後約35日の大苗で定植することから、鉢上げ後の育苗鉢は12cmとする。

ハウス外張りフィルムは保温性が高い農業用ビニール（農ビ）や農業用ポリオレフィン系特殊フィルム（農PO）を使用する。ボイラーなどの加温施設を使用するとともに、保温のためにトンネルを2～3重とし（**写真**

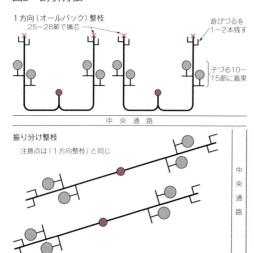

図2　誘引方法

メロン

写真1　3重トンネル

写真2　保湿用内張りフィルム

写真3　無加温半促成栽培の被覆状況

1）、必要に応じて内張りフィルム（**写真2**）も設置する。マルチは透明で地温上昇効果の高いフィルムを使用する。気象条件の影響により菌核病やハモグリバエが発生する場合もあるが、総じて病害虫の発生は少ない。ただし、つる割病（レース1、2y）やえそ斑点病などの土壌病害の発生は多い。これら病害が発生している圃場では、抵抗性台木品種（**表2**）への接ぎ木を行う。品種は低温伸長性や果実肥大性が良好であるとともに、天候不順も多い時期であることから、着果性が良好であるものを選択する。

無加温半促成作型

栽培が比較的容易で果実品質も高くなりやすく、燃料費が掛からず需要も堅調な時期であることから、多くの生産者が栽培する北海道の主要な作型となっている。主として3月下旬に播種し、7月下旬に収穫する（**図1**）。栽培時期は気温がやや低いものの加温施設を必要としない。鉢上げ後の育苗鉢は10cmとし、播種後約30日のやや大苗で定植する。

ハウス外張りは農ビや農POを使い、保温のためにトンネルを用いて栽培する（**写真3**）。マルチは透明で保温力が強いフィルムの使用を基本とするが、時期によっては雑草対策を優先させ、有色の農ポリエチレンフィルム（農ポリ）を使用する場合もある。病害虫の発生状況および品種に求められる特性は加温半促成作型と同様である。

表2　主な台木品種の土壌病害抵抗性

品種名	種子販売元	つる割病 レース0	つる割病 レース2	つる割病 レース1、2y	えそ斑点病
どうだい6号	大学農園	○	○	○	○
ワンツーシャット	朝日工業	○	○	○	○
ダブルガードEX	タキイ種苗	○	○	○	○

注）○：抵抗性

「北海道野菜地図(その39)」より改変

第3章 栽培技術(作物別)

トンネル早熟作型

　資材費が安く取り組みやすい半面、降雨による影響を受けやすく、病害発生も多いため、果実品質の低下が起こりやすい作型である。主として4月上旬に播種し、8月上旬に収穫する(**図1**)。栽培の初期は気温がやや低いものの、後半は気温が高い。育苗は、無加温半促成と同様である。

　被覆資材は、保温のためのトンネルとマルチのみで、他の作型と比べて最も簡素である(**写真4**)。マルチは保温と雑草対策としてグリーンやブラウンなど有色の農ポリが多い。栽培後半は気温が高く、トンネルからつるが出ることもあり、病害虫の発生が多い。特に低温多湿で発生が多いべと病には注意が必要である。品種は低温伸長性や低温肥大性を有するとともに、露地栽培に近い環境のため土壌水分の制御が難しいことから、裂果しづらく、着果や果実品質が安定しているものを選択する。

ハウス抑制作型

　収穫期がやや低温となるものの栽培時期の大半が高温期であるため、他の作型と異なり低温対策への重要性は低い。一方、病害虫の発生は他の作型に比べ多いため、防除対策に労力と経費がかかる作型である。主として5月下旬～6月下旬に播種し、9月下旬～10月下旬に収穫する(**図1**)。育苗管理日数を短くするとともに、定植時が高温であることから活着をスムーズに行わせるため、播種後約20日のやや小苗での定植が望ましく、9cm程度の育苗鉢を用いる。

　被覆資材はハウス外張りフィルムとマルチを使用するが(**写真5**)、収穫時の気温、特に夜温が低い場合はトンネルや内張りフィルムが必要となる。マルチは保温と雑草対策とし

写真4　トンネル栽培の被覆状況

写真5　ハウス抑制栽培の被覆状況

て有色の農ポリを使用することが多いが、収穫期が10月中～下旬の低温の作期は透明で保温力が強いフィルムを使用することもある。先述したように病害虫の発生が非常に多く、病害ではうどんこ病、つる枯病、べと病、炭そ病、キュウリモザイク病など、害虫ではワタアブラムシとハダニ類の発生が多い。いずれも初期発生を見逃すとまん延しやすいので、早期防除に努めることが非常に重要である。土壌病害であるつる割病(レース1、2y)やえそ斑点病は本作型での発生は少ないが、他作型と同様に抵抗性台木による防除が望ましい。品種は、果実肥大期が高温であることから過肥大しづらく、かつ収穫期が低温であることから糖度が高く安定するとともに、赤肉メロンの場合は果肉色が濃いものを選択する。

　近年、道立総合研究機構および北海道より

メロン

写真6　赤肉メロン新品種「おくり姫」

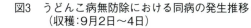
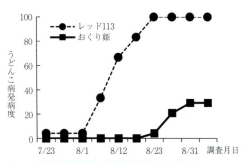

図3　うどんこ病無防除における同病の発生推移（収穫：9月2日～4日）

写真7　小型ペーパーポット苗の定植（左：定植作業、右：定植直後〈中央部がペーパーポット苗〉、乙部原図）

　本作型における新たな研究成果が発表された。一つ目は本作型に適した赤肉メロン新品種「おくり姫」の育成である（**写真6**）。本品種はハウス抑制作型で問題となりやすい糖度や果肉の赤みの濃さの低下が認められず、うどんこ病の発生が非常に少ないことから（**図3**）、北海道優良品種に認定された。今後、本作型の維持発展に大きく貢献できる品種として期待される。二つ目は小型ペーパーポット苗を利用して2日育苗（種子からの発根が確認された段階）で定植し（**写真7**）、育苗・定植時の作業や資材費の軽減（慣行比較で作業時間が16.0h/10a減、資材費が12,701円/10a減）を可能とする技術で、特に繁忙期における作業軽減策の一つとして期待されている。

（八木　亮治）

第3章 栽培技術（作物別）

【果実的野菜類】

いちご

高設栽培

性　質

　いちごは比較的冷涼、温和な気候を好み、生育適温は18〜25℃である。浅根性で地表近くに多くの根が分布しているため、乾燥や温度の影響を受けやすい。特に土質を選ばないが、耐塩性は極めて低く、多肥条件で障害が発生しやすい。栽培上考慮しなければならない重要な性質として、花芽の形成（花芽分化）と休眠がある。

　品種は、花芽分化特性が異なる一季成り性と四季成り性に大別される。花芽分化に影響する外的要因として温度と日長があり、一季成り性品種は自然条件下では初秋の温度低下と日長が短くなることで花芽が分化する。日長の影響は温度によって異なり、15〜25℃の範囲では日長が短くなることに反応し花芽は分化するが、5〜15℃では日長に関わりなく分化する。一方、四季成り性品種は花芽分化に低温短日条件が不要であり、日長が長い春や夏でも花芽分化が起こり、比較的高い温度でも日長が長いことで花芽分化が促進される。

　いちごは秋が深まると地表面に密着したロゼット状の草姿になり、休眠に入る。休眠は日長が短くなり、温度が下がるにつれて深くなる。休眠は、いちごにとって厳しい条件の冬期を乗り切るための自衛手段である。休眠からの覚醒には、一定期間低温に遭遇することが必要である。休眠の程度には品種間差があり、一般に寒地の品種は休眠が深く、暖地の品種は浅い。

作型と品種

　高設架台の上に栽培槽を設置して栽培する高設栽培（写真1）は、立ったままで管理作業や収穫ができ作業負担が少ないことから、近年、夏秋どり栽培を中心に導入が進んでいる。6〜11月ごろまで収穫する高設夏秋どり作型（四季成り性いちご普通栽培、図1）では、四季成り性品種が栽培されており、「すずあかね」の作付けが多い。なお、北海道の高設栽培で使われている品種を表1に示した。この時期の主要な用途はケーキなどの業務用であり、全国的にいちごの出荷量が少ない時期のため販売単価は比較的高いが、高温や病害虫の発生により栽培が難しい。

　11月ごろから収穫可能な加温促成作型にも高設栽培が導入されている。しかし、冬期中心の栽培で加温が必要となるため、温度条件が厳しい北海道での栽培は多くはない。品種は「さがほのか」などの休眠のごく浅い一季成り性品種を利用し、花芽分化や休眠を積極的にコントロールして長期どりを行う。

栽培上の要点

　ここでは、主に高設夏秋どり作型について、栽培作業の流れを説明する。

■畑の準備

　栽培槽には、発泡スチロール製魚箱（トロ箱）やプラスチック成型槽を用いた方式などがある（写真2）。

　保水性、排水性および通気性が良好な無病の培地を準備し、栽培槽に詰める。ピートモスと火山れきの混合培地など、有機培地が用いられることが多い。

　道立花・野菜技術センター（現道立総合研究機構花・野菜技術センター）では、「もみ殻資材利用培地による夏秋どりいちご高設栽培の低コスト化技術」（2011年指導参考事項）の課

いちご（高設栽培）

写真1　高設栽培

写真2　プラスチック成型槽を用いた高設栽培方式

図1　主な作型（道央）

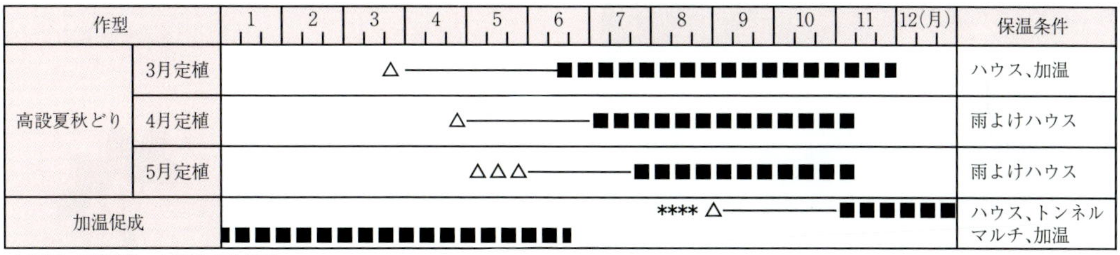

作型		1 2 3 4 5 6 7 8 9 10 11 12(月)	保温条件
高設夏秋どり	3月定植	△────■■■■■■■■■■■■	ハウス、加温
	4月定植	△────■■■■■■■■■■	雨よけハウス
	5月定植	△△△──■■■■■■■■	雨よけハウス
加温促成		■■■■■■■■■■ ****△──■■■■	ハウス、トンネルマルチ、加温

△定植　■収穫　＊短日夜冷処理

注1)「北海道野菜地図その39」(2016年)より作図、ただし加温促成作型は土耕栽培による

2)作型は北海道における現地呼称。高設夏秋どり作型はいちご(四季成りいちご)普通栽培、加温促成作型はいちご促成栽培に含まれる

表1　主な品種

タイプ	品種名	種苗育成元（メーカーなど）	作型	草姿	果形	果実の大きさ	果皮色	果実の硬さ	着果数	日持ち性	摘要
四季成り性	UCアルビオン	カリフォルニア大学(フレッサ)	夏秋どり	中間	長円すい	極大	鮮紅	極硬	極少	◎	萎凋病、疫病、炭そ病抵抗性
	エッチエス－138	ホクサン	夏秋どり	開張性	円すい	中	鮮紅	硬	やや少	◎	商標：夏実
	ゴラン	オランダABZ社	夏秋どり	立性	円すい	やや小	明赤	硬	少		種子系
	サマールビー	ミカモフレテック	夏秋どり	立性	長円すい	やや大	橙赤	軟	少	○〜△	
	すずあかね	ホクサン	夏秋どり	中間	球円すい	大	橙赤	やや硬	少	◎	
	なつじろう	花野技セ・道南農試	夏秋どり	中間	円すい	やや大	鮮紅	硬	やや少	◎	高設栽培向け
	ペチカピュア	ホープ	夏秋どり	中間	円すい	やや小	鮮赤	硬	少	◎	商標：ペチカプライム
	ほほえみ家族	(旭川ブリックス)	夏秋どり	中間	円すい	やや大	鮮紅	やや硬	少	○〜△	
一季成り性	章姫	萩原氏(個人)	加温促成	立性	長円すい	大	濃橙赤	中	中	△	
	さがほのか	佐賀農研セ	加温促成	立性	円すい	大	鮮紅	硬	少	◎〜○	うどんこ病に非常に弱い、糖酸比が高い
	とちおとめ	栃木農試	加温促成	中間	円すい	大	鮮赤	硬	やや少	◎〜○	石灰欠乏によるがく枯れが出やすい
	紅ほっぺ	静岡農技試	加温促成	立性	長円すい	大	鮮赤	やや硬	少	◎〜○	

注)種苗登録内容に一部加筆。日持ち性は、評価の高い順に◎＞○＞△＞×　　　「北海道野菜地図(その39)」(2016年)より

第3章 栽培技術（作物別）

写真3　もみ殻資材利用培地

写真4　もみ殻資材利用培地と市販培土の生育比較

写真5　到着時の苗姿

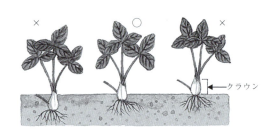

図2　苗を植える深さ

題において、夏秋どりいちごの生産資材費削減を図るため、もみ殻資材を増量剤として利用し市販培土の量を減らすことを検討した。ライスセンターなどで入手可能な粉砕処理したもみ殻資材を栽培槽の下層に充てんし、上層に市販培土を重層した「もみ殻資材利用培地」（**写真3**）による栽培試験の結果、もみ殻資材を栽培槽の容積の1/2～3/4の割合で使用しても、市販培土のみで栽培した場合と比べて生育、収量および果実品質に差がないことが確認された（**写真4**）。

ハウス1棟（1,200株）当たりで、栽培槽の容積の3/4にもみ殻資材を使用した場合の培地資材費は、市販培土を全量使用する場合の34％に抑えられ、生産費用（48万5,000円）の約15％の削減につながると試算されている。なお、もみ殻資材使用時は生育状況、培地の乾燥状況、栽培槽からの排液量などをよく確認しながら、液肥濃度およびかん水量を管理する。

2条植えの場合には、1ベッドに1～2本の点滴チューブを設置し、かん水同時施肥を行うのが一般的である。夏期の高温対策のため、白黒ダブルマルチなど地温上昇抑制効果の高いマルチを使用する。

■苗の準備と定植

実採り苗は、種苗会社と契約した上で入手する場合が多い。苗は土を洗い落とした状態で配布されるので（**写真5**）、到着したら根を乾かさないように扱い、なるべく早く本圃に定植するか、鉢に仮植えする。

栽植密度は、ハウス間口が6mの場合は4ベッドで、株間20～30cmの2条千鳥植えが一般的である。1株当たり培地量は3～6ℓが目安となる。苗は**図2**を参考に適切な深さに植え、クラウンを埋め込まないようにする。

いちご（高設栽培）

表2 「すずあかね」（4月下旬定植）の給液管理の例

ステージ	時期	希釈倍数 （倍）	給液EC （mS/cm）	給液回数 （回）	給液量 （mℓ／日／株）
株養成期	定植1週間後〜6月下旬	4,000〜5,000	0.2〜0.4	2〜4	200〜300
開花〜果実肥大期	7月上〜中旬	3,000〜3,500	0.4〜0.5	4〜5	400〜500
収穫前期	7月下旬〜8月下旬	2,000〜2,500	0.5〜0.6	5〜6	500〜600
収穫中期	9月上〜中旬	2,500〜3,000	0.4〜0.5	4〜5	400〜500
収穫後期	9月下旬〜10月上旬	3,000〜5,000	0.2〜0.5	1〜3	100〜200
収穫終了期	10月中旬以降	3,000〜原水	0.1〜0.4	0〜2	0〜100

注）施肥銘柄：養液土耕6号　　　　　　　　　　　　　　　　　　「すずあかね高設栽培マニュアル」より

定植時に土を強く押さえると根の伸長が悪くなるので注意する。定植後は、活着を促進させるため十分にかん水する。

■**定植後の管理**

定植後は、活着促進のため気温が下がり過ぎないよう注意し、必要に応じて保温・加温を行う。「すずあかね」では、培地温度を12℃以上に管理することが推奨されている。培地温度が低いとリン酸吸収が阻害され、発根が抑制される。

高設栽培では根域が制限されることから、土耕栽培に比べ着果負担の影響を受けやすい。特に、3〜4月定植は収穫期間が長いため、いわゆる「成り疲れ」を起こしやすい。そのため、これらの作型では、定植後45〜65日程度はランナー、枯葉、弱小わき芽および上がってくる弱小花房を摘除し、十分に株養成を行ってから花上げをする。着果期以降は、果房の摘除による果房数の制限や摘果による果房当たりの着果数の制限を行って着果負担をコントロールし、草勢を維持する。

確実に受粉させるため、開花前に蜜蜂などの訪花昆虫を導入する。訪花昆虫の放飼中に病害虫防除を行う場合は、使用薬剤の訪花昆虫への影響を確認し、必要に応じて巣箱を一時的に別の場所へ移動する。

35℃以上の高温になると奇形果が発生するので、高温期には遮光などにより温度上昇を抑える。また、外気温が10℃以下になる頃から保温・加温を行い、草勢の維持および果実肥大、着色の促進を図る。

■**給液管理**

良質な原水の確保が必要であり、ECが0.3 mS/cmを超える水は原水には適さない。

定植後、活着までは原水のみでかん水を行う。それ以降はかん水とともに液肥を施用し、草勢や葉色、ECを確認しながら濃度を加減する。

少量多回数かん水を基本とし、栽培槽の底穴から摘下する量（排液量）が給液量に対し約20〜30%の割合（排液率）となるように管理する。給液が不足して排液率が低くなると、培地内ECが上昇しやすい。

給排液のECを測定し、排液ECが給液ECより低くなるよう液肥濃度を管理する。排液ECが給液ECより高い場合は、液肥濃度を少し下げて様子を見る。一方、排液ECが給液ECより大幅に低い場合には、少しずつ液肥濃度を上げる。いずれの場合にも、急激なECの変化は避ける。

第3章 栽培技術（作物別）

培地溶液のECが1を超えると根が濃度障害を起こしやすくなるので、定期的に測定することが望ましい。なお、培地の溶液はミズトール（大起理化工業㈱）を使用すると容易に採取できる。

品種によって適切な給液管理は異なることから、各品種の栽培マニュアルなどを参考にする。「すずあかね」の4月定植の給液管理の例を表2に示す。

■病害虫の防除

病害では灰色かび病とうどんこ病、害虫ではアザミウマ類とハダニ類が発生しやすいので適宜防除する。

灰色かび病（**写真6**）は多湿な時に発生しやすく、発病適温は20℃前後である。葉かきが不十分で枯葉が残っていると灰色かび病の発生源となるため丁寧に葉かきを行い、通気性を良くし、薬剤散布を行う。うどんこ病（**写真7**）は草勢が衰えた時に発生しやすく、収穫期に入り株に負担がかかった時や、「成り疲れ」を起こしやすい秋口には特に注意が必要である。発生初期から薬剤散布を実施する。

アザミウマ類に加害されると、果実表面が着色不良や褐色となる（**写真8**）。花に成虫が多数寄生し、中心や花弁が枯れる場合もある。ハウス周辺の雑草や花きにも寄生するので、これらの管理も徹底する。ハダニ類は、発生初期には下葉に寄生することが多く、下葉で増殖したハダニ類は新展開葉に移動して加害し、白いかすり状の食痕をつくる。発生が激しくなると、被害は激発株を中心につぼ状に広がり、被害株はわい化して収量に大きく影響する。いずれも発生初期の薬剤散布により防除する。害虫全般の対策として、ハウ

写真6　灰色かび病

写真7　うどんこ病

写真8　アザミウマ類（左）と加害された果実

ス周辺の除草の徹底が害虫密度の低下に有効である。

近年、いちごに利用できる生物農薬の種類が増えている。ハダニ類対策として用いられる「ミヤコカブリダニ」が代表的な例である。上手に利用すれば化学農薬の散布回数を減らすことが可能となるため、ハダニ類以外の害虫への防除も考慮し計画的に活用したい。

■収穫

気温が上昇し果実温度が高くなってから収穫すると傷みが生じやすいので、果実温度の上がりにくい早朝に収穫する。夏秋どり作型の収穫物は府県へ輸送されることも多く、輸送性や日持ち性が求められる。このため、着色が進む前に、早めに収穫する場合が多い（**写真9**）。収穫・選果の際には、果実に余計な圧力をかけないこと、収穫した果実を積み上げないことなどに留意し、果実を丁寧に扱う。

写真9　出荷時の着色程度（7月の例、着色が進む前に早めに収穫）

加温促成作型

花芽分化を促進するとともに、休眠を回避してわい化を抑え、長期間、連続的に収穫する。

花芽分化を促進するために、短日処理と夜間のみの低温処理を組み合わせた短日夜冷処理を行ってから定植する。通常8時間日長、夜温15℃前後で20日程度処理する。花芽分化前に定植すると、本圃で肥料を旺盛に吸収して花芽分化が遅れるため、必ず花芽分化を確認してから定植する。

休眠に入るのを回避し連続的に収穫するため、温度管理に注意する必要がある。昼間25～28℃、夜間8～10℃が温度管理の目安となるが、品種によって適切な温度管理は異なる。草勢維持のため11月ごろから電照を行うが、草勢が強い品種では草勢が旺盛になり過ぎることもあるので、株の状態を観察しながら点灯時期や点灯時間を調節する。

（木村　文彦）

第3章 栽培技術（作物別）

【果実的野菜類】

いちご

窒素栄養診断

作物の生育診断の一つに栄養診断がある。これには生育障害を化学分析によって原因を明らかにし対策を講じる技術と、生育期間中に作物体内の養分を測定して作物の栄養状態を把握し、その状態に合わせて追肥量や管理法を決定する技術の二つがある。

いちごの高設栽培のように長期にわたって養液を供給する作物では、栄養状態をリアルタイムで把握し、その結果に基づく適切な養分管理が可能になれば、栽培初心者をはじめ生産者による合理的な肥培管理などが実施され、生産性や品質の向上が期待できる。また、診断による余分な施肥をなくすことにより、環境への負荷を軽減するための手段としても利用できる。

ここでは最も重要な養分である「窒素」について、高設・夏秋どり栽培でのいちご品種「エッチエス-138」における栄養診断法を紹介する。

窒素栄養診断部位の検討

養液の窒素濃度を1ℓ当たり25 mg（L）、50 mg（N）、100 mg（H）の3段階で栽培し、7月8日、8月17日、9月15日の3時期における各葉位の葉柄をサンプリングした。この葉柄をすりつぶし、水で希釈した溶液をRQフレックスを用いて生重1kg当たりの硝酸イオン濃度（$mgNO_3$/kg生重、以降単位略）を測定した。

葉位別葉柄硝酸濃度は、各区とも新葉で低く、下位（古い）葉ほど高くなる傾向を示し、時期が過ぎるごとに硝酸濃度は高まる傾向にあった（**図1**）。養液濃度が高まるほど硝酸濃度は高まっており、この反応性から葉柄硝酸濃度を測定することによって体内の窒素栄養を把握することが可能と考えられた。この時の測定葉位は下葉から5葉位が適していた。

各生育期間における収穫期直前の窒素栄養診断基準値

ここではいちごの生育ステージを、前期収穫期（7月18日～8月16日）、中休み期（8月17日～9月11日）および後期収穫期（9月12日以降）の3段階に分け、各時期直前の葉

図1　生重1kg当たりの葉位別葉柄硝酸濃度の推移
　　（栽培養液の窒素濃度は養液1ℓ当たり、Lが25mg、Nが50mg、Hが100mg）

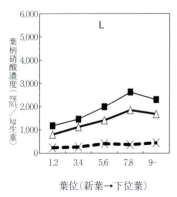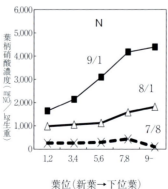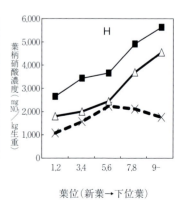

いちご（窒素栄養診断）

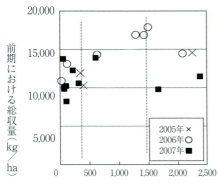

図2　前期における1ha当たり総収量とその直前の生重1kg当たりの葉柄硝酸濃度の関係

柄硝酸濃度と、その後の収穫期間における収量との関係から窒素栄養診断基準値の設定を行った。

　図2に3カ年の葉柄硝酸濃度と前期収穫量との関係を示した。葉柄硝酸濃度が500以下では低収と高収が混在しており、500から1,500ではやや高く、1,500を超えると低下する傾向が見られた。硝酸濃度が500以下で低収と高収が混在する理由としては、この時期は栄養成長が旺盛なため、吸収窒素は直ちに同化され、硝酸の貯蔵部位とみられる葉柄に硝酸吸収量が多くてもその蓄積が少ない場合があるためと考えられる。その一方で1,500を超えるような濃度では明らかに過剰吸収であり、栄養成長が勝り果実生産性の低下が起こる。以上のことから前期収量確保のために

は、収穫直前の葉柄硝酸濃度を500から1,500の範囲にすることが望ましいと判断された。
　中休み期においては葉柄硝酸濃度が1,000以下ではこの期間の総収量は低下傾向となり、2,700を超えると収量低下が認められた。このため、中休み期の収量低下を防ぐためには、中休み期直前の葉柄硝酸濃度は1,000以上とし、さらに後半の低下を抑制するために2,700以下に抑える必要がある。
　後期収穫期においては葉柄硝酸濃度が1,200以下では低収となり、1,200を超えると収量性への影響は判然としなくなった。さらに2,700以上になると高収のものは見られなかった（データ略）。従って後期収量確保のためには、後期収穫期直前の葉柄硝酸濃度を1,200以上にするとともに、過剰の窒素施用を回避するために2,700以下に管理することが望ましい。

各生育時期における窒素栄養診断基準値の設定

　以上のことから、安定的な収量確保のための各生育ステージにおける窒素栄養診断基準値（表）を設定した。
　これは「エッチエス-138」の基準ではあるが、このような考え方を基に養液管理および窒素栄養診断技術基準を作成することにより、いちごの生産安定化が図られる。

（日笠　裕治）

表　高設・夏秋どりいちご（エッチエス-138）の窒素栄養診断基準値

	時期	葉柄硝酸濃度
前期収穫直前	7月10日ごろ	500～1,500mgNO$_3$/kg生重
中休み期直前	8月10日ごろ	1,000～2,700mgNO$_3$/kg生重
後期収穫直前	9月10日ごろ	1,200～2,700mgNO$_3$/kg生重

1）定植期を5月とした場合
2）下葉から5葉位の葉柄を測定する

第3章 栽培技術（作物別）

【果実的野菜類】

いちご

夏秋どり栽培事例（ＪＡひだか東）

写真1　夏秋どりいちごの高設栽培

新規参入者の定着で全道一の産地確立

　日高管内の浦河町と様似町は、夏秋どり（四季成り性）いちご栽培を柱に新規参入者の受け入れ事業を展開している。本事業では、関係機関と農業者が連携し、リース方式によるハウス団地での就農を核に、研修時から就農までと就農後の支援を行っている。

　これらの産地支援の結果、新規参入者の収量が年々向上し経営の安定化が図られ、新たな参入者の増加につながり、両町を管轄するＪＡひだか東の夏秋どりいちご生産量は全道一となっている。

写真2　夏秋どりいちごの生産・選果・出荷体制（JAひだか東）

地域の概要

■夏秋どりいちご栽培の取り組み

　ＪＡひだか東は、軽種馬農家の経営転換を支援する「㈲グリーンサポートひだか東（以下グリーンサポート）」を設立し、浦河町2地区にハウス団地を整備した。ハウス団地では、2004年から地域の気象条件に適した「夏秋どりいちご栽培（四季成り性いちご普通栽培）」に取り組んでいる。

　栽培方法は高設栽培で（**写真1**）、春先の日照時間が長く温暖な気候を生かし2月下旬〜3月中旬に冷蔵苗を直接定植することで、道内他産地よりも収穫を1カ月ほど早く行っている（**図1**）。12年から品種を「すずあかね」に統一し、ＪＡの共同選果場で統一規格での共選を行い、ケーキ用いちごとして実需から高い評価を受けている（**写真2**）。

■新規参入者の支援体制

　浦河町では05年から新規参入者を受け入れ、07年に「担い手育成総合支援協議会」が

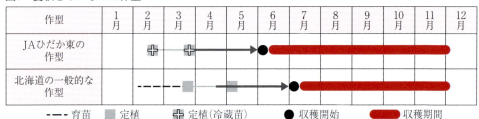
図1　夏秋どりいちごの作型

図2　浦河町における就農研修受け入れ体制

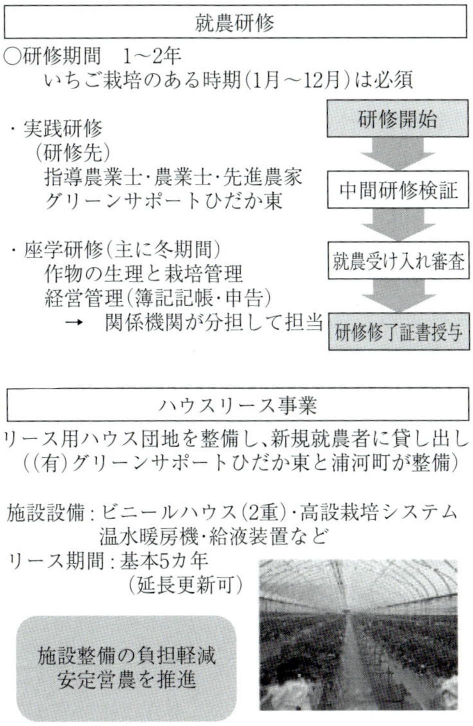

就農研修
○研修期間　1～2年
いちご栽培のある時期（1月～12月）は必須
・実践研修
（研修先）
指導農業士・農業士・先進農家
グリーンサポートひだか東
・座学研修（主に冬期間）
作物の生理と栽培管理
経営管理（簿記記帳・申告）
→　関係機関が分担して担当
研修開始
中間研修検証
就農受け入れ審査
研修修了証書授与
ハウスリース事業
リース用ハウス団地を整備し、新規就農者に貸し出し
（（有）グリーンサポートひだか東と浦河町が整備）
施設設備：ビニールハウス（2重）・高設栽培システム
温水暖房機・給液装置など
リース期間：基本5カ年
（延長更新可）
施設整備の負担軽減
安定営農を推進

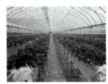

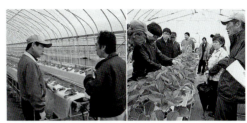

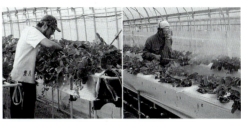

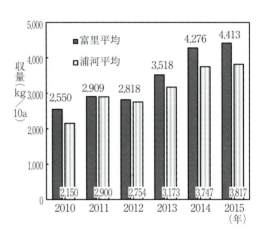

設立され、本格的な受け入れ支援を行っている。様似町では11年から新規参入者を受け入れている。

受け入れから新規参入までの流れは、①協議会での審査を経て、指導農業士やグリーンサポートでの実践研修や冬期間の座学研修を受講する、②研修修了後にハウス貸し付け事業を利用し、町内のハウス団地に就農する―が基本となっている（**図2**）。

普及センターの新規参入者支援

■支援活動の内容

普及センターは、新規参入者が安定した収量で所得を確保することを最優先し、巡回指導を中心に基本技術の実践を指導している（**写真3**）。新規参入者ごとに収量目標を設定・合意し、①生育ステージに応じた温度と給液管理、②古葉除去や摘果など適期の株管理作業の実施、③病害虫の適期防除の支援―に重点を置いている（**写真4**）。

写真3　巡回指導（左）と現地巡回研修

写真4　株の整理作業（左）と病害虫防除

図3　新規参入者の平均収量の推移

5,000
4,000
3,000
2,000
1,000
0
収量（kg／10a）
■富里平均
□浦河平均
2,550
2,909
2,818
3,518
4,276
4,413
2,150
2,900
2,754
3,173
3,747
3,817
2010
2011
2012
2013
2014
2015
（年）

■活動の成果

富里地区ハウス団地の新規参入者4戸の生産実績は年々向上し、15年の平均収量が4,413kg/10aと過去最高となった（**図3**）。これは既存農家に大きな刺激を与え、生産組織全体の平均収量増加にもつながっている。

■新規参入者の増加

浦河町と様似町の夏秋どりいちご生産農家戸数は年々増加し、16年には21戸の新規参入を加え32戸となった（**図4**）。栽培面積は徐々

第3章 栽培技術（作物別）

図4　夏秋どりいちご生産農家戸数の推移

図5　夏秋どりいちごの作付面積（JAひだか東）

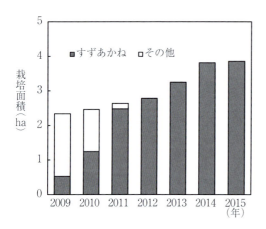

図6　夏秋どりいちごの販売実績（JAひだか東）

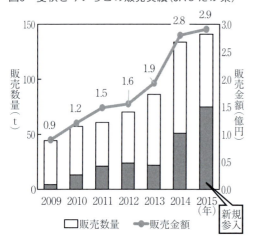

に増加しており（図5）、生産農家の6割以上を新規参入者が占め、産地の主力として期待されている。

■JAひだか東の生産拡大

　販売実績は09年の44tから15年には141tと3.4倍に増加し、販売金額は3億円に迫り、単独農協での夏秋どりいちご取扱量は全道一となっている（図6）。そのうち新規参入者の販売数量は75tで、全体の約5割を占め、生産拡大の大きな原動力となっている。

栽培上の要点

■品種特性

　栽培品種の「すずあかね」は、株疲れが比較的少なく連続収穫が可能で、市場が品薄の9月にも安定した収量が期待できる。

■定植準備

　栽培層（培地）は、EC 0.5mS/cm以下、pH5.5〜6.0とする。かん水は点滴チューブを用い、1ベッド当たり1〜2本設置し、白黒ダブルマルチを使用する。定植前までにかん水を行い、床土を落ち着かせ、定植に備える。

■定植

　充実した1芽を残し、他の弱小わき芽は摘除する。栽植間隔は株間25〜30cmの2条千鳥植えである。苗の植え付けは、植え込みが深いと芽枯病の発生、浅いと1次根の発生が劣るので注意する。定植後は手かん水を行い、株をなじませる。

■定植後の管理

　定植後7〜10日間程度は活着と初期生育を促すために保温し、培地内温度20℃を目安に管理する（ハウス内20〜35℃）。

■株養成期の管理

　栽培期間中のハウス内温度は、日中18〜25℃（30℃以上の高温にしない）、夜間5℃以上、培地内温度15℃以上とする。小まめにかん水を行い、新根が発生しやすいよう培地水

いちご（夏秋どり栽培事例）

写真5 様似町の新規参入者（左）と勉強会

分を維持することが多収のポイントとなる。

株養成期間の目安は45～65日で、ランナーは常に摘除し、古葉の整理後はクラウンに土寄せを行い、大蕾出現まで十分に株養成する。給液のECは株の生育状況を見ながら、株養成期で0.2～0.3mS/cm、養分吸収が盛んとなる花房上げ期以降で最大0.5mS/cmを目安に管理する。

■開花・果実肥大期の管理

第1果房の頂花はできるだけ早くに摘花（果）する。また、奇形や規格外果などの摘花（果）は8月末まで行う。蜜蜂などの訪花活動を活発にさせることで、受精率が高まり良果生産につながる。

■（前期）収穫管理

収穫は、果実温度の上がらない時間帯（早朝）に行う。草勢が強く、曇天が続き日照不足となると「白ろう果」や「果皮割れ果」が多くなるので注意する。また、真夏に高温日が続くと果皮が黄化することがあるので、高温が続く場合は寒冷しゃでパイプハウスを覆う。

■株疲れ、芯止まり対策

摘花（果）と収穫後の花房除去の励行、土壌水分および肥培管理の徹底、遮光資材や扇風機などを活用した高温対策を行い、株疲れを最小限に抑える。芯止まりの対策として

は、大蕾が上がるまで十分な株養成を行い、収穫開始時期までに3芽（出蕾中の主芽以外に2芽）程度残し、芯止まりが発症してもわき芽を残すことで株自体の生育停止、欠株となる状況を回避する。

■（後期）収穫管理

8月中旬以降、日照時間が短くなり気温が急激に下がるため、パイプハウス内温度や培地温度を高めて草勢を維持するとともに、果実肥大・着色の促進に努める。葉を取り過ぎると樹勢が弱まり、花房の出方や着色が遅れるので注意する。

■給液管理

給・排液のEC値は小まめに測定し、株の状態を見ながら給液管理を行う。給液は少量多回数を基本とし、給液量、給液回数は気温、日射時間と生育状況に応じ調整する。

今後の取り組み

2016年には浦河町で4組、様似町で4組が新規就農した。両町で17年に5組、18年にはさらに4組が就農予定である（**写真5**）。普及センターを含めた関係機関は、これまで以上に役割分担を明確にした連携を行い、就農後のフォローアップ体制を充実させることが重要となる。

（宮町　良治）

第3章 栽培技術（作物別）

【洋菜類】

ピーマン

シシトウ、パプリカを含む
半促成栽培

性　質

　ピーマン、シシトウ、パプリカは、分類上は辛トウガラシと同じ種に属し、辛みの少ない小果系をシシトウ、辛みのない中果系をピーマン、辛みのない大果系をパプリカと一般的には呼んでいる。果菜類に分類されるが、洋菜類とされることもある。

　ピーマンは果菜類の中では最も高温性で、発芽適温は30 ～ 33℃、生育適温は日中25 ～ 30℃、夜間15 ～ 20℃である。15℃以下では生育が不良となり、10℃以下では生育がほぼ停止する。開花時に38℃以上となると受精能力が失われ、15℃以下では着果しても種子ができず、果実の肥大が不十分となり「石果」と呼ばれる奇形果が多発する。栽培において多くのかん水を必要とする品目であるが、根張りはトマトに比べると浅くたん水には弱い。また、乾燥にも弱く、保水性と通気性の良い土壌が適している。シシトウ、パプリカにおいても同様の性質である。

　ピーマンの花芽は8 ～ 11節付近に1番花が分化し、その1番花の基部から2本の分枝が伸び、それぞれの分枝の第1節に2番花が分化する。以後、花芽の基部から2本の分枝を伸ばし、それぞれの分枝の第1節に花芽を分化するのを繰り返していく。シシトウやパプリカも同様に分化する。

作型と品種

　高温性の作物なので無理な早植えは生育不良を招くため、地域に合った定植期を厳守する。ハウスを使った無加温半促成栽培が主流で、2 ～ 3月中に播種する（図1）。2カ月程度の育苗後、4 ～ 5月に定植し、5月上旬まではトンネル被覆により保温する。収穫は5月下旬ごろより始まり、10月下旬ごろまで継続する。育苗中および定植後、しばらくは気温が低い時期が続くためハウス内の温度管理が重要となる。また、定植時の地温が低い、冷たい外気を受ける、トンネルを閉める時間が遅れるといった保温管理のミスが、その後の生育を大きく遅らせることがある。パプリカにおいては、着果制限などにより着色果の収穫は遅くなる。

　現在のピーマンの基幹品種である「みおぎ」の果実は濃緑で光沢があり市場評価が高く、果肉は厚みがあり軟らかい。草勢が弱っても落果（花）せずに着果過多となるために、生育初期の整枝と摘果、適期収穫の実施で初期の草勢を強めに維持することを心掛ける必要がある。「あきの」に比べ多収であるが、誘引や整枝に労力が必要である。「さらら」は草勢が弱くなっても落果（花）することなく着果し芯止まりになりやすいため、生育初期から着果させ過ぎないようにすることが重要である。なお、「さらら」の果実は果皮色が濃く、

図1　道央地域におけるハウス半促成作型

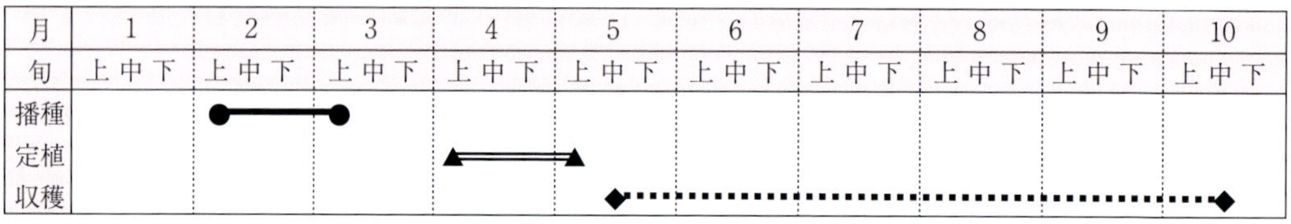

月	1	2	3	4	5	6	7	8	9	10
旬	上 中 下	上 中 下	上 中 下	上 中 下	上 中 下	上 中 下	上 中 下	上 中 下	上 中 下	上 中 下
播種		●━━━●								
定植				◄━━━▲						
収穫					◆┄┄┄┄┄┄┄┄┄┄┄┄┄┄┄┄┄┄┄◆					

図2　育苗管理

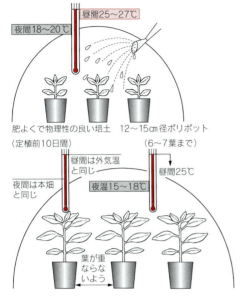

図3　目標とする苗

市場性は高い。

　シシトウは、「つばきグリーン」が基幹品種であり、品種の特性は低温伸長性、着果肥大性に優れ、やや細長で果梗（かこう）がやや長い。

　パプリカでは、1果重が80g程度の小型のものから240g程度の大型のものまで、さまざまな品種がある。主要な品種は「シグナル」（果色には赤、黄、オレンジ）などである。

栽培上の要点（ピーマンを中心に）

■育苗

　セル成型苗を購入し鉢上げするのが一般的になっているが、鉢上げの遅れは定植時の生育量に大きく影響し、最終的な収量にも影響してくる。苗を受け取ったらかん水を兼ねて液肥を施用するなど苗を老化させないようにする。播種から育苗する場合の温度管理は、播種から発芽までは日中30～35℃、夜間27～30℃とし、発芽後は温度をやや下げる。本葉2枚程度のころに12cm程度のポリポットに鉢上げし、その後、日中25～27℃、夜間18～20℃程度に管理し、定植1週間前から徐々に気温を下げ、外気に慣らす（図2）。定植前の苗質は、全体的にボリューム感があり、茎は太く節間が伸びておらず、葉が厚い草姿が目標である（図3）。

■定植圃場の準備

　通気性、保水性のある土壌を好み、湿害に弱いので堆肥を必ず施用するとともに、心土破砕などを実施して透排水性を改善する。土壌pHは6.0～6.5を目標に改善する。基肥量は10a当たり窒素10kg、リン酸20kg、カリ10kgとする。収穫始め以降に追肥を行うが、追肥を省力する場合は100～140日タイプの緩効性肥料を組み合わせる。なお、作付け前に硝酸態窒素による窒素診断を行うとともに、施用有機物に含まれる化学肥料相当量は施肥量から減じる。

　定植7日前までに高さ15～20cm程度の平高畝のベッドをつくり、マルチおよびトンネルを設置し、深さ15cmくらいの地温で18℃以上を確保しておく。ベッドの幅は60cm程度で間口5.4mのハウスでは3ベッド、6.3mのハウスでは4ベッドが標準的であり、株間は仕立て方法に合わせて35～50cmが一般的であ

第3章 栽培技術（作物別）

図4　定植の準備および定植

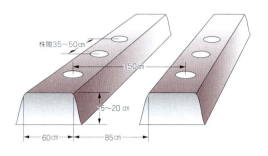

図5　定植後の管理

る（**図4**）。

■定植および定植後の管理

　定植前には苗に十分にかん水し、苗の運搬や植え付け時には根鉢を崩さないようにする。第1次分枝が通路側に向くようにそろえ、深植えでは活着が遅れるので、根鉢の上部が地表面すれすれからやや出るように定植する。定植後は速やかにトンネルを掛け、日中は27〜30℃、夜間は15〜16℃となるように保温する（**図5**）。活着後は日中25℃前後まで温度を下げて管理する。定植時期である4〜5月は曇雨天が続くと気温が10℃以下に下がることがあるため、定植後に数日晴天が続くような日を選定し定植すると活着が良い。活着および草勢確保のため、1〜2番花は着果しても摘果し、草勢の弱い場合は3番花も摘果する。定植後は、根張りを良くするために少量かん水とし、定植後30日から徐々にかん水の量と回数を増やしていく。

　仕立て方法には、1本仕立て、2本仕立て、4本仕立てがあり、作業性などを考慮して選択する（**図6**）。誘引する主枝数は異なるが、基本的な整枝作業は共通であり、8〜10節に達したころから整枝作業を開始する。3節目より発生する分枝（一般的には8本）のうち、強い（太い）枝を主枝とする。2本仕立て、4本仕立てであれば、中心からそれぞれの枝が対照になるように選定する。主枝から出る

図6　仕立て方法

図7　奇形果などの発生要因

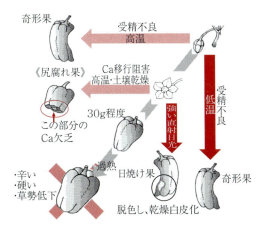

図8　カラーピーマンの中果系品種の整枝誘引事例

側枝は3〜4節を目安に摘芯し、株の内側に伸びる枝（ふところ枝）は整理し、光が十分入るようにする。

　開花期に38℃以上の高温が続くと、受精能力が失われ落花が多発する。また、低温は受精不良による石果の発生につながる。高温時の水分不足やカルシウム（Ca）吸収阻害は尻腐れ果につながるため、ハウス内の気温管理および適切なかん水管理を心掛ける。また、果実に強い太陽光線が当たり果皮温度が上昇すると、果皮の枯死によって日焼け果が発生する（図7）。

　開花中の花を観察し、雌しべが雄しべより短い「短花柱花」が見られたら、草勢が弱っている状態である。追肥やかん水不足、枝の受光体制の悪化などが原因として考えられる。追肥は、10a当たり窒素5kg、カリ5kgを収穫始めに行い、以後は20日ごとに行う。

【パプリカ】　中果系品種（シグナル）の誘引事例では、主枝2節までは摘蕾し、草勢を強める。3〜5節目の果実は緑果で収穫できるが、草勢の弱い場合は摘果する。6節目までは主枝のみに着果させ、側枝は摘除する。7節目以降は主枝1果、側枝1果とし、側枝は葉を5〜6枚残して摘芯する（図8）。また、大果系品種は、主枝5節までは摘蕾し、草勢を強める。収穫は主枝のみから行い、6〜7節目に着果させたら8〜9節目は摘蕾するなどの着果制限を行う。側枝は2節残して摘芯する。

【シシトウ】　3節目より発生する分枝で株の外側に伸びる太い枝を4〜6本選定し主枝として誘引する。

■病害虫防除

　主な病害である灰色かび病は多湿環境で発生が助長されるため、ハウスの換気や整枝によって風通しを良くする。なお、2005年には北海道内においてピーマンうどんこ病の発生が初めて確認された。うどんこ病により葉が黄化・落葉し減収につながるため、早期発見、早期防除を心掛ける。

　害虫では、オオタバコガによる被害が近年増加してきているので注意が必要である。その他、ダニ類、アブラムシ類、スリップス類の加害も問題となる。スリップス類に対しては、近紫外線カット（UVC）フィルムの利用で低密度に抑えることがでる。

■収穫

　草勢を落とさないように1果重30g前後の収穫適期に収穫する。

【パプリカ】　赤色品種は果実全体が着色したら直ちに収穫する。黄色果実は追熟できるので8割程度の着色で収穫できる。

【シシトウ】　果長5〜7cmを目安に、果柄が途中で折れないように収穫は丁寧に行う。

（黒島　学）

第3章 **栽培技術（作物別）**

【洋菜類】

レタス

性　質

　レタスはキク科の1年草で、原産地は地中海沿岸から西アジアとされている。発芽適温は18～20℃だが、15～25℃で実用上問題なく発芽する。一方、4℃以下や30℃以上になると著しい発芽障害を起こす。また、好光性種子のため暗黒化では発芽が抑制される。

　比較的冷涼な気候が適し、生育適温は外葉で20℃前後、根で15℃前後である。一方、球肥大には10～15℃が適温とされ、25℃以上では肥大が抑制される。

　レタスは高温、長日で花芽が分化し、抽台

が促進される。また、高温などにより異常結球となりやすいが、病害虫の被害は比較的少ない。土壌の適応性は大きいが、極端な乾燥では生育が抑制され、過湿状態は病害発生や品質低下の要因となる。適正pHは6.2～6.8とされる。

作型と品種

　北海道における主なハウス作型を**図**に示した。道南や太平洋沿岸など、冬に比較的温暖な地域では無加温ハウスによる初冬まきや冬まき栽培が行われ、春先に出荷される。これらの作型では、極早生品種の「春P」「コロラド」などが用いられる（**表1**）。

　レタスは数種類に分類され、玉レタスでは一般的な品種（クリスプヘッド型）と結球の緩い、いわゆるサラダナ（バターヘッド型）がある。非結球レタスでは葉レタス（リーフレタス）や茎から葉をかき取って収穫するかきレタス（カッティングレタス）、肥大した茎

図　主なハウス作型

	作型	11月	12月	1月	2月	3月	4月	5月
道　南	初冬まき							
	冬まき							
道　央	初冬まき							
	冬まき							
道東北	冬まき							

注）○播種　△定植　■収穫　　　　　　　　　　　　　　　　　　　　「北海道野菜地図（その39）」（2016年）より作成

表1　結球レタスの品種特性（各社カタログなどによる）

品種名	種子元	抽苔の早晩	早晩性	異常球多少	球の形状	緊度	球色
コロラド	渡辺採種	中	極早生	中	や扁	中	中
春　　P	シンジェンタ	中	極早生	少	や扁	中	濃

164　ニューカントリー 2016 秋季臨時増刊号

を食用とする茎レタス（ステムレタス、アスパラガスレタス）、はくさいのように半結球になるものが多い立ちレタス（コスレタス、ロメインレタス）がある。

栽培上の要点

ここでは、最も一般的なクリスプヘッド型の玉レタスの栽培について述べる。

■育苗

育苗方法は苗の生産効率が高く、定植時の作業性の良いセル成型育苗が一般的である。

冬まき作型では育苗日数が30〜40日と長いが、セルトレイは128〜200穴を用いる。培養土は市販の育苗培土を用い、セルトレイに均一に土を詰め、コーティング種子の場合は1穴1粒播種とする。好光性種子のため、種子が隠れる程度にごく薄く覆土し、播種後のかん水は、トレイの底から水滴が落ちる程度まで数回に分けて静かに行う。育苗はセル内で十分な根鉢を形成させるため、必ず地面との間に空間をつくり、エアープルーニングの状態で行う（**写真1**）。

播種後、発芽までは15〜20℃で管理し、発芽後は22℃を目安に換気を行う。かん水は、天候と培土の乾き具合を見ながら乾き過ぎないよう適宜行うとともに、苗が徒長しないように温度管理にも留意する。葉色が薄い場合は、液肥による葉面散布を行う。苗の定植適期は、本葉3〜4葉で根鉢が崩れずに苗が引き抜ける状態の時である。

■圃場の準備と定植

低温期の栽培となるため、パイプハウスは二重被覆とする。

土壌水分の適否が苗の活着および生育の良否を左右するので、冬まき栽培では積雪量と屋根をかけるタイミングが重要となる。積雪が少なく乾燥しやすい土壌では、水分不足に備えて、定植前にかん水の準備を行う。逆に、積雪が多いハウスでは融雪材を散布するとともに（**写真2**）、融雪水の排水不良に注意する。

作付け前に土壌診断を行い、pHを6.5前後に矯正する。レタスは過剰施肥で異常結球しやすいため、施肥量は**表2**の施肥標準を参考にして、土壌診断に基づき決定する。なお、有機物を施用した場合は、有機物に含まれる化学肥料相当分を減肥する。

畝立てとマルチの設置は、適度な土壌水分の時に時間を置かずに実施する。土壌が乾き過ぎている場合は、マルチ設置前にかん水を行う。これらは、定植時の地温13℃以上を確

写真2　融雪材散布

表2　標準的な施肥量　　　　　　（kg/10a）

成分＼作型	初冬まき 冬まき
窒　素	16
リン酸	14
カ　リ	16

注）土壌診断に基づき決定する

写真1　セルトレイはエアープルーニングの状態で均平に設置

第3章 栽培技術（作物別）

写真3　出入り口の低温対策事例（ビニペットで密閉）

写真4　出入り口の低温対策事例

写真5　側面に近い畝を被覆した低温対策事例

保するため、定植10日前を目安に行う。定植前日に土壌水分を確認しかん水を行うか、定植直後の株元かん水により活着を促進させる。

ハウス栽培の栽植方法は、ベッド幅150〜300cm、通路50cm、条間30cm、株間28〜32cm、5〜9条の千鳥植え（8,000〜9,000株/10a）である。

■定植後の管理と収穫

定植後は、トンネルやべた掛け資材の被覆などにより保温に努める。特に、パイプハウス内の温度が下がりやすい部分の温度確保は重要で、出入り口の隙間をふさいだり（**写真3**）、出入り口や側面に近い両端の畝にべた掛け資材を被覆したりするなどの方法をとる必要がある（**写真4、5**）。外葉形成期は、低温が続くと小玉になりやすい一方で、その後の高温によりタケノコ球などが発生しやすくなる。3月からは高温に注意し、晴天日はトンネルやべた掛け資材の被覆を外す。

レタスは、土壌水分が多いと球の充実肥大が良く、土壌水分が少ないと外葉の生育が抑制されて球重の軽いチャボ玉の原因になる。ただし、球肥大期以降の多かん水は、タケノコ球やフウセン球などの原因になるので注意する。

初冬まきや冬まき栽培は、病害虫の発生が少ない作型であるが、外気温の上昇に伴いアブラムシ類などの発生が見られる場合がある。地域により発生する害虫の時期や種類が異なるので、気象条件や圃場観察に努め、必要に応じ早期防除を行う。

収穫は、鮮緑色で張りがあり、一球重500〜600gを目標とする。適度な弾力があり、上下を持って押したとき、2cm程度へこむ8分結球が収穫適期である。

外葉は1、2枚付けて出荷する。茎の切断面から多量の白色乳液が出て、時間がたつと酸化して赤褐色に変色するため、水に浸した布や噴霧器で除去する。収穫後は、できるだけ速やかに予冷する。

近年の試験研究

道立総合研究機構農業試験場では現在、葉レタスを含む葉菜類について、無加温ハウスでの冬期生産技術の開発による道産野菜の供給強化に向けた研究が行われている。

（山田　徳洋）

アスパラガス（立茎栽培）

【洋菜類】

アスパラガス
立茎栽培

春芽収穫後に茎を立てて9月末まで収穫

立茎栽培は1990年代に長崎県や佐賀県など西南暖地で栽培法が開発され、その後道内に導入された。

春の収穫は従来の露地栽培と同様に行うが、春芽の収穫を若干早く切り上げ、1株当たり4、5本程度の茎を立てて根に養分の蓄積を行いながら萌芽してくる若茎を収穫する栽培法である（図）。

3月下旬から9月末までまで収穫でき、ハウス立茎栽培の収量は春芽、夏芽合わせて2t/10aが可能である。長期間収穫するため、収穫と調製に多くの時間を要する。

品種の特性

品種により収量性、頭部の締まりや低温期のアントシアニン（紫色）着色、茎色などに違いが見られる。

ハウス立茎栽培で求められる品種の特性は、萌芽の早晩性、低温伸張性、アントシアニン発生の難易、頭部の締まり、多収性などである（表1）。

図 生育段階と貯蔵養分の変化

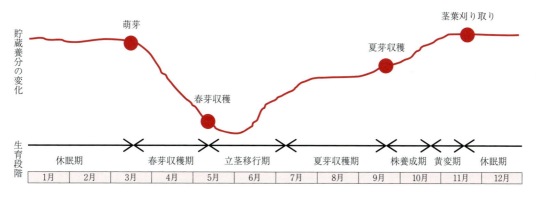

表1 品種の特性

品種名	収量性	若茎平均1本重	外観品質			
			頭部の締まり	アントシアニン着色		茎色
				春芽	夏芽	
ウェルカム	□	□	○	□	○	□
ガインリム	◎	□	△	△	○	○
グリーンタワー	□	□	○	□	○	□
スーパーウェルカム	○	◎	○	△	○	□
ゼンユウガリバー	□	○	○	□	□	□
バイトル	□	□	○	□	○	□

※項目の評価は　◎＞○＞□＞△＞×の5段階

「北海道野菜地図（その39）」より抜粋、一部加筆

> **第3章** 栽培技術（作物別）

圃場・ハウスの準備

　アスパラガスは定植後の土壌改良が困難であるため、圃場の選定と最初の土づくりが重要である。

　耕土が40〜50cmと深く、肥よくでれきがない場所を選ぶ。地下水が低く排水性が良好な場所で、水利環境が整っている圃場が良い。排水が悪い場合は暗きょ施工や心土破砕による耕盤層の破壊を行う。またハウス建設、堆肥搬入、栽培管理などの作業に支障のない圃場を選定する。

　定植前に土壌診断を実施し、**表2**の土壌改良目標に向けて、堆肥、リン酸資材、炭カルなどを施用し混和する。

■導入〜 1年目（定植年）の管理

【施肥量】

　基肥は被覆肥料や有機質肥料などの慣行性肥料を用い、窒素とカリは10kg/10a、リン酸は20kg/10a施用する（**表3**）。

【育苗・定植】

　播種・育苗方法は露地栽培に準じる。紙筒（No.2）やセルトレイ（128穴）利用の場合は45日前後育苗、ポリ鉢の場合は60日前後育苗し、5月上〜中旬にハウス内に定植する。

　ハウスの間口によりベッド数や畦幅を決める（**表4**）。畦幅はおおむね140〜180cmとし、株間は25〜30cm、栽植密度は2,220〜2,380株/10aで、1条植えまたは2条千鳥植えとする。

表2　ハウス土壌改良目標

有効土の深さ	40cm以上
地下水位	50cm以下
pH	5.5〜6.5
トルオーグリン酸	30mg/100g
EC	0.2〜0.6mS/cm

表4　ハウスの仕様と栽植密度の例

ハウス間口（m）	5.4	6.3	7.2
ベッド数	3	4	5
株間（cm）	25	28	30
畦幅（cm）	180	160	140
栽植本数（/10a）	2,220	2,270	2,310

表3　ハウス立茎栽培体系

		定植1年目	定植2年目	定植3年目以降
施肥量 （kg/10a）	窒素	10	45（融雪直後5、立茎開始前15、夏芽収穫中に5×5回）	
	リン酸	20	15（融雪直後）	
	カリ	10	45（融雪直後5、立茎開始前15、夏芽収穫中に5×5回）	
栽植密度 （株/10a）		140〜180cm×25〜30cm（2,220〜2,380株）		
目標収量 （kg/10a）	春芽	−	150	1,000
	夏芽	−	650	1,000
収穫日数 （日間）	春芽	−	10〜14	40〜50
	夏芽	−	90〜100	
保温条件		ハウス、カーテン、トンネル		

注）施肥量は「北海道施肥ガイド2015」の施肥標準による

アスパラガス（立茎栽培）

　定植年は雑草対策として、黒色またはダークグリーンマルチを使用する。

　活着を促すため、定植後２週間程度、株元を中心にかん水する。

【定植後の管理】

　定植１年目は収穫を行わず、株の養成を図る。生育が進むと地上部の茎葉が倒れて、同化養分の生成や転流が妨げられたり、病害の発生が助長され、翌年の収量に影響する。茎の伸張に合わせて支柱とフラワーネットまたはひもなどを使用し倒伏を防止する。草丈に応じてフラワーネットやひもの高さを上げ、最終的に50 〜 60cmの高さにする。

　かん水は３ 〜 11月ごろまで必要であり、その期間の源水を確保する。かん水チューブはベッドごとに配置する。畝が乾燥しないよう少量多回数のかん水とし、地温を適度に保つため午前中に行う。水が茎葉に掛かると病気の発生を助長するため注意する。かん水は貯蔵根への養分転流を促すため、茎葉が黄化するころまで行う。

　定植した苗に直接風が当たらないよう、ハウスの裾はやや高めにする。ハウス内が30℃以上や15℃以下にならないよう、サイドの開閉で換気を行う。

【越冬前の管理】

　貯蔵根に養分を移動させるため、９月下旬からはハウス側窓を開放し寒気に当てる。11月に入り、茎葉が80％程度黄変したら地際から刈り取り、残さは圃場外に搬出する。

　茎葉刈り取り後、ハウス天張りフイルムとマルチを除去する。

■２年目以降の管理

【春期の管理】

　前年秋に茎葉残さを処理できなかったときは、春先に地際付近で刈り取り、茎葉をハウス外に搬出する。茎の引き抜きは、根のりん芽群にダメージを与えるので厳禁である。茎葉処分後、完熟堆肥を３ t/10a施用する。基肥は融雪直後、分施は夏芽収穫開始から数回行う（**表３**）。

　ハウスの被覆は早春（３月上旬ごろ）に行う。早い時期から保温を行う場合は、ハウス二重被覆やトンネル掛けを行い、夕方は早めにビニールを閉じて、夜温を確保する。アスパラガスの生育適温は15 〜 25℃である。10℃以下になると萌芽が鈍くなり、５℃以下ではアントシアニン（紫色）着色が発生し、萌芽も停止する。ハウス内温度が30℃を超えると頭部が開張しやすくなるため、25℃を目標に換気を行う。

【適正な土壌水分の保持】

　保温後、速やかにかん水を開始する。冬期間、ハウス被覆を行っていた場合は、かん水を２、３日間隔に短くする。

　土壌が乾燥していると萌芽が少なくなり、若茎の曲がりや頭部の開きなどの障害茎が多くなる。そのため収穫期間中は土壌水分の保持に注意する。大まかな目安として、土を握って固まる程度がよい。テンシオメーターを利用する場合は、pF2.0をかん水開始点とする。かん水チューブを利用するときはハウス面積や水源、ポンプの能力に応じて選択し、設置する。かん水チューブは株から20cmくらい離し、水が直接茎葉に掛からないよう注意する。少量多回数かん水を基本とし、かん水量の目安は１ 〜 ２ℓ/株で、午前中に行う。

【春芽の収穫】

　萌芽してきた春芽は規格に合わせて地際から全て収穫する。２年株ではおおむね７ 〜 10日程度収穫する。３年株からは前年秋の根中糖度などを考慮して、30 〜 50日間収穫する。

　成園化後の春芽収穫の打ち切り目安は、２Ｌクラスの若茎が少なくなり、Ｓクラスが増えてきたころ、若芽の頭部の開きや先細り、異常若茎の発生が増加してきたころなどである。

【立茎方法】

　一斉立茎を行う場合、立茎開始後に１、２

第3章 栽培技術（作物別）

週間ほど一時収穫を中断して一斉に立茎させ、必要な立茎数を確保後に夏芽収穫を始める。一斉に立茎数を確保するため、養成茎の太さはそろえにくく、配置の偏りが見られる。

一方、順次立茎は立茎開始から終了まで（3週間～1カ月の間）に1週間に1本ずつ立茎本数を増やす方法である。立茎しながら収穫を行うので養成茎の太さや配置はそろえやすく、立茎後の収量低下も少なくなる。

立茎する茎は素性が良好で、M～L（茎の直径10～15mm）クラスの太さのものをそれぞれの茎間を10cmくらい離して、1株当たり4、5本立てる。その他の茎は細い、太い、曲がり茎を含め、随時収穫する。支柱とフラワーネットなどを使用し、倒伏防止に努める。また、立茎開始40日ごろ（擬葉展開後）に、草丈150cmで摘芯することにより倒伏軽減ができる。

収穫する若茎に日光を当て緑色を確保し、風通しを良くするため、下枝や通路にはみ出してくる側枝を整理し、地上40～50cmの高さまで除去する（**写真**）。防除通路はネットの幅から枝が出ないよう切りそろえる。

写真　枝を整理した状況

【夏芽の収穫】
夏芽の収穫は90～100日程度とし、新しい萌芽がなくなる9月下旬ごろまで行う。

【越冬前の管理】
1年生株と同様の管理を行う。

病害虫防除

斑点病は擬葉展開以降に発生する。斑点病にり病すると早期に落葉し、同化養分の生成や根への貯蔵転流が低下することから収量に影響する。6月中旬ごろから発病が始まり、7月中旬ごろからは急激にまん延する。まん延後の防除では効果が劣るので、早い時期から定期的な防除を行う。また、病気にかかって枯死した茎葉や実生などを除去し、伝染源密度の低下を図る。

ジュウシホシクビナガハムシは収穫中の若茎を食害する。4月中旬ごろから越冬成虫が見られ、5月中旬ごろには幼虫が発生し、9月ごろまで見られる。幼虫が確認できたら7～10日間隔で2、3回防除を行い、新成虫の増加を防ぐ。また、枯茎の除去や圃場周辺の枯草除去などを行い、越冬密度を下げる。

アザミウマ類はハウス内温度の上昇とともに発生が見られ、7月以降増加する。圃場の観察を十分行い、初発を確認して薬剤を5～7日間隔で2、3回、茎葉散布する。

ヨトウガの幼虫は葉や細い枝を食害する。被害部は緑色を失い黄褐色になって枯れ上がるため、幼虫期の防除を励行する。

この他、ナメクジ類も若茎に障害を与えることがあるので注意する。　　　（小田　義信）

【洋菜類】

アスパラガス

ホワイトアスパラガス

パイプハウス栽培を可能にする「遮光フィルム被覆法」

これまでホワイトアスパラガスの栽培法というと、畝上に高さ30～50cm程度の土を盛り、土の中で収穫物である若茎を軟白化する「培土法」が一般的であった。この方法では、直接目には見えない土中にある若茎を収穫するため、その作業には熟練を要する。また、若茎が土の表面に頭を出して光にさらされることによって赤紫色となるアントシアニン着色を避けるため、1日に2、3回収穫する必要がある。さらに培土法の盛り土作業には大量の土が必要となるため、パイプハウスのような小規模な施設内でのホワイトアスパラガス生産は困難であった。

しかし、近年では道立総合研究機構花・野菜技術センターが開発した新たな栽培法である「遮光フィルム被覆法」によって、パイプハウスを利用したホワイトアスパラガスの生産が見られるようになってきている。

栽培上の要点

遮光フィルム被覆法では、遮光率の高いフィルム資材を利用してアスパラガスの畝上に遮光トンネルを設置し、暗黒条件下で若茎を軟白化する（**写真1**）。この方法では、グリーンアスパラガスと同様に、土の表面に露出した状態の若茎を収穫できるため、培土法と比較すると収穫作業が容易である（**写真2**）。また、資材さえそろえることができれば、既存のアスパラガス圃場にすぐに導入が可能で、ハウス栽培であることから出荷期も前進できる。

■遮光フィルム資材

遮光トンネル内に光が入り込むと若茎がアントシアニンにより着色するため、収穫期間中は常時トンネル内を真っ暗な条件にしておく必要がある。遮光トンネル内の暗黒条件の維持が、遮光フィルム被覆法の最も重要なポイントとなる。可能な限り遮光率の高いフィルム資材を使用するか、場合によっては遮光

写真1　パイプハウス内に設置した大型遮光トンネル（左奥と右手前）

写真2　大型遮光トンネル内での収穫作業

第3章 栽培技術（作物別）

フィルムを多重被覆して暗黒条件の維持に努める。

■トンネルサイズ

真っ白なホワイトアスパラガス（**写真3**）を収穫するためにはトンネル内への光漏れがないかどうかをトンネルの内部から日々チェックできる大型トンネルの利用が望ましい。また、遮光トンネル内では収穫作業も行われるため、トンネルの高さは生産者の身長も考慮して収穫物の運搬作業などに支障がないよう設定する。

■品種

グリーンアスパラガス栽培においてアントシアニンの着色が強い品種は本栽培法でも着色しやすい傾向にある。そのため、グリーンアスパラガス栽培での品種特性の情報を参考に、若茎のアントシアニン着色が少ない品種を選択する。

■栽培管理

圃場内で萌芽を確認したら、速やかに大型トンネルを設置する。前述したように、遮光トンネル内に光が入り込むと若茎が着色してしまうため、フィルム資材と地面の間に隙間をつくらないように、トンネルの裾は盛り土などでしっかりと固定する。また遮光フィルムに傷穴などが確認された場合は専用の補修テープで修復する。遮光トンネルの入り口付近は特に光が漏れやすいため、遮光フィルムを二重に設置するなどの工夫も必要である。

遮光トンネルの設置後は、収穫開始期まで地温確保を目的として、パイプハウスの側窓を閉め切る。収穫が始まったら若茎周辺の気温が35℃を超えないようにパイプハウスの換気を行う。最高気温が35℃を超えると若茎に空洞（**写真4**）やひび割れ症状（**写真5**）が多発するので注意する。収穫後半になると、

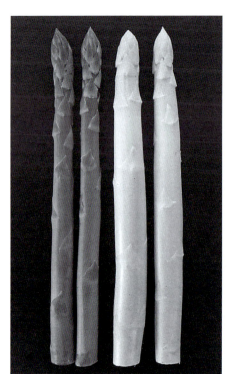

写真3　遮光フィルム被覆法で得られたホワイトアスパラガスの若茎（右）

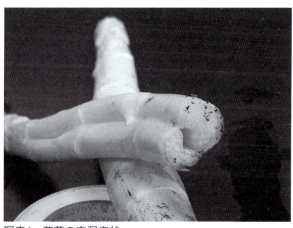

写真4　若茎の空洞症状

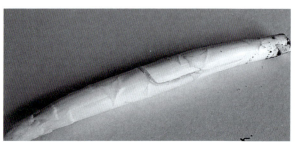

写真5　若茎のひび割れ症状

側窓換気だけでは遮光トンネル内の気温を下げることが難しくなるため、パイプハウスの天井に遮光資材を被覆するなど遮光トンネル内の温度を低下させる対策が必要となる。

かん水管理はグリーンアスパラガスと同様に行うが、遮光トンネルで覆うため土からの水分の蒸発が少なくなり、収穫期間中のかん水回数はグリーンアスパラガス栽培と比較すると減少する。春先のかん水は地温の低下を招くため極力避ける。また、日中の高温時にかん水すると若茎のひび割れ症状（**写真5**）が増加するので、気温が低い早朝に実施する。

日の出とともに遮光トンネル内の気温が急上昇し高温多湿条件となるため、収穫作業は早朝に行う。日中のトンネル内での作業も避けた方が良い。遮光トンネル内は暗黒条件であるため頭にヘッドライトを装着し、はさみもしくは鎌を用いてグリーンアスパラガス栽培と同様に収穫する。なお、ヘッドライトの照射程度では若茎にアントシアニンは着色しない。規格長に到達した若茎を収穫し、明らかに生育が不良な若茎は短くても切り取る。

収穫後も光にさらされるとアントシアニンの着色が進行するため、規格調製や選別作業などは光の弱い場所で速やかに行う。培土法と異なり、萌芽後は収穫まで常に暗黒条件下であり、収穫が遅れても若茎が着色しないため、基本的に1日1回の収穫作業でよい。本栽培法ではグリーンアスパラガス栽培と同等以上の収量が得られる。

収穫期間が終了したら速やかに遮光トンネルを撤去し、以降はグリーンアスパラガスの慣行栽培に準じた管理とする。なお、撤去時は遮光フィルムが破損しないように慎重に取り扱う。アスパラガス栽培では夏秋期間の株養成時に茎葉が倒れないように倒伏防止対策を施すことになっているが、遮光トンネルに利用したフレームを倒伏防止用の支柱として再利用すると作業の省力化が図られる。

写真6　ホワイトアスパラガス伏せ込み促成栽培の温床

遮光フィルム被覆法を活用した応用事例

■ハウス立茎栽培への利用

遮光フィルム被覆法をハウス立茎栽培に導入すると、収量を低下させることなく、春にホワイトアスパラガス、夏にグリーンアスパラガスを収穫できる（ハウス半促成長期どり作型）。

■伏せ込み促成栽培（冬どり作型）への利用

伏せ込み促成栽培は群馬県で開発されたグリーンアスパラガスの栽培法であり、現在では冬期に貴重な農業所得が得られる栽培法として岩手県、秋田県、福島県など、東北地域で広く利用されている。

露地で1、2年間養成した根株を秋に掘り取って、パイプハウス内の温床に植え込み（伏せ込み）、国産グリーンアスラガスの端境期である冬に収穫を行う栽培法であるが、この温床の上に大型の遮光トンネルを設置するとホワイトアスパラガスの冬期生産が可能となる（**写真6**）。

伏せ込み促成栽培では掘り取り時の根株が大きいほど多収となり、若茎も太くなる。ホワイトアスパラガスはグリーンアスパラガス以上に太い若茎が好まれるため、掘り取り時に大きな根株を得ることが、ホワイトアスパラガスの伏せ込み促成栽培においては重要なポイントとなる。

（地子　立）

第3章 栽培技術（作物別）

【洋菜類】

アスパラガス

立茎栽培事例（檜山南部地区）

表1　2015年のアスパラガス栽培戸数と作付面積

	栽培戸数（戸）	作付面積（a）	栽培開始年
江差町	22	318	2003年〜
上ノ国町	10	138	2002年〜
厚沢部町	46	1,004	2000年〜
乙部町	14	264	2003年〜
奥尻町	4	107	2002年〜
八雲町熊石区	1	7	2004年〜
計	97	1,838	―

冬季少雪温暖な気象を生かし 周年被覆栽培、販売額3億円超

　檜山南部地区とは江差町、上ノ国町、厚沢部町、乙部町、奥尻町に渡島管内の八雲町熊石区（旧熊石町）を加えたエリアである。1年を通じて比較的温暖な気候で、夏期は降水量がやや多く、冬期は少雪で北西風が強いのが特徴である。

　「ハウス立茎アスパラガス栽培」は、2000年から各町やJA、普及センターが協議し、高収益が見込め、高齢者や新規就農者にも取り組みやすい新たな戦略作物として導入を推進してきた。栽培開始当初は既存ハウスを活用し、11月〜翌年2月はハウス被覆を剥がす「期間被覆栽培」が主流だった。しかし現在は、道南特有の冬季少雪温暖な気象条件を生かした「周年被覆栽培」が定着している。15年の収穫面積は、厚沢部町を中心に18.0haまで拡大し、販売額が3億円を超える道内有数のアスパラガス産地となっている（**図1**、**表1**）。

栽培上の要点

■品種と作型

　品種は95％以上が「バイトル」を使用し、作型は**図2**の通りである。自家用を除き、露地栽培や立茎を行わないハウス栽培はほとんどない。

図1　檜山南部地区立茎アスパラガス作付面積、出荷量、販売額の推移

図2　檜山南部地区ハウス立茎アスパラガスの作型

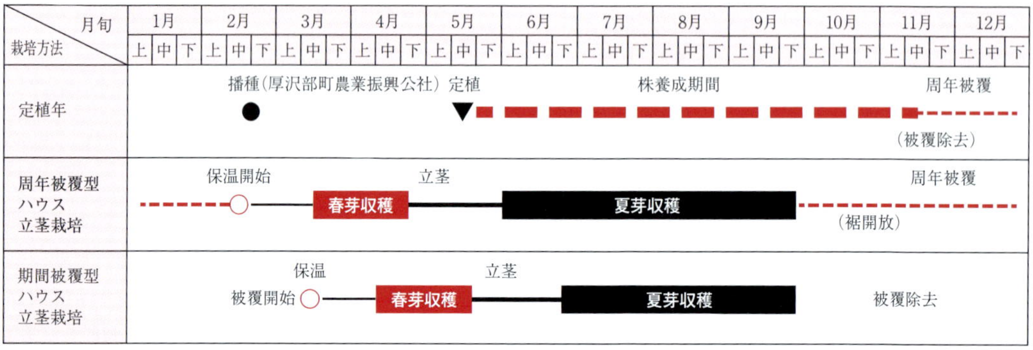

アスパラガス（立茎栽培事例）

表2　檜山南部地区ハウス立茎アスパラガスの施肥例

区分	資材名	施用量 (kg/10a)	要素量(kg/10a) 窒素	リン酸	カリ
定植前	堆肥	30,000			
	石灰・リン酸資材	pH6.5、有効態リン酸40mg/100gを目標に改良			
	S15号E	120	6.0	6.0	6.0
	S999E	100	9.0	9.0	9.0
春施肥	堆肥	10,000			
	かき殻粉末	100	pHに応じて施用		
	ポーラスS551	40	6.0	6.0	4.4
追肥	NS248	30	6.0	1.2	2.4
		春芽収穫開始後20日後から20日間隔			

写真1　春芽収穫前の萌芽状況とトンネル保温

■定植年の管理

定植前の圃場づくりは重要で、ハウス周囲の排水対策を十分に行い、土壌診断結果に基づく土壌改良（pH6.5、有効態リン酸40mg/100g）、堆肥30t/10aの全面散布、深耕ロータリ（耕深40cm）施工を基本としている。基肥は土壌診断結果と表2を参考に施用し、定植畝にかん水チューブを設置後、全面マルチ被覆を行っている。

栽植密度は、間口4間（7.2m）ハウスで従来は5畝（通路70～75cm）・株間30cmが標準であったが、08年から通路の作業性を改善するため、4畝（通路80～85cm）・株間25cmが主流となっている。

新規定植用苗は、厚沢部町農業振興公社が72穴セル成型トレイで60～70日程度育苗し、5月上旬に生産者へ引き渡される。その中から草丈15cm以上、萌芽数3本以上の良質な苗を選んで定植を行い、余り苗や小苗は予備苗とし、生育不良苗が出た際の植え替えに用いている。

定植後は必ず倒伏防止のために支柱とフラワーネットを設置し、苗の葉焼けや高温、乾燥に注意しながら適切な温度・かん水管理や防除を行い、株の養成を図っている。

■2年目以降（収穫年）の管理

周年被覆栽培の茎葉刈り取りは、黄化率が80％以上となる年明けに行っている。春施肥は表2を参考に行い、堆肥は10t/10aを目安に施用している。

施肥後は一斉萌芽を促進させるため、保温開始前に十分にかん水し、萌芽直前までは外ビニール、カーテン（二重ハウス）およびトンネルを密閉してトンネル内の蒸し込みを行い、3月中旬に収穫を始めている（写真1）。春芽の収穫日数は夏芽の収穫量を考慮し、過収穫にならないよう収穫年数に応じ決めている（表3）。その後は表3を参考に一斉立茎を行い、6月上～中旬ごろから本格的な夏芽の収穫が始まり、9月20日ごろには収穫を終了している（写真2）。

追肥は表2を参考に、春芽収穫開始後20日目から20日間隔で9月まで行い、かん水は曇雨日を除いて4、5日間隔で実施している場合が多い。また、摘芯は150～170cmの高さで行い、通路に張り出した枝や70cm以下の下枝

第3章 栽培技術（作物別）

表3　春芽収穫日数の目安と立茎基準

区分		収穫年数		
		1年目	2年目	3年目以降
春芽収穫の目安		10～15日	20～30日	30～40日
立茎基準	茎数	4本/株	4本/株	12～15本/m
	太さ	10～15mm		
	離す間隔	10cm以上	20cm以上	

も整理している。

病害虫では褐斑病や斑点病、灰色かび病、アブラムシ類、ジュウシホシクビナガハムシ、アザミウマ類、ヨトウガの発生に注意し、防除を行っている。

■収穫、選別、出荷体系

若茎は長さ26～27cm程度を目安に収穫し、ＪＡの共選場に持ち込まれる。共選場では自動選別機で24cmに切断後、体積、形状、色（春芽、夏芽別）の基準により各規格に分けられる（**写真3**）。その後計量して150ｇ結束し、箱詰めを行い、道内の各市場に出荷されている。

（高橋　恒久）

写真2　夏芽萌芽と立茎状況

写真3　ＪＡ新はこだて厚沢部基幹支店の共選場

【洋菜類】

ベビーリーフ

若い葉菜やハーブ類を摘み数品目を混ぜた野菜の総称

ベビーリーフとは、若いうちに摘み採った葉菜やハーブ類などの野菜の総称である。多様な品目の葉を混ぜることで、彩り、味、香りに優れ、さまざまな栄養素を簡単に摂取することができる。また、品目の種類やそれらを混ぜる割合によって見た目のイメージや味も変化し、オリジナリティーのある商品を提供することができる。栽培期間は1カ月程度と短く、軽量で作業負担の少ない品目ばかりであることから、施設の中でも比較的取り組みやすい野菜である。

播種から収穫までの日数は品目ごとに異なり、また同じ品目であっても作期が春と夏では大きく異なる。ベビーリーフ栽培では複数品目を同時に栽培し、一斉収穫する必要があるため、品目の選定と播種時期の見極めが重要となる。

品　目

ベビーリーフとして用いられる品目は、主にアブラナ科（漬け菜類やハーブなど）、キク

図1　ベビーリーフ品目紹介

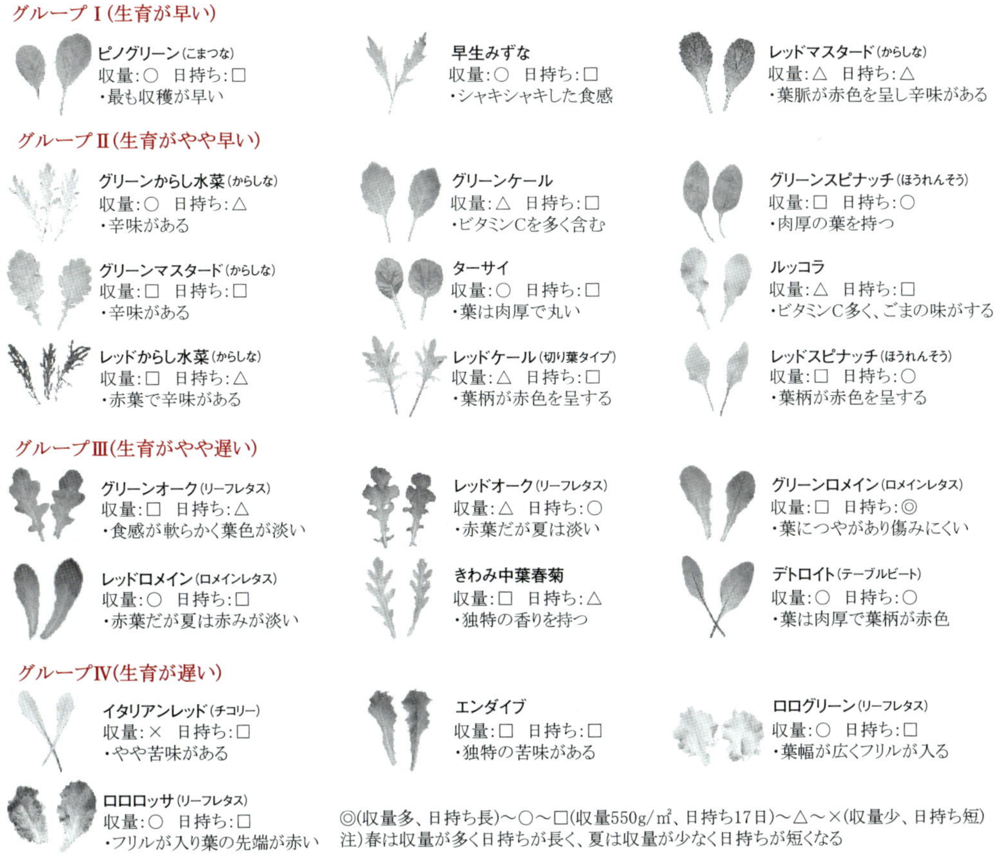

グループⅠ(生育が早い)
ピノグリーン(こまつな)
収量:○　日持ち:□
・最も収穫が早い
早生みずな
収量:○　日持ち:□
・シャキシャキした食感
レッドマスタード(からしな)
収量:△　日持ち:△
・葉脈が赤色を呈し辛味がある
グループⅡ(生育がやや早い)
グリーンからし水菜(からしな)
収量:○　日持ち:△
・辛味がある
グリーンケール
収量:△　日持ち:□
・ビタミンCを多く含む
グリーンスピナッチ(ほうれんそう)
収量:□　日持ち:○
・肉厚の葉を持つ
グリーンマスタード(からしな)
収量:□　日持ち:□
・辛味がある
ターサイ
収量:○　日持ち:□
・葉は肉厚で丸い
ルッコラ
収量:△　日持ち:□
・ビタミンC多く、ごまの味がする
レッドからし水菜(からしな)
収量:□　日持ち:△
・赤葉で辛味がある
レッドケール(切り葉タイプ)
収量:△　日持ち:□
・葉柄が赤色を呈する
レッドスピナッチ(ほうれんそう)
収量:□　日持ち:○
・葉柄が赤色を呈する
グループⅢ(生育がやや遅い)
グリーンオーク(リーフレタス)
収量:□　日持ち:△
・食感が軟らかく葉色が淡い
レッドオーク(リーフレタス)
収量:△　日持ち:○
・赤葉だが夏は淡い
グリーンロメイン(ロメインレタス)
収量:□　日持ち:◎
・葉につやがあり傷みにくい
レッドロメイン(ロメインレタス)
収量:○　日持ち:□
・赤葉だが夏は赤みが淡い
きわみ中葉春菊
収量:□　日持ち:△
・独特の香りを持つ
デトロイト(テーブルビート)
収量:○　日持ち:○
・葉は肉厚で葉柄が赤色
グループⅣ(生育が遅い)
イタリアンレッド(チコリー)
収量:×　日持ち:□
・やや苦味がある
エンダイブ
収量:□　日持ち:□
・独特の苦味がある
ロログリーン(リーフレタス)
収量:○　日持ち:□
・葉幅が広くフリルが入る
ロロロッサ(リーフレタス)
収量:○　日持ち:□
・フリルが入り葉の先端が赤い

◎(収量多、日持ち長)〜○〜□(収量550g/㎡、日持ち17日)〜△〜×(収量少、日持ち短)
注)春は収量が多く日持ちが長く、夏は収量が少なく日持ちが短くなる

第1章 気象に対応したハウス構造
第2章 栽培技術（共通）
第3章 栽培技術（作物別）
第4章 今後の施設栽培
第5章 今後注目の資材

第3章 栽培技術（作物別）

科（レタスなど）、ヒユ科（ほうれんそうやテーブルビートなど）であり、現在種子が販売されているものだけで30品目を超える。今回はその中から22品目の特性について**図1**に紹介する。

　ベビーリーフの品目やその構成に厳密な決まりは存在せず、品目選定は生産者の任意となる。品目選定のポイントは収量性の他、一般的に、①5品目程度を選定する、②緑葉品目の他に赤葉（葉身、葉柄、葉脈などが赤い）品目を1、2品目加える、③丸葉、切れ葉、フリルの入った葉など、形状の異なる品目を組み合わせる、④からしなの仲間の「マスタード」や「ルッコラ」など味に特徴のある品目を含める―ことであり、これらにより商品価値が高まる。

作　型

　3月下旬の「早春まき」から10月上旬の「晩秋まき」まで播種が可能であるが、低温期の3月下旬播種では収穫まで約30日を要するのに対し、7～8月の「夏まき」では2～3週間で収穫が可能となる。また、品目によって播種から収穫までの日数が異なり、最も生育の早い「ピノグリーン」（こまつな）と最も生育の遅い「ロロロッサ」（リーフレタス）では約1週間ずれる。このため**表**と**図1**を参考に品目選定を行い、播種時期を決定する。

栽培上の要点

■圃場の準備

　ハウスは日当たりや風通し、排水性の良い場所を選定する。また、収穫物への雑草の混入リスクを回避するため、雑草の少ない圃場を利用する。土壌はpH6.0～6.5に矯正する。ベビーリーフは生育の早い段階で収穫することから、他の野菜と比べて生育量が少ない。そのため各作期の窒素施肥量は少なめとし、窒素-リン酸-カリ＝6-10-8g/㎡を目安とする。

■播種

　表を参考に2、3回に分けて播種を行う。播種は条間10cm、10～12条の条（すじ）まきとする。播種時期が同じであっても、区画ごともしくは条ごとに品目を変えて播種し、複数品目の種子を混合して播種しないよう注意する（**写真1**）。播種量は1,000～2,000粒/㎡（播種間隔0.5～1cm）を目安とする。特に春先の4月および5月は、品目にかかわらず播種量を2,000粒/㎡とする。また「ロロロッサ」「ロログリーン」と、発芽率の低い「イタリアンレッド」「きわみ中葉春菊」では通年2,000粒/㎡とする。1,000粒当たりの容量は、アブラナ科品目で4～5㎖/㎡、キク科品目で3～4㎖/㎡、ヒユ科品目で40～50㎖/㎡を目安とし、播種深度は1cm程度とする。

　テープシーダーや播種機を利用すると手まきの場合より作業時間を短縮することが可能

表　グループ・栽培時期別の播種後収穫までの日数

	栽培時期					
	4月	5月	6月	7月	8月	9月	10月
グループⅠ	25	20	17	15	14	15	18
グループⅡ	27	22	18	16	16	17	20
グループⅢ	31	25	21	19	18	20	23
グループⅣ	35	28	22	20	19	21	25

※グループは図1参照

区画ごとに播種　　　　　　条ごとに播種

写真1　各種播種の様式

ベビーリーフ

手播種

テープシーダ

播種機

写真2　各種播種の方法

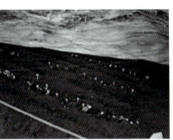

写真3　播種後のシート被覆（左）と撤去のタイミング

である。（**写真2**）。ただしテープシーダではシードテープの加工料が別途必要となり、播種機では品目ごとにロールや歯車の調整が必要となる。

■かん水管理

　出芽ぞろいまでの乾燥は出芽不良に伴う収量低下や、収穫時の生育のそろいに影響する。そのため、播種後十分にかん水を行った後、シルバーシートなどで播種床を覆い、出芽まで十分な湿度を保つ。出芽が始まったら、子葉が展開する前にシルバーシートを外し（**写真3**）、出芽がそろうまで小まめにかん水する。その後も収穫まで極度に土壌を乾燥させないよう、適宜かん水する。生育後半に株が密集して地表が葉で覆われると土壌が乾燥しにくくなるので、それに併せてかん水量も控えるようにする。ミスト散水だとかん水むらがなく、またかん水の跳ね返りが少ないため、葉の裏に土が付きにくくなる。

■温度管理

　各品目の生育適温である20〜25℃を目標として、ハウス側窓の開閉を行う。後述の防虫ネットを設置すると風通しが悪く気温が上昇しやすい。このため7、8月の高温期は遮光率50％程度の寒冷しゃをハウス全体に展開する。

■主な病害虫

　主な害虫としてキスジノミハムシ、コナガ、アオムシ類が挙げられ、いずれもアブラナ科を食害する。キスジノミハムシは特に4月ごろの作期で発生が見られるが、コナガやアオムシ類は通年で発生する。ベビーリーフではこれらの害虫に利用可能な殺虫剤がほとんど存在しない。そのため、圃場を準備する時にハウス側窓に防虫ネットを設置するか、発芽後に防虫ネットを利用してトンネル栽培を行う（**写真4**）。防虫ネットの目合いは細か過ぎるとハウス内の風通しが悪くなるので、1mmとする。

　主要病害である苗立枯病は、高温過湿条件においてキク科品目やヒユ科品目で発生しや

写真4　防虫ネットを利用したトンネル栽培

第3章 栽培技術（作物別）

はさみ収穫

包丁＋補助具収穫

収穫機

写真5　各種の収穫方法

すい。7、8月の高温期、特に株間が詰まった収穫間際には過度のかん水を控える。

■収穫

　草丈が10〜15cmになり、地表が若葉でほぼ覆われたら収穫適期である。収穫位置は子葉より上とし、平均的な収穫物の葉長は5cm以上が目安となる。ただし、みずなのような葉の細い品目は葉長が12cm以下、葉幅の広いレタスなどは葉長が7cm以下を目安に収穫する。品目によって生育に差が生じ収穫時期がずれてしまった場合は、品目ごとに数日に分けて収穫する。

　収穫には市販されているベビーリーフ用の収穫機を用いると、園芸ばさみを利用する場合より作業時間が半分以下に短縮される。その他にも、条まきした植物体の株元に補助具を挿入して茎葉を挟み上げ、包丁で切断すると効率的に収穫できる（**写真5**）。補助具は、主材料として2本の火ばさみを加工したもので（**図2**）、野菜収穫機より安価で導入しやすい収穫方法である。

■調製作業

　収穫時に雑草や子葉、病害虫の被害葉、極端に大きくなり過ぎた葉が混入した場合は除去する。収穫物は全ての品目を混ぜ合わせた状態で大袋に収集後、速やかに5℃で予冷する。予冷後、必要に応じてフィルム袋に小分けし、出荷する。なお、出荷前の洗浄は不要である。

■圃場の後片付け

　収穫後の切り株部分（残さ）は抜き取って

図2　補助具の作成方法

①材料は火ばさみ2本、隙間テープ、ガムテープなど。その他溶接加工の準備をする

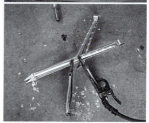
②1本の火ばさみの柄を中間部で切断する
③もう1本の火ばさみの中央部に②の火ばさみを斜めに溶接する

④火ばさみの柄の内側に隙間テープを貼り付け、火ばさみの柄ごと覆うようにガムテープを貼る

⑤完成。補助具を条間に沿って株元に挿入し、はさみ上げた後、補助具下面に沿わせるようにして、包丁で切断する

圃場から持ち出す。特に連作する場合は、すき込むと残さが分解するまでに時間を要するため次の栽培の圃場準備ができない他、土壌病害まん延の原因となる。

（高濱　雅幹）

第4章

今後の施設栽培

　　北海道における推進方向 …………… 182
【植物工場】
　　植物工場とは ……………………… 186
　　太陽光利用型植物工場（果菜類など）の事例
　　　（エア・ウォーター農園、千歳市）………… 190
　　太陽光利用型植物工場（葉菜類）の事例
　　　（㈱アド・ワン・ファーム、豊浦町・札幌市）… 193
　　太陽光利用型の海外事例（オランダ）… 196
【養液栽培】
　　養液栽培とは ……………………… 200
　　栽培事例（キトウシファーム、東川町）…… 204
　バイオマスの利用 …………………… 207
　測定機器とPC・スマートフォンの利用 … 211
　温湿度・空調管理システム ………… 215

第4章 今後の施設栽培

北海道における推進方向

道内の野菜生産や施設園芸の現状

■野菜作付面積は漸減傾向

　北海道における野菜の作付面積は水田転作や畑作地帯での作付け意欲の高まりもあり1980年ごろから増加傾向にあったが、労働力不足や市況の低迷などにより92年をピークに減少に転じた。しかし2006年以降、畑作地帯における野菜の導入などから再び増加傾向で推移していたが、近年は漸減しており、14年の作付面積は前年より300ha少ない5万6,500haになっている（図1）。

■施設面積も減少、1戸当たり面積は増加へ

　野菜の栽培施設（ガラス室、ハウス）の設置面積は、03年以降ほぼ横ばいで推移していたが、09年から減少に転じ、13年は2,184haとなっている（表1）。

　品目別の施設栽培面積では全般的に減少傾向にある中、トマト、メロン、ほうれんそうの占める割合が依然として高く、3品目で全体の約6割となっている（表2）。

　また施設園芸農家数についても減少傾向にあるが、1戸当たりの施設面積は拡大傾向にあり、13年では30.9aと施設面積のピーク時（05年）に比べ約3割増加している。

■企業参加型法人で養液栽培の導入進む

　施設園芸の中でも土を使わず、肥料を水に溶かした培養液によって作物を生産する養液栽培については、まだ〝点〟の存在にすぎない。しかし、近年は環境や生育のモニタリングを基礎として、高度な環境制御と生育予測に基づく野菜などの周年・計画生産を行う植物工場の施設整備が、企業が参加する農業法人などにより進められている（表3）。

気象や豊富なエネルギー生かしICT活用した大規模植物工場を

　北海道は土地が広く地価も安い他、夏期が冷涼で、日照時間や日射量も道外と比べて遜色のない地域もあり、台風などの自然災害も比較的少ない。また地中熱、地熱、温泉熱、雪氷熱および農林業で生まれるバイオマスな

図1　北海道における野菜の生産動向

注）作付面積は馬鈴しょを除いた野菜計、収穫量は主要27品目計　　　　　　　資料：農林水産省「作物統計調査」「野菜生産出荷統計」

北海道における推進方向

表1　野菜用園芸施設設置面積および農家数の推移

	1989年	2003年	2005年	2007年	2009年	2011年	2013年
施設面積(ha)	1,418	2,815	2,923	2,859	2,468	2,354	2,184
施設経営農家数(戸)	14,022	12,864	12,544	11,586	9,604	8,934	7,057
1戸当たり面積(a)	10.1	21.9	23.3	24.7	25.7	26.3	30.9

道農政部調べ

表2　野菜用園芸施設栽培延べ面積の推移

(千㎡)

	1989年	2001年	2003年	2005年	2007年	2009年	2012年
トマト	1,523	4,482	5,143	5,745	6,168	5,562	5,557
メロン	5,923	9,585	9,234	10,791	9,236	8,670	5,281
ほうれんそう	4,447	6,378	7,526	7,397	6,274	3,790	2,990
きゅうり	1,357	1,209	1,427	1,300	1,247	823	900
ねぎ	490	1,662	1,538	1,342	1,475	1,732	704
すいか	286	1,224	1,309	1,814	1,047	1,062	699
いちご	1,051	1,295	1,208	1,174	1,099	762	528

道農政部調べ

表3　植物工場施設数(2016年2月末現在)

	人工光型		太陽光人工光併用型		太陽光利用型		合計	
	箇所数	比率	箇所数	比率	箇所数	比率	箇所数	比率
北海道	4	2.1%	1	2.8%	6	7.6%	11	3.6%
全　国	191		36		79		306	

(一社)日本施設園芸協会調べ

ど、利用の可能性を秘めたエネルギーが豊富に存在するなど、施設園芸の高度化を図る上での優位性を持っている。道としては、こうした優位性を最大限に活用し、①技術・人材の集積により、寒冷地におけるICTなど先端技術を活用した農業生産技術の確立、②施設園芸農業の新たな担い手の育成、③周年・安定供給できる大規模植物工場の全道展開—を図り、本道が高度な施設園芸の一大産地となるよう目指している（**図2**）。

■養液栽培パッケージモデルを作成

　このため、道では11年度に北海道型施設園芸高度化推進協議会を設置し、今後の取り組みの指針となる「導入促進ロードマップ」を作成し、その一環として新たに養液栽培を導入する際の目安として「北海道における養液栽培パッケージモデル」を作成した。

　パッケージモデルは施設の構造や規模、栽培技術や栽培方法、目標とする販売額、収支などを示すもので、取り組み主体や施設構造などが異なることから、取り組み規模別に区分して示している（**表4**）。

　小中規模タイプでは葉菜類を取り上げ、道内の事例調査と経営分析の結果から構築して

第4章 今後の施設栽培

図2 北海道における施設園芸の目指す方向

表4 養液栽培パッケージモデルの概要

	小規模タイプ （農家・小規模法人向け）	中規模タイプ （中規模法人、 新規参入・専業向け）	大規模タイプ
想定導入ケース	①経営主が主となる農業経営を行い、その妻あるいは後継者などが養液栽培に取り組む場合 ②小規模な法人において土地利用型の作物に養液栽培を組み合わせて労働力1人で取り組む場合	①中規模な法人において、経営の一部門として養液栽培を導入して労働力2人で取り組む場合 ②新規参入者が妻と2人で専業で取り組む場合	・農業法人または企業などによる専業 ・少雪地域における連棟ハウス ・低段密植栽培による大玉トマト
作物	葉物	葉物	トマト
規模	100〜150坪ハウス2棟 （6〜10a）	200〜300坪ハウス2棟 （13〜20a）	1ha
目標販売額	900〜1,100万円/10a	1,100〜1,300万円/10a	9,700万円/10a
目標農業所得	100〜300万円/10a	100〜300万円/10a	100万円/10a

いる。また大規模タイプではトマトを取り上げ、文献や日本施設園芸協会が取り組んでいるスーパーホルトプロジェクト（Super Hort Project）の生産・経営モデルなどを参考に組み立てた。

今後とも取り組み事例の収集、分析を進め、パッケージモデルの内容の充実に努めていきたいと考えている。

■設備投資の各種支援制度を用意

周年生産を行う高度な施設園芸は、経営費に占める光熱費の割合が高く、燃油価格変動の影響を受けやすいことから、地域資源エネ

北海道における推進方向

表5 2016年度植物工場など導入可能関連補助制度等（未定稿）

【農林水産省】　　　　　　　　　　　　　　　　　　　　　　　　　　2016年4月現在、道農政部農産振興課園芸グループ

NO	事業名		補助率など	事業実施主体(助成対象者)	申請窓口	対応窓口
1	強い農業づくり交付金		1／2以内	・市町村 ・農業者の組織する団体 ・事業協同組合 など	振興局、市町村	農林水産省 生産局 総務課 生産推進室
2	産地パワーアップ事業		1／2以内	・市町村 ・農業者、農業者の組織する団体 ・民間事業者	振興局、市町村	
3	産地活性化総合対策事業	農畜産業機械等リース支援	リース物件価格×(リース期間／法定耐用年数)×1／2以内 など	・協議会 など	北海道農政事務所(市町村)	
4	経営体育成支援事業	融資主体補助型	融資残額(事業費の3／10以内 など)	・市町村	振興局、市町村	農林水産省 経営局 就農・女性課
		条件不利地域補助型	1／2以内(1経営体当たり上限4,000万円)			
5	農山漁村振興交付金		1／2 など	・市町村 ・農業者の組織する団体 など	農林水産省(農村振興局農村整備官)	農林水産省 農村振興局 農村整備官
関連施策	農業関連制度資金	スーパーL資金	借入限度額 個人：3億円、法人：10億円 返済期限 25年以内(うち据え置き期間10年以内) 貸付利率 一般：0.30～0.60% 特例：0%(貸付実行日から5年後の応当日の前日まで)	・認定農業者	・JA、銀行 ・市町村、振興局 ・日本政策金融公庫 など	農林水産省 経営局 金融調整課

【参考】

	事業名	補助率など		事業実施主体(助成対象者)	対応窓口
経済産業省	商工連携等によるグローバルバリューチェーン構築事業	1／2以内(1件当たり補助上限1億円)		・民間企業 など	(株)電通　経済産業省 地域経済産業政策課(北海道経済産業局)
道単独事業	北海道産業振興条例に基づく助成	設備投資額 5億円以上 雇用増 20人以上	新設の場合：投資額の10%(限度額10億円)	・道内に立地する企業	道経済部産業振興局産業振興課
			増設の場合：投資額の5%(限度額5億円)		
		設備投資額 5,000万円以上 雇用増 5人以上	新設の場合：投資額の8%(限度額1億円)		
			増設の場合：投資額の4%(限度額1億円)		
			雇用増1人当たり50万円(限度額5,000万円)		
道単独事業	一村一エネ事業(2014北海道エネルギーフロンティア事業)	・新エネルギー導入の取り組みの場合 交付単価35万円(上限額2,000万円) ・省エネルギーの取り組みの場合 交付単価20万円(上限額1,000万円)		・法人、任意団体およびその他知事が適当と認めた者と市町村で構成された共同体(コンソーシアム)(※複数の市町村のみで構成されたものを除く)	道経済部産業振興局環境・エネルギー室
厚生労働省	戦略産業雇用創造プロジェクト	・融資 最大1％の利子補給(助成)を最長5年間 ・奨励金 設置・整備に要した費用および対象労働者の雇い入れ人数に応じて50万円から800万円の助成に加え、1人当たり50万円が上乗せ助成(1年目のみ)		・農業法人(植物工場に限る) ・農業法人(植物工場に限る)	北海道産業雇用創造協議会産業雇用創造プロジェクトチーム事務局(北海道経済部労働局雇用労政課)

ルギーの利用を推進しているところである。しかし、現状では燃油ボイラー以外の暖房機は価格が高く、初期投資が割高となるため、導入に向けては設備投資に対する各種支援制度が設けられている（表5）。

　養液栽培に関心のある農業者などがパッケージモデルや各種支援制度を効果的に活用することによって、今後、道内における高度な施設園芸の普及促進と定着化が図られることを期待している。

（杉村　和行）

第4章 今後の施設栽培

【植物工場】

植物工場とは

日本では太陽光利用型も含めた定義

「植物工場」という言葉は、ここ10年ほどでよく耳にするようになってきた言葉である。農林水産省と経済産業省の農商工連携研究会の植物工場ワーキンググループの報告書(2009年)によると、植物工場とは「施設内で植物の生育環境(光、温度、湿度、二酸化炭素濃度、養分、水分など)を制御して栽培を行う施設園芸のうち、環境および生育のモニタリングを基礎として高度な環境制御と生育予測を行うことにより、野菜などの植物の周年・計画生産が可能となる栽培施設のこと」となっている(**写真1**)。

世界的には植物工場とは、人工光のみを使う「完全人工光型(完全制御型)」を指し、英語に直訳したプラントファクトリー(Plant Factory)というと、欧米では完全人工光型植物工場をイメージする。しかし日本や韓国、中国では養液や温度、二酸化炭素などを制御できる太陽光を利用するある程度大きな施設も「太陽光利用型」の植物工場と呼んでいる。また太陽光を利用する場合でも、人工光で補光するシステムがある場合を「太陽光・人工光併用型」と呼ぶことがある。しかし太陽光利用型(または太陽光・人工光併用型)植物工場は欧米では単にラージグリーンハウス(Large Greenhouse：大型温室)と呼んだり、ハイテクグリーンハウス(High-tech Greenhouse：先端技術温室)と呼んだりする。

このように、植物工場の定義は日本独自のものであり、植物工場と呼べる施設の大きさについてもあいまいなものとなっている。

一方、(一社)日本施設園芸協会の次世代施設園芸導入加速化支援事業(全国推進事業)では、15年度(16年)の事業報告書において、植物工場数の調査に際して、太陽光利用型については施設面積を1ha以上で養液栽培装

写真1　太陽光利用型植物工場における環境制御盤(2012年国際イチゴシンポジウム、中国・北京)

置を有する大規模施設園芸に限定するとしており、今後の太陽光利用型植物工場の指標になると思われる。

植物工場の歴史
世界初は1957年のデンマーク

　植物工場の基礎となる養液栽培が日本で始まったのは、アメリカ進駐軍が衛生面で問題のない野菜を自給するために滋賀県大津市と東京都調布市で水耕栽培を行った1946年である。その後、60年には日本での養液栽培の実用化に向け、園芸試験場でれき耕栽培を完成させた。85年のつくば万博では、ハイポニカ農法で1株のトマトから1万数千個の果実を生産し話題になった。

　一方、世界で初めての植物工場はデンマークのクリステンセン農場で、57年に始まったといわれている。北欧では日照時間が短い季節があるため太陽光・人工光併用型で、サラダ用からしな類のスプラウト栽培を、播種から収穫まで一貫して自動生産を行ったとされる。70年代にはアメリカで人工光型植物工場が開発されたが、コスト面の問題でほとんど普及しなかった。しかし、オランダでは太陽光・人工光併用型植物工場により、2005年ごろにはトマトの収量が60t/10aを超えるようになっている。

　日本における完全人工光型植物工場の研究は1974年に日立中央研究所で開始され、85年のつくば万博では「回転式レタス生産工場」を展示した。植物工場として日本で生産、出荷を行ったのは静岡県が早く、太陽光利用型では80年に焼津市の㈱海洋牧場がかいわれだいこんを、完全人工光型では83年に静岡市の三浦農園がリーフレタスを栽培した。

気象に左右されず無農薬も可能
「完全人工光型」

　完全人工光型植物工場とは、完全に閉鎖された環境でLEDなどの人工光のみを用いて、肥培管理や空調管理など全て人工的に制御されたものである(**写真2**)。完全人工光型では以下のような利点がある。①季節を気にすることなく周年栽培が可能で、台風や日照不足、低温、高温、暴風雪など気象要因や土地条件に左右されない、②人の出入りの際にエ

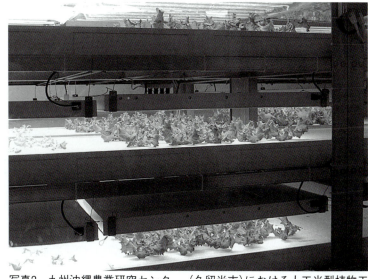

写真2　九州沖縄農業研究センター（久留米市）における人工光型植物工場（後藤原図）

第4章 今後の施設栽培

アシャワーなどを適切に利用することで、病害虫や異物の持ち込みをほぼ防ぐことができるため、無農薬栽培が可能である、③養液栽培のため連作障害の心配がなく、生産物の洗浄も不要となる、④人工光のため多段栽培など立体的な栽培が可能であることからビルの一角でも栽培でき、狭い土地での利用も可能である。

一方、環境制御を行うシステムの初期投資が大きく、電力に頼る部分が大きいため光熱費などもかさみ、採算が合う野菜は今のところレタスやハーブ類の葉菜類に限られている。

コスト安いが夏は暑熱対策を「太陽光利用型」

太陽光利用型植物工場とは、文字通り太陽光の利用を基本としている(写真3)。施設は温室やガラス室のため、完全人工光型よりイニシャルコストが安く、光源も太陽光なので光熱費も抑えられる。そのため、完全人工光型では採算面で難しい果菜類の栽培も可能である。

夏期の高温・多湿や冬期の低温・日照不足対策などを実施して周年の計画生産を行うが、気象の影響は完全人工光型より受けやすい。夏は遮光や細霧冷房、気化熱を利用したクールセル方式などで気温を下げるが、完全に閉鎖された環境ではないことから、一般的には病害虫の防除が必要となる。また大型施設で目が行き届かない場合は病害虫の初発を見逃しやすいので注意が必要である。さらに光効率を考慮すると立体的な栽培は難しいため、広大な面積を必要とする。

日照不足時に補光し生育促進「太陽光・人工光併用型」

太陽光・人工光併用型植物工場とは補助的に人工光を活用し、太陽光利用型に近い場合が多い(写真4)。人工光の活用により日照不足や日長が短い時の生育を促進する効果などが認められるが、その分コストがかかるので、光源の選定や管理に留意する必要がある。

近年は太陽光利用型が急増 植物工場数の推移

2014年度(15年3月時点)は10年度(11年3月時点)に比べ、人工光型の植物工場は3倍程度の185棟であるのに対し、太陽光利用型は15倍余りの195棟となっている(図)。また14年度までの調査では、12年度(13年3月時点)以降は人工光型より太陽光利用型が上回っている。なお前述したように、15年度(16

写真3 太陽光利用型植物工場(2012年国際イチゴシンポジウム、中国・北京)

写真4 太陽光・人工光併用型植物工場(2012年国際イチゴシンポジウム、中国・北京)。中央上部に人工光が設置されている

図 日本における植物工場数の推移

注1) 2015年度の太陽光利用型は施設面積がおおむね1ha以上で養液栽培装置を有する施設（大規模施設園芸）に限る
2) 「2015年度次世代施設園芸導入加速化支援事業（全国推進事業）事業報告書別冊2」(2016年、日本施設園芸協会) より作成。いずれも年度の3月（2015年度は2月）時点の値

年2月時点）の報告書では太陽光利用型の規模などを限定して調査したことから、以前の報告に比べ太陽光利用型が減少しているが、10年度からの増加率は人工光型を上回っている。

コスト問題解決できれば さまざまな可能性広がる

植物工場の問題点として、通常の施設栽培に比べて施設の設置（イニシャルコスト）やシステムの運営（ランニングコスト）といった生産コストが多くかかることが挙げられる。そのため採算の合う野菜は限られており、コスト削減が最も大きな課題であり、これを解決しない限りは植物工場の大きな普及は難しい。設置コストやシステム、ソフトウエアの低コスト化を図るとともに、将来的には根菜類や普通作物など栽培可能な作物の拡大や、加工・業務用野菜も視野に入れた展開が期待される。

植物工場は、栽培知識の他にシステム面や経営面の知識も必要である。大型施設の場合は雇用労働も多く、人材管理も重要な問題である。このような植物工場に特化した人材の育成も必要である。

完全人工光型では無農薬栽培が可能である他、細菌も非常に少ないため日持ちも良く、栄養価の高い野菜生産も可能である。これらの利点を消費者にきちんと伝えることも大切である。また、完全人工光型では都会の一角での生産も可能であり、飲食店や福祉施設内など、これまで生産が考えられなかった場所でも生産できる可能性がある。

このように植物工場は、コストの問題を解決することができると、さまざまな可能性が広がってくる施設である。

（川岸　康司）

第4章 今後の施設栽培

【植物工場】

太陽光利用型植物工場（果菜類など）の事例

㈱エア・ウォーター農園（千歳市）

5.3 haのガラス温室でトマトを通年生産

　農業生産法人㈱エア・ウォーター農園（松尾和重代表取締役社長、以下ＡＷ農園と表記）は2009年11月に設立された。千歳市釜加にある千歳農場は、農林水産省の「産地収益力向上支援事業」を活用し、11年3月に旧・田園倶楽部北海道のフェンロー型温室（オランダ式連棟温室）の内部を大幅改修した施設である。20haの用地に7.1 haのガラス温室があり、トマトやベビーリーフ、リーフレタスの通年生産を行っている。また、ＡＷ農園は長野県にも安曇野菜園があり、5.3 haの施設でトマトの周年栽培に取り組んでいる。

　千歳農場は温室内のあらゆる生育環境をコンピューターで制御する「複合環境制御システム」（図）を導入しており、作物の生育に適した環境で野菜生産を行っている。こうした作業環境は人の労働にも適しており、天候に左右されずに農作業が行えるため、社員10人、パート125人（短・長期）を地元から安定的に雇用し（地元採用職員90％）生産に取り組んでいる。

千歳農場の概要

■栽培品目

【トマト】

　ロックウール培地を用い、4 haの栽培を行っている（写真1）。ＡＷ農園の主力品目のトマトは、1月に定植し11月まで収穫する。主に大手食品メーカーやカゴメ㈱に出荷している。また自社ブランド「ちとせ新鮮トマト」（写真2）の生産、販売も行っている。栽培品種は果形の丸い大玉ピンク系で、比較的酸味が強く、日持ち性を売りとしている。生産開始当初は25t/10aであった生産量は、15年には40t/10aと着実に伸びている。

【ベビーリーフ】

　土耕で2 haの栽培を行っている。道内消費者向けを中心に出荷している。

【リーフレタス】

　水耕で0.4 haの栽培を行っている（写真3）。道内量販店などへ「フリルクイーン」銘柄として出荷している。

■複合環境制御システム

　温室内の温・湿度や太陽光、養液、かん水などはコンピューターで自動制御し、可能な限り作物生育に適した環境を整えている。また、環境負荷低減のための養液の再利用や植物残さの堆肥化などの取り組みを進めている。

■液化炭酸ガスを再利用し施用

　ＡＷ農園の最大の特徴は、室蘭の製鉄所から排出される二酸化炭素（炭酸ガス、以下CO_2）を液化したものをタンクローリで輸送搬入し、再生利用している点である。通常大気中のCO_2濃度は約400ppmだが、日射量が多くCO_2固定に有効な条件下にある時間帯ほど施設内濃度は低い傾向にある。そこで、この液化CO_2を使い人為的にCO_2濃度を3〜4

図　複合環境制御システムによる設備

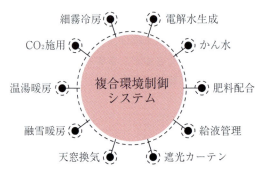

太陽光利用型植物工場（果菜類など）の事例

写真1　ロックウール培地でトマトを栽培

写真2　自社ブランド「ちとせ新鮮トマト」

写真3　リーフレタスの水耕栽培

写真4　レール走行式の高所作業台車を用いたトマト収穫作業

倍まで上昇させ、濃度を高めることにより光合成の促進を図り、生産性の向上を実現している。CO_2施用により生育日数の短縮や増収効果を確認しており、CO_2削減農業のモデルケースとして注目されている。

■多目的細霧冷房システム

　夏は涼しい北海道であるが、6月下旬から8月の千歳市の気温は30℃以上となることもあり、換気や遮光だけでは収量や品質の低下は避けられない。多目的細霧冷房システムは、地上2～4mに設置したノズルから細霧をハウス内に送り込み、気化熱を利用して施設内温度を下げる。本システムと換気や遮光を併用することで、さらに施設内温度を下げることができる。

■養液は殺菌後再利用、作業姿勢にも配慮

　トマトの栽培ベッドは、高さ調節が可能なつり下げ型のハンギングガター方式が導入されている。全長80mの長いベッドには傾斜が付いているため、回収された養液は紫外線による殺菌処理後に再利用されている。

　株を横方向に誘引し、収穫や管理は作業者が立ち姿勢で作業ができるよう改善されている。また栽培ベッド間の通路には暖房用パイ

第4章　今後の施設栽培

写真5　2015年に敷地内に直売所開設

写真6　特にトマトの品ぞろえは豊富

プを兼ねたレールが敷設されており、レール走行式の高所作業台車（昇降機）が利用されている（**写真4**）。

環境制御システムを動かすのは「人」!

　これまで一つ一つのシステム設定に携わってきた社員の経験、知識や技術の蓄積が生産量向上の大きな原動力となってきた。このため研修体制を整え、農場内でも人材育成を行う環境づくりに大きな力を注いでいる。社員の平均年齢は37歳と若く、今後も大きな成長が期待されている。

■研修や問題共有で社員のスキルアップ

　人材育成においては「聞く・見る・体験する」を重視している。社員の資質を伸ばすため、外部での農場研修の機会を設け、千歳農場と比較しながら技術を効果的に体得させている。また、農場内で定期的に勉強会や情報交換を行い、環境制御や作業において発生した問題点は社員で共有し、次の対策を話し合うことで技術力の向上に努めている。

■作業速度を数値化し、能率向上へ

　作業の数値化は自己の労働評価を客観的に行い、今後の目標について確認するためのコミュニケーションツールとしての役割が大きい。また、収穫作業量や作業速度を数値化し、社内で確認することで作業能率や技術の向上につなげている。さらに意欲のある人材はパートから社員として採用している。

目標大きく超え販売額7億円　経済性踏まえた改修へ

　地域に密着した企業を目指すため、2015年に敷地内に直売所を開設し、地元住民に野菜を提供している（**写真5、6**）。また、AW農園が栽培していない農産物については近隣農業者から提供を受け、併せて販売している。トマトの品ぞろえは豊富で、新鮮なトマトを求めてやってくるリピーターも多い。直売所を通して消費者の声を聞き、今後の生産品目やし好を知る手掛かりにしている。

　当初の販売目標額4億円は既に達成しており、現在は7億円の販売実績となっている。千歳農場としての栽培は6年目だが、施設は17年が経過しており、メンテナンスが必要な時期となってきている。経済性を踏まえた上で、さらに環境制御システムを追求し、生産性の拡大を図るのが今後の目標である。

（森　成美）

【植物工場】
太陽光利用型植物工場（葉菜類）の事例

㈱アド・ワン・ファーム（豊浦町、札幌市）

われわれ㈱アド・ワン・ファームの豊浦農場や丘珠農場（札幌）での葉菜類栽培の取り組みについて紹介する。

再現性など4つの観点から新たな農業へチャレンジ

■トレー栽培、隔離土耕を経て「水耕」へ

当社が農業に参入し、最初に栽培をスタートさせたのはベビーリーフである。多種の葉物を幼葉のサイズで収穫し、数種類の幼葉をミックスしてそのままサラダ向けに袋詰めする商品である。現在は水耕栽培を中心に、太陽光利用型植物工場でさまざまな葉物栽培に取り組んでいる。

最初に取り組んだのは「育苗トレー栽培」で、野菜用育苗箱に専用培土を入れ、そこに播種し、葉丈10～12cmになったところを専用バリカンで収穫する方法だった。この方法では、ピートモス主体にオリジナルの専用培土を作成したが、入荷するたびにピートモス自体の品質が変化することが大きな問題となった。極少量培土のため、栽培中のかん水には細心の注意が必要であることに加え、培土原料の品質変化に合わせたかん水が必要というのは、まさに職人技が求められる作業だった。

そこで、このかん水の課題をクリアするため、培土量が多い「隔離土耕栽培」に取り組んだ。これでかん水の課題はクリアできたが、「播種→収穫→蒸気消毒→追肥→耕うん→播種」の作業手順が、効率面で大きな問題となった。

隔離土耕栽培を継続する中、一部試験的に始めた水耕栽培で「再現性、効率性、拡張性、安定性」の4つの観点から客観的に検証した結果、現在の「NFT式水耕栽培」にたどり着いた。NFT式水耕栽培では特に「誰が、いつ、どこで栽培しても同じ品質の商品(野菜)を提供できる」という再現性に優れ、この再現性が担保となり拡張性、安定性が確保できると考えている。

■水耕栽培のメリット

水耕栽培におけるメリットと、実際の栽培状況を紹介する。

【播種負担が少ない】女性パートタイマーでも可能で、肉体的な作業負担がほとんどない（効率性、拡張性が高い）。

【発芽率が安定】播種後、定温庫で発芽を行うため、天候や地域を問わず一定の時間で必ず発芽し、発芽率も安定的である（再現性、安定性が高い）。

【定植が容易】定植作業は女性パートタイマーでも容易で、機械化も可能である（効率性、拡張性が高い）（**写真1**）。

【かん水・追肥は自動】土耕栽培における定植後のかん水作業は、さまざまな条件を考慮し経験と勘に基づき、多くの時間を要していた。水耕栽培では作物の地下部（根域）に常時、培養液が流れて

写真1　苗の自動定植機により、作業の平準化と効率化が可能に

第4章 今後の施設栽培

写真2　茶用バリカンを改造したベビーリーフ自動収穫機。栽培ベッドの両脇にレールを設置し収穫する

いるため、かん水と追肥作業は自動で行われる（再現性、効率性が高い）。

【収穫機利用で効率化】 ベビーリーフの収穫作業には自動収穫機を用いるため、人力の収穫に対して収穫速度、作業負担面でメリットがある（**写真2**）。栽培面積を拡大する際の障壁になる人員の確保や収穫にかかる時間が省力化されている（効率性、拡張性が高い）。

【異物混入の検品時間短縮】 昨今、食品への異物混入が騒がれているが、洗浄しないで選果・包装・出荷するベビーリーフでは作業中に虫の混入をゼロにすることはかなりハードルが高かった。水耕栽培で生産された青果物の場合、混入するのはコバエ類程度で、その他の虫が混入するリスクは極めて少ない。そのため、土耕栽培に比べ異物混入を防ぐ工程の目視検品の時間が短縮できる（効率性および安定性が高い）。

【ミックス作業も機械化】 1日に500〜1,000kgに及ぶベビーリーフのミックス作業を手作業から機械化したことで、作業者の肉体的な負担を減らし、均等な商品化に寄与している（効率性および安定性が高い）（**写真3**）。

【専用ベッドを開発し増収】 各作物の専用栽培ベッドを開発したことで大きな増収効果を得られた（**写真4**）。ベビーリーフ栽培では、他の水耕栽培プラントメーカーのベッドを使用した時より栽植密度を30％以上増加させ、収量を増やすことが可能になった。また水耕リーフレタスでは、密植によるさまざまな障害を克服するため、通気性が確保できる栽培

写真3　収穫後のベビーリーフを混ぜ合わせる作業は回転式の特殊ドラムで行う

写真4　作物を定植する前のベッド

写真5　裏側から見ても分かるように通気性を確保している

写真6　収穫前のリーフレタス

ベッド（**写真5、6**）を用意するなどの工夫により、収量とともに品質の向上も可能になった（安定性の向上）。

【**生産計画・販売戦略が立てやすい**】土耕栽培に比べ発芽にかかる時間が安定しているため、生産、出荷計画が組み立てやすく、販売戦略も立てやすい（安定性が高いといえる）。

【**制御システムやデータ管理を一元化**】以前はハウスの環境制御盤の他、水耕養液管理用制御盤を別に用意し管理していたが、栽培管理を一元化する制御システムが利用できるようになった（**写真7**）。これによりデータ管理も一元化され、さまざまな環境要因とその結果の因果関係をデータ化し利用することが容易になった（**写真8、9**）。また、オンラインでモニタリングと設定変更が可能であるため、農場長が出張しながら管理することも可能になった（マネージメントの安定性が高い）。

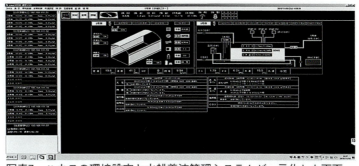
写真7　ハウスの環境設定と水耕養液管理システムが一元化した画面

写真8　栽培棟22棟（10a/棟、手前は一部育苗棟）が並ぶ豊浦農場

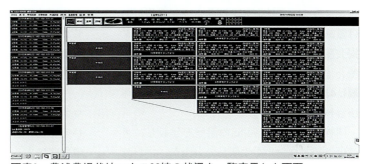
写真9　豊浦農場栽培ハウス22棟の状況を一覧表示した画面

耕作放棄地や連作障害など問題解決するツールへ

今回紹介した内容からも、水耕栽培は土耕栽培に比べ、栽培に関わる作業員の経験や能力、性別に左右されず安定的かつ効率的な再現性の高い栽培が実現でき、企業的農業経営にとって拡張性にあふれた栽培技術と考える。当社ではベビーリーフの水耕栽培を実践し、短い期間で栽培面積を拡大することができた。しかし、農業経営の中で一番大切な「投資対効果」を考えたときに、全ての場面で太陽光利用型植物工場のメリットを引き出せているわけではない。

北海道の施設園芸では、一般的にパイプハウスを利用した農業経営が主体である。パイプハウスには初期投資額が小さいという大きなメリットがあり、少ない資金で大きな面積を展開できることも事実である。土壌や天候、栽培技術に恵まれた場合、水耕栽培よりパイプハウス栽培の投資対効果の方が格段に大きい場合もある。

今後、われわれは太陽光利用型植物工場を耕作放棄地や連作障害をはじめとする幾つかの問題解決に必要な農業のツールとして利用を進めていくつもりである。　　（**宮本　有也**）

第4章 今後の施設栽培

【植物工場】
太陽光利用型の海外事例
オランダ

2012年に視察へ 園芸見本市や現場を訪問

写真2 温室内部

　オランダで開かれた世界最大規模の園芸見本市「Horti Fair 2012」に合わせ、オランダ政府などの協力により2012年10月28日（日）から11月2日（金）まで「オランダ園芸産業視察調査」が実施され、日本の園芸産業関係者、総勢55人からなる視察団の一員として参加した。調査では「Horti Fair 2012」に加え、ウェストランド地方および北ホランド州における施設園芸の生産現場を訪問し、オランダ園芸産業の実態を視察したので、その内容を紹介する。

■1.4haでいちごを栽培する「Jacco & Sandra Huysman社」

　同社は1990年に1.4haの温室を建設し、当初はラディッシュを生産していたが、視察時はいちごのみの生産を行っていた。いちごは1～3月に株養成し、8月に定植、10～12月および4～6月に出荷している。品種は一季成り性の「エルサンタ」を栽培している。点滴かん注の養液栽培（写真1）で、天井からつり下げられた棚にココヤシの培地を使ったポットが設置され（写真2）、1ポット当たり4株（1㎡当たり約10株）が植え付けられている。

写真1　養液のかん注装置

　環境制御にはプリーバ社製のコンピューターが使われている。30kmほど離れたロッテルダムにあるシェル社の石油精製工場から二酸化炭素（以下CO_2と略す）をパイプラインで引き、施設内のCO_2濃度が800ppmとなるように施用している。冬期は、温水暖房の配管があるが通常は使用せず、スクリーン（カーテン）による保温が主である。電照や冷房は行われていない。

　授粉はセイヨウオオマルハナバチを使い、化学農薬による防除は殺虫剤を1回使うだけで、天敵農薬を利用することで対応している（写真3）。

写真3　害虫防除に対する天敵利用

　出荷先は欧州内やドバイなどへの国外輸出が40％程度で、地元市場を重視し、自動販売機（訪問時は1パック3ユーロ、1ユーロ≒100円）や地元スーパー、青果店で販売を行っている。商品の包装には自分たちの写真を入れ、リピーターの確保に努めている。

■「GreenQ社　園芸改良センター」は実践的研究

　GreenQ社はブレイスウェイクにある複合

【植物工場】太陽光利用型の海外事例

写真4　群落内へのLED補光の研究

写真5　効率的なCO_2施用方法の研究

制御温室設備を持つ栽培コンサルタント会社である。世界各地の最新の生産方式の実演や先端技術設備の開発・試験・実演をしている。知識技術を発展させるために試験農場を持ち、ワーヘニンゲン大学と協力して実践的研究を行っている。当時行われていた研究は、天然ガス使用量の節約や、光の乱反射で鉄骨の日陰を消すガラス資材、LED補光、新たな天敵農薬の検証など多岐にわたっていた（写真4、5）。

■なすを5ha栽培、選果も受託「Vedder社」

兄弟と父で経営する同族会社で、5haのなす栽培を行うとともに、周辺なす農家の選果・包装を受託している。

栽培はロックウール培地で行われ、視察した10月末はちょうど収穫が終了する時期で、なすの草丈は3m以上に伸びていた（写真6、7）。翌年収穫する苗の定植は12月15日の予定であった。収穫終了～定植の間に収穫残さを処分し、温室のガラスも洗浄する。定植苗の生産は専門業者に委託している。1月1日を1週目として9週目に収穫を始め、15週目から本格収穫に入る。果実は200～300gの大きさで収穫し、収穫量は1㎡当たり50kg程度である。製品単価は1ユーロ/kgで、1㎡当たり50ユーロの粗収益となり「採算はとれる」とのことであった。

加温は、収穫物の搬送や管理作業に使う台車レールに温水が通る仕組みになっており（写真8）、生育温度の確保や果実肥大の促進に利用する。

熱源は天然ガスのコージェネレーション

写真6　なす栽培施設の内部

写真7　ロックウール培地で供給された苗

写真8　作業車移動と加温を兼ねたレール

第4章 今後の施設栽培

（ガスで発電するのと同時に、廃熱を給湯や空調、蒸気などの形で有効活用するシステム）を使用し、排出されるCO_2は施設内へ施用され、発電した電気は電力会社に売っている。また、冬期間は保温のためにスクリーンを2枚使っている。

■トマト生産者組織を中心とした「Tomato World」、展示用施設で先進技術を発信

Tomato Worldは、Greencoという生産組織を中心に、栽培方法や品種などの展示用施設を建設し、情報発信や研修教育を行っている。

併設するガラス温室では、トマト生産を見ることができる（**写真9、10**）。室内は非常に清潔で、防除は生物農薬が中心である。加温は前述のなす生産施設と同じく、作業用台車のレールと兼ねた配管に最高55℃の温水を流している。

苗は、種苗会社がロックウール培地のセルトレイに播種し、発芽後にブロックに移植する。6週間後に生産者の元に届けられ、ロックウールスラブに載せる。ロックウールの原料はドイツの溶岩を1,600℃で熱して綿あめ状にプレスしたもので、1年使用したら回収業者が集めて石にしてリサイクルする。

■広い敷地で環境に配慮したトマト生産を行う「Royal Pride Holland社」

50年ほど前に創業した当時は別の地方に温室があり、4,000㎡の温室でスタートした。その後、規模拡大が必要であるとの認識から、1940年代までは海の底だった現在の干拓地に移転した。ここでは60ha規模まで拡大可能である。2004年に自治体から栽培許可が下り、今の場所で栽培がスタートした（**写真11、12**）。気象条件や経営規模など今までの経験と違う部分も多く、「商売として何が大切か」という判断が必要であった。

自費入植なのでインフラやエネルギーも自分で賄わなければならず、これらのコストは250万ユーロに達した。天然ガスを燃料とする160MWの発電設備を有し（**写真13**）、暖房や照明、CO_2施用に利用している。余った熱エネルギーは熱湯でヒートストレージに貯める他、電力は自治体の送電網にもつなげている。

栽培に当たっては、良食味品種の選定を重要項目に挙げ、品種比較試験を自前で行っている。良食味にこだわる重要性は「日本から学んだ」と話してくれた。また、環境対策も重要であると考え、電照の外部への光漏れを95％カットするとともに、施設では雨水を貯めて

写真9　Tomato Worldの内部

写真10　高所作業用管理機

写真11　Royal Pride Holland社の施設外観

写真12　広いトマト温室内部

【植物工場】太陽光利用型の海外事例

写真13　160MW規模のガスエンジン格納施設

写真14　肥料（液肥）のタンク

写真15　巨大な雨水タンク

写真16　収穫物の無人輸送システム

紫外線で消毒した水を使っている（**写真14、15**）。これらの取り組みの結果、イギリスの大手スーパーマーケットチェーン「TESCO」から農産物の認証を受けている。

トマト選果場では5社から1.5億個の包装を請け負っている。選果場は栽培エリアから少し離れた場所にあり、無人の輸送システム（**写真16**）によって収穫物が運ばれる。この輸送システムは人が近づくと自動で停止するなど安全に配慮した設計になっている。

また、広い敷地を生かし、LADと呼ばれる新規参入者のための栽培ブロックを設けている。新規参入者はここを300ユーロ/㎡で借りることができ、個別経営を行っている。

世界的園芸にたくさんの驚き 日本での導入時のヒントに

もともとは、それほど恵まれた土地条件ではなかったオランダだが、最先端の技術を駆使し、豊富な天然ガス資源を生かした施設園芸、建物や建設機械の規格化などのインフラを整えることで、現在では輸出も行っている。まさに世界と渡り合う園芸産業に触れることができ、驚きと感動が幾つもあった。

一方、その陰で価格競争や環境・安全に対する厳しい規制、エネルギー問題などを克服したことを知り、決して平たんな道のりではなかったことを垣間見ることができた。

視察を行ったのは東日本大震災から間もない時期で、日本では植物工場の建設がブームとなっていた。植物工場の導入を検討するときには何が必要で、どのような技術や作目を導入すれば良いかなど、いろいろと考えさせられる研修であった。

（高田　和明）

第4章 今後の施設栽培

【養液栽培】

養液栽培とは

液肥を与える栽培法で
土壌を利用しないもの

養液栽培は「作物の生育に必要な養水分を
かん水施肥（液肥）で与える栽培法」である。
液肥を与える栽培法には他に養液土耕栽培が
あるが、大きな違いは土壌で作物を育てるか
どうかにある。土壌を利用するのが養液土耕
であるが、培地として少量の土を利用する場
合は養液栽培に分類される。

養液栽培では緩衝能力を持つ土壌を利用し
ないため良質な原水の確保が必要である。主
に井戸水、雨水、河川水、水道水などが使用
されるが、使用する原水によっては水質改善
の必要があったり、使用できない場合がある
ので、使用前の原水検査は欠かせない（**表
1**）。

特徴と分類

養液栽培の利点として、土壌を使用しない
ことによる土壌病害や連作障害の危険性の減

表1　養液栽培で使用する原水の水質基準（全農）

項　目	基　準
EC	0.3mS/cm以下であること
pH	5〜8の範囲に入ること
N	含まないこと
Ca	40ppm以下であること
Mg	20ppm以下であること
Cl	60ppm以下であること

少および耕起・ベッドづくりなどの省略、施
肥・かん水作業の自動化などが挙げられる。
課題としては、高い初期投資額や培養液管理
の難しさ、廃液の処理などがある。

養液栽培は使用する培地の種類によって、
図1に示したように分類される。水耕は培地
を使わず、培養液の中や表面に根系を形成さ
せる。主なものには、DFT（たん液水耕）と
NFT（薄膜水耕）がある。噴霧耕は空中に根
系を形成させ、そこに培養液を霧状に噴霧さ
せる方式で、主に植物工場での葉菜類の栽培
で使用されている。固形培地耕はロックウー
ル、れき、砂などの無機培地と、もみ殻や杉
皮、ピートモスなどの有機培地に大別され
る。現在はロックウールが最も多く利用され
ているが、近年、いちごの高設栽培を中心に
有機培地の普及が著しい。

最近注目されている植物工場では、養液栽
培の使用が一般的で、それにより作物に最適
な培養液管理を実現している。高度に環境制
御され周年栽培が可能な植物工場は、道内で
も各地に設置されており、それらの施設で
は、レタスなどの葉菜類はNFT、トマトは
ロックウール利用の固定培地耕が多く利用さ
れている。

主要な養液栽培方式

■培養液を貯めて循環させる「DFT」

DFTは日本で開発された技術で、栽培ベッ
ドに培養液を貯めて循環させる方式である
（**図2、写真1**）。培養液の量が多いことか
ら、根域温度の変化が小さく、栽培期間中の
培養液の濃度変化が緩やかであるなどの利点
がある。しかし、培養液を貯めるベッドは
しっかりしたものが必要で、タンクは容量の
大きいものとなるため設備費がかかる。

■緩い傾斜を付けて養液を流す「NFT」

NFTはイギリスで開発された技術で、栽培
ベッドに緩やかな傾斜を付け少量の培養液を

養液栽培とは

図1　培地による養液栽培の分類

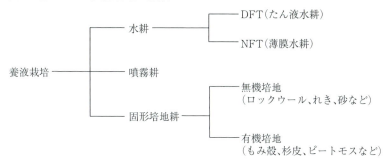

図2　DFTの栽培システム

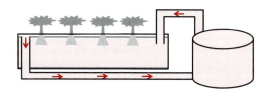

図3　NFTの栽培システム

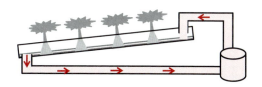

写真2　NFTによるレタス栽培

流す方式で、培養液を薄く流し循環させることにより根に養分と酸素を行き渡らせることが可能となる（**図3**、**写真2**）。この方式はDFTに比べ培養液量が少ないことから設備が低コストで済むが、培養液の温度変化や濃度変化が起こりやすいといった欠点がある。

■果菜類で多い「ロックウール栽培」

ロックウール栽培はオランダで実用化され、現在、日本ではトマトやいちごなどの果

写真1　DFTによるみつばの栽培（東神楽温室組合）

第4章 今後の施設栽培

写真3　トマトのロックウール栽培

写真4　いちごの高設栽培(福川原図)

菜類やバラの栽培で多く利用されている(**写真3**)。ロックウールでは肥料成分の吸着や溶出がほとんど起きないため、培養液管理によって作物の生育をコントロールしやすい利点がある。

オランダのロックウール栽培では培養液を循環させて利用しているが、日本では作物に吸収されなかった培養液はそのまま廃棄する掛け流しが一般的である。

使用済みのロックウールについては、少量の場合は田や畑へのすき込みで対応できるが、大量の場合は産業廃棄物として処理しなければならない。また、費用などはかかるが、各メーカーで回収しリサイクルを実施している。

■使用後の処理が容易な「有機培地耕」

公立の試験研究機関が中心となって、使用後の処理方法に課題があるロックウールに代わる、有機質資材を使用した固形培地耕の研究が行われてきた。北海道においてもいちごの高設栽培で、杉の樹皮および間伐材の粉砕培地の検討を行い、慣行培地に比べ軽量化が図られ多収となった(**写真4**、**表2**)。

有機培地は使用後の処理も容易で地域資源の活用も可能となるなどの利点も多いが、使用する資材によってはpHの低いもの、特定養分が溶出するものなどがあるので注意が必要である。

培養液の供給はロックウール栽培と同様に、非循環式の掛け流しが主流である。

■ポリポットを利用した養液栽培

水稲育苗ハウスなどの遊休期間を利用した野菜栽培が全国的に広がっている(**写真5**)。水稲育苗ハウスでの野菜栽培においては、水稲育苗に使用した農薬が野菜に残留して販売できない恐れがある(ポジティブリスト制度)。そのため、このようなハウスでは土壌から隔離できる養液栽培が一般的で、各地で低

表2　木質粉砕地の重量と実用性(いちご高設2期どり栽培)

培地	培地重量 (標準培土比、%)	収量の標準培土比(%)		
		加温半促成	無加温半促成	夏秋どり (四季成り性いちご 普通栽培)
粉砕杉皮+標準培土	76	106	101	89
植繊機※杉間伐材	56	105	115	107

※植繊機:加圧・混練・昇温・すり潰し・膨潤により植物性廃棄物を粉砕処理する機械

写真5　2段重ねした水稲育苗箱を栽培槽にした「らく楽培地耕」(滋賀県)

写真6　ポリポットを利用した高糖度トマト栽培（地子原図）

コストな養液栽培が開発されてきた。

　北海道ではポリポットを利用した高糖度トマトの栽培技術が開発され、普及している（**写真6**、p101～103参照）。この技術はポリポットを利用することから、既存の養液栽培システムに比べ低コストで、栽培装置の設置および撤去が容易である。

マニュアル化・省力化しやすく安定生産が可能、今後増加へ

　日本では農業人口の減少と高齢化が進んでいることから、新規就農者を増やすとともに農作業の省力化や軽労化が必要不可欠である。これらに対応するためにも、従来の土耕栽培に比べて栽培技術のマニュアル化がしやすく、作業の大幅な省力化が可能な養液栽培の活用が望まれる。

　日本の野菜需要は食の外部化が進行し、外食・中食向けの加工・業務用が全体の6割程度に達するとともに、年々増加している。加工・業務用野菜は、食品工場で加工される場合が多く、安定供給に対する実需者からの要望が強い。この解決策の一つとして、野菜を安定して周年生産できる植物工場が期待されている。農業人口が減少していく中で、周年安定生産が可能な大規模な植物工場がわれわれの生活に必要不可欠になる時代が近い将来やってくるだろう。

　植物工場の基幹技術である養液栽培は植物工場の発展・普及に伴って、より低コストで環境に優しい技術へと開発が進むものと思われる。さらに、それらの技術は一般の生産者にとっても経営の低コスト化や規模拡大を促進する一つのツールとして期待できることから、養液栽培を取り入れた農家経営が増加していくものと予想される。

（大久保　進一）

第4章 今後の施設栽培

【養液栽培】

栽培事例

キトウシファーム（東川町）

町が大型養液栽培ハウスの団地化を推進

東川町は北海道のほぼ中央部に位置し、夏場も比較的冷涼な気候や大雪山の清流を生かした稲作地帯であり、野菜や花き類の生産も盛んに行われている。2000年度、東川町では高齢者や女性を含む担い手が取り組める新たな野菜生産の確立を目的とし、経営構造対策事業を活用した大型養液栽培ハウス（写真1）の団地化を進めた。

東川町野菜の主要品目では、農薬や衛生面などにおけるリスク管理を行い、安全・安心な野菜供給を図るため、「ひがしかわサラダGAP」の取り組みも推進している。

水耕部会のリーダー的存在家族2人とパート1人で管理

キトウシファームの吉田建夫さん（写真2）は、当初より養液栽培に取り組んでおり、東川町蔬菜園芸研究会水耕部会のリーダー的存在である。管理作業は家族2人、パート1人で行っている。吉田さんの経営概要は表の通りである。吉田さんは計画的かつ安定した栽培管理ができ高収益が期待できると考え、当時計画が進んでいた養液栽培ハウス事業に参画した。現在では品質や収量の改善が進み、経営も軌道に乗ってきている。養液や換気などの管理は自動制御されるため（写真3）、管理作業が省力化できるメリットもある。

サンチュ、パセリで周年出荷スイスチャードなども試験

養液栽培における導入品目は、カッティングレタスのサンチュが8割（写真4）、パセリが2割である。新規作物としてスイスチャード（写真5）、こまつな、みずな、チンゲンサイなどを試験栽培している。冬期間も栽培および出荷を行っており、養液栽培ハウスは周

写真1 大型養液栽培ハウス

表 キトウシファームの経営概要

品　目		面　積
水　稲		10ha
野　菜	養液栽培（サンチュ、パセリ）	220坪
	ピーマン	70坪
畑　作	そば	7ha

写真2 養液栽培を営む吉田さん夫妻

写真3 天窓は自動で開閉

[養液栽培] 栽培事例

年利用されている。サンチュは1月より育苗を始め、3月の定植を皮切りに年間3～4作型、パセリは2月以降に苗を購入し4月に定植、翌年3月まで収穫が行われる。

栽培上の要点

■ハウスの装備—天窓は自動開閉

ハウスは間口9m×長さ39mのハウスが2棟連結しており、内張りや寒冷しゃなど、3重の被覆が行えるようになっている。植え付け床は、幅120cm×長さ38m、深さ20cmのベッドが1棟に4列配置されている。培地はヤシ殻主体に薫炭を配合している。ベッドに培土を充填後、かん水チューブを20cm間隔で3本上向きに設置し（**写真6**）、低温期は黒マルチ、高温期は白黒ダブルマルチで被覆し、マルチは毎年更新している。ハウス内温度はセンサーで管理し、高温期は自動で天窓が開閉し、12～3月は8℃を下回ると暖房機が作動するよう設定している。

■育苗・定植—サンチュは自家育苗

サンチュの苗は自家育苗している。288穴のセルトレイを使用し、低温期で約20日、高温期では約14日で苗を仕上げる。定植は畝間20cm×株間20cmおよび20cm×25cmの千鳥植えで栽培している。パセリは288穴のセル苗をホクレンから購入し、畝間30cm×株間20cmの千鳥植えで栽培している。

■定植後の管理—施肥も自動、季節で微調整

施肥は養液栽培用の肥料と微量要素資材を配合し、220坪に1回分1,200ℓを1日5回、時間を設定して自動的に施用する。養液の濃度は年間一律にしており、高温期は給液の時間帯をやや早めにしている。また、冬期間の給液は2回のみとしている。5～9月の高温期には、チップバーン防止のため遮光率75%の寒冷しゃを設置している（**写真7**）。

■病害虫防除—定植活着後から予防的に

サンチュはアブラムシ類やナメクジ、パセ

写真4　主力品目のサンチュ

写真5　試験栽培中のスイスチャード

写真6　かん水チューブの設置

写真7　高温期は寒冷しゃを使用

ニューカントリー 2016 秋季臨時増刊号　**205**

第4章 今後の施設栽培

写真8　作業負担が少なく効率的に収穫

写真9　サンチュ調製作業

写真10　出荷用段ボール

写真11　一般出荷用（袋詰め）

写真12　契約出荷用（袋詰め）

リはうどんこ病を中心に定植活着後より予防的な防除を行っている。

■**収穫・調製作業—高設ベッドで少ない負担**

収穫作業は1、2人で行う。高設ベッドのため作業者は立ったままで収穫でき、少人数でも効率が良く、作業負担も少ない（**写真8**）。サンチュおよびパセリは葉長20cm以上の葉を摘み採る。調製作業はサンチュで22〜23cm、パセリは20cm内外に葉長を切りそろえ（**写真9**）、サンチュは10枚、パセリは5gを一束にしてパックや袋に詰めていく。

■**出荷・販売—サンチュは日量20箱**

出荷形態は段ボール詰めで、サンチュ、パセリとも1箱当たり20袋入りである。主力となるサンチュは日量20箱を出荷している（**写真10**）。販売は一般市場向けと契約出荷向けに分かれ、パッケージにも違いがある（**写真11、12**）。契約出荷は大手量販店と契約を結んでおり、道内外に出荷されている。

今後は新品目の検討や パセリのうどんこ病対策を

今後の課題として、回転率が高い品目や摘み採り収穫が可能で長期どりできる品目の検討を行い、導入や販売につなげていくことが挙げられる。またパセリにおいては、年間を通じて安定生産を継続できるよう、うどんこ病の効果的な対策や低温期の生育促進などの技術を高めていく必要がある。（**若宮　貞人**）

バイオマスの利用

暖房コスト低減や温暖化防止の観点からも注目

寒地である北海道の施設園芸では、低温期の暖房が重要である。特に周年生産を行う養液栽培では、経営費に占める暖房費の割合が3割以上ともいわれ、冬期間の暖房費の低減が重要な課題となっている。また近年は、地球規模の気象変動への配慮から、温室効果ガス排出削減の機運も高まっている。

こうした中、暖房コスト低減や地球温暖化防止、地域資源の有効活用といった観点から、温泉熱や地熱、地中熱、バイオマスなどをエネルギーとして活用することがいっそう求められている。温泉熱、地熱、地中熱などのいわゆる自然エネルギーについては別項で触れられているので、ここではバイオマスの利用について述べる。

使用してもCO_2が増えない化石以外の生物由来資源

バイオマス（biomass）とはもともと生態学用語で、ある時点である場所に存在する生物（bio）の量を物質量（mass）として捉える概念である。最近では転じて生物由来の資源、中でも化石資源を除いたものを指すことが多い。バイオマス資源は、廃棄物系バイオマス（紙、家畜排せつ物、食品廃棄物、建築廃材、製材残材、下水汚泥など）、未利用バイオマス（林地残材、稲わら、麦わら、もみ殻など）および資源作物（さとうきびやとうもろこし）に分類され、それぞれの特性に応じた利活用が検討されている。

化石資源とそれを除くいわゆるバイオマスとの違いは、それを燃料などとして使用した際に大気中に放出される温室効果ガス（二酸化炭素、以下CO_2）の収支にある。化石資源は生物の働きにより長大な時間をかけて大気中のCO_2を太陽エネルギーとともに固定したものであり、これを使用することは人為的活動によりごく短期間で大気中にCO_2を放出することになるため、大気中のCO_2の増加につながる。一方、バイオマス資源は同時期に生きている（いた）植物が固定したCO_2を利用するものであり、収支が均衡する（カーボンニュートラル）ことから大気中のCO_2を上昇させることがないとされる。

また、わが国におけるバイオマス資源は農林業や畜産など1次産業と密接な関係にあるものが多く、その大部分は廃棄物として利用されずに処分されているものである。

これらをエネルギーとして有効に活用することは、地球温暖化防止、循環型社会の実現、一次産業および農山漁村の活性化などに大きく貢献するものとして、期待が高まっている。

施設園芸での活用

■地域の賦存量把握し、調達法やコスト検討

施設園芸で活用されている、あるいは活用が期待されるバイオマス資源には、いわゆる木質系バイオマスと畜産系バイオマスがある。バイオマス資源の活用を図るためには、まず地域における賦存量（理論的な資源量、実際に利用可能な量とは異なる）を把握するとともに、収集・運搬・管理なども含めて安定的な調達が可能かどうか、それらをエネルギーに変換するために適切な手法とそれに要するコストなどを総合的に検討する必要がある。

なお、バイオマス資源をエネルギーに変換するための主な技術としては、物理的変換

第4章 今後の施設栽培

図　北海道におけるA重油の価格推移

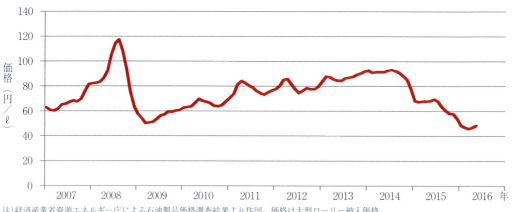

注）経済産業省資源エネルギー庁による石油製品価格調査結果より作図。価格は大型ローリー納入価格

（チップ化、ペレット化など）、生物化学的変換（各種発酵など含水率の高いバイオマスに適する）および熱化学的変換（燃焼、ガス化、炭化など含水率の低いバイオマスに適する）が挙げられる。

また、従来の化石燃料およびそれを用いるボイラーなどの熱源機器と、バイオマスを用いる各種方法との違いを十分に理解して導入を検討することも重要である。導入目的についても、単に燃料費の削減を目指すのか、あるいは温室効果ガス排出削減、新規雇用創出など地域活性化、未利用資源の有効活用などにも期待するのか、といったことにより導入是非の判断が異なるため、整理しておく必要がある。燃料費の検討に際しては、石油製品の価格が高止まりしていた数年前と現在では状況が異なることにも留意が必要である（図）。

■暖房利用が多い木質系バイオマス

木質系バイオマスは、バイオマス資源の中では比較的含水率が低いため、熱化学的変換に適している。施設園芸における活用では、チップ化やペレット化などの物理的変換を経て、熱源機器（バイオマスボイラー）による燃焼で生じた熱を暖房に利用する方法が最も一般的である。化石燃料を用いるボイラーと木質バイオマスボイラーとでは、ボイラー本体の大きさ、燃料の燃焼特性、燃料の供給方法、付帯設備（燃料のサイロなど）、設置スペース、メンテナンス性などが異なる。また本体や工事に掛かる費用も高価であり、導入コストが大きく、燃料調達の利便性（供給の安定性、価格）も地域によって異なる。

特にコストについては、前述した原油価格の変動に加え、バイオマス燃料購入に係る自治体などの補助の有無などにも影響されることを考慮し、安定的かつ安価に燃料が調達できるのかどうかや、その場合の燃料費節減効果、メンテナンスなどを含めたランニングコストなども十分に把握した上で、導入を検討する必要がある。

性能面でも木質バイオマスボイラーは化石燃料ボイラーと比べて低負荷での運転や、小まめに出力を変えることが苦手なため、細かな温度制御は難しいという特徴がある。既存施設への導入であれば既存の化石燃料ボイラーにバイオマスボイラーを併設する、新規施設への導入であれば化石燃料ボイラーをバックアップとして利用するなど、バイオマスボイラーの短所を補う工夫が必要である。化石燃料ボイラーの場合は、1日の施設の熱需要に対するピーク時の負荷（ピーク負荷）を想定した出力のものを導入するのが一般的であるが、バイオマスボイラーにおいては施

設の熱需要のうちほぼ1日を通じて連続的に必要となり変動の小さい負荷（ベース負荷）に見合った出力のものとし、不足分を化石燃料ボイラーで補う、というのが合理的である。また、木質バイオマスには灰分が多く含まれるため、化石燃料と異なり燃焼灰が多量に発生する。廃棄物処理法や各種規制に準じて適切に処理する必要があるが、将来的には回収した燃焼灰の有効活用も望まれる。施設の付近に煙突がある場合、施設の被覆資材が煤塵の付着により光線透過率を損なう可能性があることも考慮する必要がある。排出ガスについては、木質バイオマスボイラーは化石燃料ボイラーに比べて一酸化炭素濃度が高く、栽培作物へのCO_2施用などに活用するには注意が必要である。最近では浄化設備を用いて排出ガス中のCO_2を作物に供給している事例もある。

■メタン発酵利用が主流の畜産系バイオマス

含水率の高い畜産系バイオマスをエネルギーとして利用する技術としては、生物化学的変換であるメタン発酵が主流である。微生物がバイオマスを分解することで発生するバイオガス（メタンが主成分）を燃料として、施設の加温や発電に活用することが可能である。また、メタン発酵後の消化液は液肥として利用することもできる。

近隣にバイオガスプラントがある所では、比較的安価にエネルギーを使用できると思われるが、地域内で大量の家畜糞尿が安定的に発生することや処理廃液であるメタン消化液を液肥として還元する農地が確保できることなど、条件が整わなければバイオガスプラント自体が商業的に成り立ちづらい。そのため、実際に園芸施設で活用されている事例は限られている。

活用事例

■木質系バイオマス

【木質ペレットボイラー（伊達）】

伊達市では、林業の振興を図るため、木質ペレット製造プラントを建設し、エネルギーの地産地消に取り組んでいる。製造された木質ペレットは、農業ハウスの暖房燃料として、いちごなどの野菜や切り花の栽培に利用されている他（写真1）、市内の公共施設や一般家庭、市外の小・中学校の暖房用ボイラーの燃料として利用されている。

写真1　農業用ハウスにおけるペレットサイロ設置状況

写真2
植物工場における木質チップボイラー本体（左）とチップサイロ（上）における燃料保管状況

第4章 今後の施設栽培

写真3　バイオガス発電の余剰熱によるさつまいもの育苗

【木質チップボイラー（苫小牧）】

　苫小牧市では、農林水産省の次世代施設園芸導入加速化支援事業において北海道拠点として整備された植物工場が稼働しており、木質チップボイラーを施設の加温に用いている（**写真2**）。また同市内の別の植物工場では、木質チップボイラーによる加温と同時に、排出ガス中の二酸化炭素を浄化した上で温室内に供給し作物生産に活用している。

　いずれの工場においても、木質チップボイラー単独ではなく、天然ガスなどの化石燃料ボイラーとの組み合わせにより施設の温度制御を行っている。

■畜産系バイオマス（鹿追）

　鹿追町では、町内で発生する家畜糞尿などの畜産系バイオマスからメタン発酵により製造したバイオガスを発電に利用しており、発電時に生じる余剰熱をさつまいもの育苗や貯蔵、マンゴーの栽培などに活用している（**写真3**）。

効率的な収集・運搬が必要
余剰電力売電などで継続的事業に

　バイオマス資源は地域内に分散して存在することが多く、収集・運搬・管理のコストが掛かる上、場合によってはそれらに化石燃料を使用することにもなる。コストおよび温室効果ガス排出量の削減を目指すのであれば、効率的な収集・運搬が必要であり、規模が大きいほど有利であると考えられる。燃料調達から使用に至る各段階において、地域内の他産業とも連携し、効果的・効率的に事業を運営することが重要である。また、事業全体としてのカーボンニュートラルを目指すためには、燃料輸送時のエネルギーなども含めたLCA（ライフサイクルアセスメント、資源の採取、製造、使用、廃棄、生産物の輸送など、全ての段階を通じた環境への影響を定量的、客観的に評価すること）が必要となる。

　わが国に比べバイオマス資源の利用が進んでいるヨーロッパでは、電力市場の自由化、再生可能エネルギーによる電力の優遇買取制度、化石燃料への課税または再生可能エネルギーへの免税など優遇税制措置などの政策支援がなされている。日本においても2012年から再生可能エネルギーで発電した電気の固定価格買取制度（FIT）がスタートしているが、農業分野においても余剰電力の売電などを行いながら、継続的な事業として成立させることが望まれる。

　　　　　　　　　　　　　　　（平井　剛）

測定機器とPC・スマートフォンの利用

環境制御するためには
まず環境測定から

施設園芸における環境制御は、まず施設内の温度、湿度、二酸化炭素（以下CO_2）濃度などの環境測定から始めることになる。温度を測定すると、次は目標の温度にコントロールするために電動の側窓巻き上げ機などの導入が必要となる。

環境の測定ができたら、そのデータを記録し、次の作型や翌年以降の栽培に生かしていくことが大切である。そのためには環境のデータ以外に作物の生育状況なども記録したい。紙に書いて記録してもよいが、メーカー製の環境測定・制御アプリに記入したり、PC上の表計算ソフトやデータベースソフトを活用したり、あるいはインターネット（Web）のカレンダーやブログなどへ記入してもよい。

次の段階として、測定した温度、湿度、CO_2濃度などの情報をより積極的に、側窓・天窓の開閉、循環扇・暖房機の制御、加えてCO_2施用などに活用することにより、高収量を狙うことになる。ここではPCやスマートフォンを活用した環境測定や制御機器を紹介する（**表**）。

環境測定装置

■比較的安価な「おんどとり」シリーズ

手軽に比較的安価に施設内の環境を測定する装置としては、㈱ティアンドデイ（https://www.tandd.co.jp）の「おんどとりワイヤレスデータロガー RTR-500シリーズ」がある（**図1**）。温度、湿度、CO_2濃度、照度などを測定でき、その場で値をモニターできる他、ワイヤレスでデータをハンディー収集器により吸い上げることで、PCに移動させて保存もできる。さらに有線LANや無線LAN（WiFi）でPCとハウス施設を結べるなら、ワイヤレスデータ収集器からデータをPCに送信させることもできる。また施設が遠隔地でLANが敷設困難な場合は、データ収集機が集めたデータを定期的に携帯電話回線（3G）で送信さ

表　各製品サービスの一覧

製品名	測定項目			メーカー	価格（税別）	備考
	温度湿度	CO_2濃度	光			
おんどとり RTR-500	○	○	○	㈱ティアンドデイ	1万4,800円〜5万6,000円	データ収集機(3,200円)データ自動送信機(4,700円)などが必要
おんどとり TR-7wf/nw	○	−	−	㈱ティアンドデイ	2万9,800円	有線LANや無線LAN、USBで接続。スマートフォンで直接接続も可能
プロファインダーⅢ	○	○	○	㈱誠和。	20万円	パソコンのモニターで、ハウス内環境を確認できる
アグリネット	○	○	○	ネポン㈱	30万円	ハウス環境をスマートフォンやPCでいつでも確認できる。側窓や暖房機などの制御も可能
食・農クラウド Akisai（秋彩）	○	○	○	富士通㈱	25万円	各種センサー情報の収集や機器の制御を行い、クラウドに蓄積されたデータを活用できる
ワイヤレスセンサーネットワークシステム	○	○	○	スマートロジック㈱	1万9,800円〜3万9,800円	親機(2万4,800〜8万6,800円)が必要。WEBサービスは2,000円（月額）から
UECS Station Cloud（クラウドサービス）	(○)	(○)	(○)	㈱ワビット	3,500円（月額）	UECS準拠機器を接続して利用する。上記おんどとりやスマートロジック社センサーを利用してデータ変換する「UECSゲートウェイ」も販売
ウエザーステーション	○	○	−	Netatmo（ネトアモ）	2万4,000円	家庭用の環境モニター。屋外モジュールが付属。雨量計、風速計などもオプション接続可

第4章 今後の施設栽培

図1 おんどとりデータロガー（左）とクラウドサービス「おんどとりWeb Storage」（右）

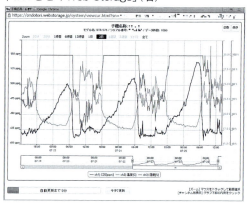

せることもできる。この場合、格安SIMを利用すれば、月々500円程度の回線維持費で済む。LANや3G回線を利用したデータは、無償のクラウドサービス「おんどとりWeb Storage」を利用して、スマホなどからグラフで確認でき便利である（**図1**）。

「おんどとりクラウド対応データロガーTR-7 wf/nwシリーズ」ならクラウドサービスに加えて、スマートフォンやタブレット端末を直接つないで値をモニターできる。いずれも、PCの設定やスマートフォンへのアプリ導入・設定など、ある程度のスキルが必要になる。

■メーカー提供の施設園芸用サービス

メーカーが施設園芸用に提供しているサービスには「プロファインダーⅢ」（㈱誠和。、https://www.seiwa-ltd.jp）、「アグリネット」（ネポン㈱、https://www.nepon.co.jp/agrinet/）、「食・農クラウド Akisai（秋彩）」（富士通㈱、http://jp.fujitsu.com/solutions/cloud/agri/）、「ワイヤレスセンサーネットワークシステム」（スマートロジック㈱、http://www.smartlogic.jp/）などがある。いずれも施設園芸専用の設備なのでトータルシステムとして導入可能で、耐久性・信頼性が高い。

【プロファインダーⅢ】（P250〜251参照）

温度、湿度、CO_2濃度、照度の測定を行い、平均気温、積算気温、培地温度、絶対湿度、飽差など施設園芸に欠かせない値を算出し、PC上でグラフ表示ができる。本州で広く普及しており、道内でも普及が進んできている（**写真1**）。㈱誠和。は植物工場規模の施設園芸をコントロールするオランダPriva（プリバ）社製の統合環境制御システムも扱っている。

写真1 プロファインダーⅢの計測器（左）とモニター画面

測定機器とPC・スマートフォンの利用

【アグリネット】（P248～249参照）

温度、湿度、CO_2濃度、照度に加えて、風向・風速や、暖房機のハウス加温機情報などもオプションで測定でき、携帯電話回線を使用しメーカーサーバーにデータが蓄積され、スマートフォンやPCから確認できる。また対応設備を導入すれば、側窓、換気扇、暖房などの遠隔制御も可能である。加えて、温度異常や施設での停電が起こった時に携帯電話やスマートフォンに警報メールを送る機能もある（図2）。

図2 「アグリネット」のサービス

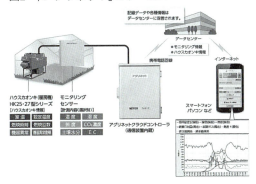

図3 「食・農クラウド Akisai（秋彩）」のサービス

【食・農クラウド Akisai（秋彩）】（P246～247参照）

「UECS（ユビキタス環境制御システム）」（http://www.UECS.jp）に準拠した施設環境で、遠隔から温室のモニタリング・リモートコントロールや温室内の装置の自動制御が行える他、富士通データセンターで、温室の環境データの蓄積や分析などのトータルサービスを提供している。これらもPCやスマートフォンで表示、制御が可能である（図3）。

【ワイヤレスセンサーネットワークシステム】

施設環境を遠隔からリアルタイムで確認・管理するシステムで、温度、CO_2濃度などのデータをサーバー上で管理し、スマートフォンやPCにより測定値や積算温度、飽差などのグラフ表示が行える他、過去のデータを参照したり、異常値を検出したら設定したメールアドレスに警告メールを自動送信することもできる（図4）。

施設園芸向け通信規格「UECS」で複数のメーカー機器も相互接続

施設園芸向けの通信規格「UECS」は日本発の施設園芸・植物工場向けのオープンな規格であるため、複数のメーカーの機器であっても規格に準拠していれば相互に接続ができる。

㈱ワビット（http://www.wa-bit.com/smart-agri-project/）は、有償とはなるが、環境制御クラウドサービス「UECS Station Cloud」を

図4 「ワイヤレスセンサーネットワークシステム」の概要（左）とWebサービス

第4章 今後の施設栽培

図5 「UECSゲートウェイ」のサービス（左）と「UECS Station for Android」の画面

提供している。先ほど紹介した「おんどとりデータロガー」やスマートロジック社のセンサーをUECS対応センサーとしてデータ変換する通信サーバー「UECSゲートウェイ」を利用して、データをグラフ表示させたり、制御機器動作状態を遠隔監視できる。また、OSにAndroidを使用しているタブレットやスマートフォン向けのアプリとして「UECS Station for Android」も提供しており、各センサーの値をモニターし、制御機器をコントロールすることもできる（**図5**）。さらに低価格なシングルボードコンピュータ「Raspberry Pi（ラズベリーパイ）」を利用して環境測定や機器制御ができる「UECS-Piコントローラキット」なども提供している。

電気やPCに強い方であれば、キットを利用してUECSに対応するセンサーや制御機器を自作して利用することも可能である。腕に覚えのある方は、ぜひトライしていただきたい。

家庭用機器を応用するケースも

最近では、「ウエザーステーション（Netatmoネタトモ）」（https://www.netatmo.com/ja-JP/product/weather-station）を施設園芸

写真2 「ウエザーステーション（Netatmo）」

に応用する例もある。ウエザーステーションは、家庭用機器で屋内・屋外の温度、湿度、CO_2濃度、騒音レベルなどを計測して、そのログを保存できる。家庭のインターネット回線と無線LAN（WiFi）と接続できれば、スマートフォンやPCからインターネットを通して環境情報に簡単にアクセスできる（**写真2**）。家庭用機器であるため、業務利用する場合の耐久性は不明であるが、全国で園芸施設に応用しているようである。

まず低価格な機器で施設の環境を計測してみて、その後に専用測定・制御機器にステップアップを考えてもよい。まずは、環境を知ることが第一歩である。　　　　（菅原　章人）

温湿度・空調管理システム

水と二酸化炭素を吸収させるには気孔を開かせる環境管理を

作物栽培とは、作物に水と二酸化炭素（以下、CO_2）を原料として与え、光エネルギーを利用して炭水化物を合成させ、これを元手に食料となる果実や茎葉、根をつくらせる行為である。そのため、炭水化物の原料である水とCO_2をできるだけ多く植物に吸収させることが作物栽培にとって重要である。

水は主に根から吸収されるが、これは葉の蒸散作用に強く依存し、この蒸散は気孔を通じて行われる。一方、CO_2の取り込みは葉の気孔を通じて行われ、その濃度差によって葉内部へ拡散し利用される。つまり、水とCO_2を植物に取り込ませるには気孔を開かせる環境管理が重要となる。この管理の指標として、近年注目されているのは飽差である（第2章「環境測定」、p74〜75を参照）。飽差とはある温度と湿度の空気にあとどれだけ水蒸気の入る余地があるかを示す値で、3〜6g/m^3が理想とされ、この範囲内であれば気孔が開き、蒸散も活発に行われる。この時にCO_2を施用できれば効率よく光合成を行うことができ、収量・品質の向上が望める。

1970〜80年代の日本においては、CO_2施用が持てはやされたが、収量が増加しないことが数多く報告され、広く普及するには至らなかった。これは気孔開閉のための湿度管理が不十分であったことによるとの指摘がある。すなわち、これまでの日本の施設栽培は気温を高めることを主目的としてきたため、湿度については病害被害軽減のために除湿を奨励する程度で、重要な環境要因とは位置付けられていなかったのである。これらの状況に対しオランダでは、気温、湿度、CO_2濃度、光環境、施肥量を、コンピューターを用いて総合的に制御することで作物の増産に成功した。トマトでは一般に、北海道の収量が10〜20t/10aであるのに対しオランダでは60〜90t/10aであり、約5倍の差がある。

図1　気温・湿度・二酸化炭素・気流管理システム

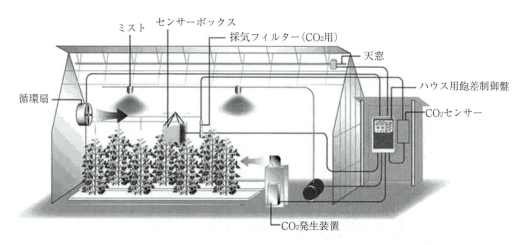

（㈱ニッポーHPより引用）

第4章 今後の施設栽培

本項では、この違いを生み出した要因の一つである温湿度・空調管理システムの概要と現状、今後の展望について述べる。

温湿度・空調管理システムの概要と現状

図1に、気温、湿度、CO_2濃度、気流が管理された、模式的な栽培施設を示す。これらを制御するには、ハウス内の状況を把握する必要があるため、気温、湿度、CO_2濃度の各センサーを設置する。施設内環境にはばらつきがあるが、通常の場合、センサー（**写真1**）は施設内に1点のみ設置され、設置場所は作物群落内が一般的である。これらの環境を迅速かつ正確に測定するために、センサーにファンが付いている場合も多い。さらに、ハウス内環境の均一化を目的として、園芸用の循環扇を設置する。

写真1　センサー（提供：㈱誠和。）

■気温―ヒートポンプ併用方式も

気温を上げる場合、積極的な加温として温風暖房や温水暖房、ヒートポンプなどさまざまな方法があり（**表1**）、最も普及しているのが安価で設置も容易な温風暖房である。ヒー

表1　暖房方式の種類と特徴（岡田、1980年を改変）

方式名	方式概要	暖房効果	保守管理	設備費	適用対象	その他
温風暖房	空気を直接加熱する	停止時の保温性に欠ける	水を扱わないので取り扱いが容易である	温水暖房に比べてかなり安価である	温室全般	配管や放熱管がないため、作業性に優れる。燃焼空気を室内から取り込む場合には換気が必要である
温水暖房	60～80℃の湯を循環する。ファンコイルユニットで温水に変換し、室内に吹き込む方式もある	使用温度が低いので温和な加熱ができる。余熱が多く停止後も保温性が高い	ボイラーの取り扱いは温風暖房に比べ容易である。配管のエアー抜きが必要である	配管・放熱管を必要とし、割高である	高級作物の温室、大規模施設	寒冷地では凍結の恐れがあり、水抜き保温対策に十分な考慮を必要とする
ヒートポンプ暖房	空気を直接加熱する。さまざまなシステムがあるが、外気熱源方式が主流である	停止時の保温性に欠ける	定期的にフィルターの掃除が必要である	温風暖房機の数倍の価格である	温室全般	冷房や除湿に利用できる。暖房時、外気温が低下して室外機に着霜すると霜取り運転に入り一時的に暖房運転が停止する
木質ペレット暖房	温風式と温水式がある	着火や消火に時間がかかる	定期的に灰のかき出し作業が必要である	燃油暖房機の数倍の価格である	温室全般	カーボンニュートラルに近く環境に良い

「施設園芸・植物工場ハンドブック」より作成

温湿度・空調管理システム

トポンプは高価で、成績係数（＝暖房出力 ÷ 消費電力、数値が高いほど効率的）も家庭用エアコンより低いため、暖房装置として普及するためには課題が多い。しかし、温風暖房とヒートポンプを組み合わせ、設置コストや運転コストを抑えたハイブリッド方式やヒートポンプの持つ除湿・冷房機能をうまく活用できる場合はその限りではない。導入事例では、「除湿機能を利用して灰色かび病などの病害が抑制され収量が向上した」、あるいは「夜間冷房により品質が向上した」などの声も聞かれる。

気温を下げる場合、一般に換気や遮光が用いられるが、確実に生育適温まで下げるには冷房が必要になる。幾つかの装置が開発され（**表2**）、ヒートポンプや細霧冷房、パッドア ンドファンなどが普及しているが、中でも普及しているのは細霧冷房（細霧粒径0.01 〜 0.05㎜）である。

■湿度―細霧冷房の改良進み実用技術に

先述した細霧冷房は冷房としての機能に加え、最適飽差を維持するための湿度制御の観点から利用される場面が多い。以前はノズルからの「ぽた落ち」や細霧が十分蒸発しない（一般に60％が蒸発し、40％が未蒸発）ことにより葉を濡らしてしまい、病害の発生を助長したり、気孔を閉じさせて光合成を阻害するなどの問題があった。しかし現在は、ノズルの改良や細霧発生の間欠制御（例：細霧発生を1分間行い、その後2分間発生を停止）により葉がぬれるのを回避できるようになり、実用的な技術となっている。除湿する場

表2 冷房・冷却装置の種類と利用状況（林、2003年を改変）

大分類	中分類	小分類			普及施設	普及度
冷房	空調機利用	ヒートポンプ（冷房機）			コチョウラン、いちごなどの花芽誘導、育苗、ばら栽培など	◎
		スポットクーラー、局所冷房			一部の栽培	△
	蒸発冷却法（冷却・加湿）	細霧冷房	自然換気型	低圧細霧システム（多目的利用）	一般栽培	◎
				高圧細霧システム（冷房・加湿用）	一般栽培	△
			強制換気型		一般栽培	△
		パッドアンドファン			一般栽培、育苗、鉢物栽培、植物工場など	◎
		ミスト噴霧			挿し芽、ラン、鉢物栽培など	○
	地下水利用	ウオーターカーテン式冷房（夜冷）			いちご育苗	△
		熱交換式局所冷房			育苗など	△
地下部冷却	冷凍機利用	地中冷却			アルストロメリア、トルコギキョウ、ハウスみかんなどの開花調節、花き栽培	△
		養液・培地冷却			養液栽培	○
	地下水利用	養液・培地冷却			養液栽培	△

「施設園芸・植物工場ハンドブック」より作成

第4章 今後の施設栽培

表3 温室内の湿度と果菜類の発生病害(石井、1983年)

作物名	乾燥下で多発生	多湿下で多発生
きゅうり	うどんこ病	べと病、炭そ病、黒星病、灰色かび病、菌核病、つる枯病、褐斑病、斑点細菌病など
メロン	うどんこ病	べと病、つる枯病など
トマト	うどんこ病	葉かび病、斑点病、疫病、灰色かび病、輪紋病など
ピーマン	うどんこ病	灰色かび病など
なす	うどんこ病	褐紋病、黒枯病、灰色かび病、菌核病、すすかび病など
いちご	うどんこ病	灰色かび病、菌核病など

「施設園芸・植物工場ハンドブック」より作成

合は、天窓・側窓からの換気の他、除湿専用機や前述のヒートポンプが使用される。

多湿条件で発生する病害は多く(**表3**)、これらの病害は葉面などの結露がおよそ5時間以上継続する場合に多発することが知られている。そのため、夜間など換気が少ない時の結露防止は病害回避に効果的である。結露防止の対策として、①夕方以降、気温が低下し、飽差が小さくなる前に換気して除湿する、②換気窓閉鎖後は除湿機を使う、③温室内空気が未飽和であれば葉が少し動く程度まで室内風速を上昇させ葉面が結露する温度以下にならないようにする—などがある。

■CO_2—ゼロ濃度差施用法が注目

施用法には、①灯油燃焼方式、②LPG燃焼方式、③液化CO_2方式—がある。①は導入コストやランニングコストが小さく、最も普及している。③は設備が簡素であるが、単価が高く運用コストが掛かるため、1ha以上の大型施設が対象とされている。CO_2の供給には、施設内への均一な供給を目的として小さな穴の開いたダクトが用いられる。これまでCO_2施用は換気前の早朝や換気が少ない低温期での使用が多かったが、換気が多い高温期の日中の施設内ではCO_2濃度が大気よりも明らかに低いことが分かり、最近「ゼロ濃度差CO_2施用法」が注目を集めている(第2章「CO_2施用」、p72〜73を参照)。この方法であれば施設内CO_2濃度を大気並みに維持

写真2 循環扇(つり下げ型の設置例)

でき、CO_2施用の効果が得られやすい。換気時でもCO_2が施用されることを想定し、ダクト配置は換気窓から遠くて換気されづらい作物の株元など低い位置にするとともに、外気と施設内CO_2の濃度差が等しくなるように、CO_2センサーは施設内の換気窓付近に設置する。

■気流—循環扇などで環境条件を均一に

統合的に環境を制御する場合、環境条件が可能な限り均一であることが望ましい。しかし換気窓が閉まっている時間帯や低温期では空気流動がわずかで、気温、湿度、CO_2濃度の分布むらが発生しやすい。そのため、循環扇(**写真3**)などにより強制的に施設内に気流を生じさせ、環境条件を可能な限り均一にする必要がある。また、葉面近くに気流を生じさせることは、葉面上にあるCO_2の取り込みを阻害するとされる「葉面境界層」の抵抗

図2 風速と湿度がきゅうり葉の光合成速度に及ぼす影響（矢吹、宮川、1970年）

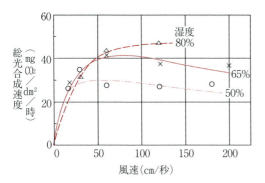

図3 統合環境制御と光合成速度変化の模式図（古在、2009年）

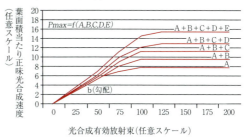

A：温度制御　B：気流速度制御　C：CO_2
D：水蒸気飽差（または湿度）　E：養分吸収・水吸収制御
（㈱誠和。ＨＰより引用）

を弱くできるため、光合成能の向上に有効と考えられる（図2）。

■統合管理の効果—光合成速度が増大

　温度、湿度（飽差）、CO_2濃度、気流管理が統合的に制御されるほど得られる効果は大きい（図3）。日射量の増加により植物の光合成速度は増大するが、ある地点で光飽和となる。しかし、これらを統合的に制御することで光合成速度はさらに増大し、これまで以上に植物の成長を促すことができるようになる。

知見不足やコストが課題　無理のない計画で導入を

　北海道において温湿度・空調を総合的に管理するシステムの導入はまだ始まったばかりで、本州以南に比べ導入事例は少ない。このシステムは換気時間の短い低温期で効果が得られやすいため、低温期に野菜・花きを生産することが多い本州以南では技術の導入がスムーズに行われた。一方、北海道では低温期の寒さが厳しく、野菜や花きの生産が難しいため、導入機会が少なかったと推測できる。しかし、換気時間が長くてもCO_2施用効果が得られるゼロ濃度差CO_2施用法の考案もあり、換気の多い夏期に野菜づくりを行う北海道でも温湿度・空調管理システムの導入が期待される。

　一方、今後導入する場合、以下の点に注意が必要である。このシステムは日射量や施肥技術（第4章「養液栽培とは」、p200〜203を参照）と組み合わせることで大きな成果が得られるので、これらを加えた統合的な技術の導入が必要である。設備だけでなく、各センサーから得られるデータや生育状況を見て問題点を判断し、対応できる栽培ノウハウも併せて導入する。このシステムは、センサー、冷暖房機、ミストノズル、CO_2発生装置、循環扇などさまざまな備品を要することから、高価である。そのため、安定した経営には周年栽培を目指すことが望ましく、地熱、工場の廃熱などの安価なエネルギーの確保や周年栽培に適した品目の選定が重要である。また、可能な限り精度の高い測定装置を導入する。

　これまで述べてきたように、温湿度・空調システムを導入することで光合成能力は増加し、収量・品質も向上する一方で、このシステムに関する知見不足やコストが技術導入のネックになっている。今後、普及件数の増加とともに知見の蓄積やコストの低下が期待されるが、生産が安定し、経営が軌道に乗るまで年数がかかるとされている。導入の際には、無理のない計画の策定が望まれる。

（八木　亮治）

四季成りいちご「すずあかね」

品種の特長

- エッチエス-138×HKW-02の交配。
- 草姿は中立性で草勢はやや強く、草丈はやや低め。
- 腋芽およびランナーの発生数が少なく、葉の展開も遅い。
- 花房の上がりが集中せず連続して出蕾する。
  1花房当りの花数も少ない。
- 高温期にも連続収穫が可能で、安定した供給が確保できる。
- 古葉かきを含めた管理作業に手間がかからない。
- 果実は大きく、果皮色は明るい橙赤色で光沢に優れる。
- 果実は硬く、日持ち性に極めて優れ、香りも良い。
- 酸度は低いが糖度は高めで、生食用としての用途も広がる。
- 機械選果にも適応するので選果・選別作業を省力化できる。
- 共同選果により品質向上、安定生産、地域ブランド育成に繋がる。

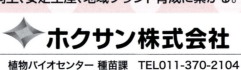

ホクサン株式会社

植物バイオセンター 種苗課　TEL011-370-2104

第5章

今後注目の資材

【住化農業資材㈱】
　自動かん水タイマー、簡易細霧冷房 ……… 222
【サンテーラ㈱】機能性フィルム ……… 224
【越浦パイプ㈱】高強度ハウス、自動換気装置、
　エアーハウス ……… 228
【渡辺パイプ㈱】高強度ハウス、自動換気装置 … 231
【JA全農】養液栽培システム ……… 234
【イーズエンジニアリング㈱】
　ヒートポンプハウス栽培用エアコン ……… 237
【日本ワイドクロス㈱】防草シート ……… 238
【日本ワイドクロス㈱】防虫ネット ……… 240
【ダイヤテックス㈱】遮光・遮熱ネット ……… 244
【富士通㈱】ICTを活用した環境制御・生産管理
　システム ……… 246
【ネポン㈱】ハウス環境制御・情報管理システム … 248
【㈱誠和。】ハウス環境測定システム ……… 250

第5章 今後注目の資材

【住化農業資材㈱】

自動かん水タイマー、簡易細霧冷房

従来、施設園芸栽培ではかん水タイマーでセッティングした時間帯に配管部と接続する電磁弁を電気的に開閉作動させる自動かん水システムが利用されている。現状としては、精度の高い液肥混入器や点滴ホースを組み合わせて、秀品率や収量増、連作障害軽減、省力化などを目的に一部の産地で普及している。

最近では省力化を目的に、土耕栽培で使う一般的なかん水チューブにかん水タイマーを導入する生産者も現れている。今後、特に高齢化した生産者、大規模生産者を中心に、その必要性は増していくと思われる。

設定簡単な「よくばりタイマー」

当社の「よくばりタイマー」は、かん水開始時刻やかん水時間の設定を簡易にできる特長を有し、〝小難しい操作は不要〟をコンセプトにつくり上げている（**写真1、表1**）。

かん水設定内容を変更する際、かん水タイマーの管理者が多忙であれば、手の空いている作業者に任せることも容易にでき、〝共有管理できる〟との評価を受けている。

写真1 「よくばりタイマーⅢ」（試作機）

表2 「よくばりタイマー」のハウス4棟分の概算コスト（間口6.3m、奥行き50m）

品名	数量	単価(円)	価格(円)
よくばりタイマー	1台	120,000	120,000
ポンプリレーボックス	1台	50,000	50,000
電磁弁50A	4個	26,000	104,000
配管部材	1式	60,000	60,000
合計			334,000

※2016年現在の設計価格(税別)。電材・工賃などは別費用

ハウス4棟で約33万円

ハウス1棟当たりに電磁弁を1個設置する場合、ハウス4棟分の概算コストは約33万円である（**表2**）。よくばりタイマーは最大8個の電磁弁を接続でき、その際は電磁弁8個に配管部材12万円を加えて約50万円となる。

細霧冷房用チューブ「ハウスクール」にも利用

よくばりタイマーは夏場の温度抑制に利用される細霧冷房（当社品「ハウスクール」）にも利用されている。ハウスクールは簡易細霧冷房用として、既設のかん水用モーターポンプ（出力2.2kW相当）で使用可能な低圧力タイプのホースである（**写真2**）。

細霧冷房とは、粒子の細かい水を噴霧し、作物体や資材に付着した水が蒸散する際に周

表1 「よくばりタイマーⅢ」の特徴

・時間表示がＬＥＤセグメント表示となり、従来品より明るく見やすくなっている
・設定ボタンが「メンブレンスイッチ」となり、耐久性が向上
・2パターンのプログラムが、あらかじめ設定できる（プログラムA／B）
・かん水異常を音と光とアラーム出力で知らせる（市販パルス流量計接続時）
・ケースに取り付け用金具を付けた
【アナログの使いやすさを継承】
・設定の流れに沿ったボタン配列
・現在の設定状況が一目で分かる（設定確認のために表示切り替え不要！！）

自動かん水タイマー、簡易細霧冷房

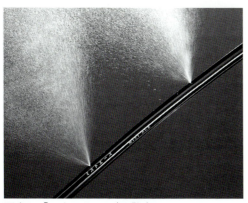

写真2 「ハウスクール」の散水

写真3 「ハウスクール」設置例(散水状況)

表3 「自動かん水＋細霧冷房」のハウス4棟分の概算コスト
（間口6.3m、奥行き50m）

品名	数量	単価(円)	価格(円)
よくばりタイマー	1台	120,000	120,000
ポンプリレーボックス	1台	50,000	50,000
電磁弁50A	4個	26,000	104,000
電磁弁25A	4個	19,800	79,200
ハウスクール100m巻き	1巻	14,200	14,200
ハウスクール付属品	1式	10,000	10,000
配管部材	1式	100,000	100,000
合計			477,400

※2016年現在の設計価格(税別)。電材・工賃などは別費用

囲の空気から熱を奪って温度を下げる技術である。効果としては①温度の低下(3～7℃)による生育の安定、②ハウス内の乾燥防止（光合成の促進）、③作業改善—などが挙げられる。

■低コストで自己施工も可能

以前からハウス内の高温を抑制するため、さまざまな細霧冷房装置の販売が繰り返されてきたが、いまだ普及は限定的である。その原因は価格の高さにあり、1㎡当たり5,000～2万円の費用が必要で、使用時期が6～8月に限定される道内では、かなりの高コストとなってしまい導入は困難であった。

一方、当社で開発した細霧冷房用チューブのハウスクールは1㎡当たり300～500円と、低コストなシステムである(表3)。通常の細霧冷房では専用高圧ポンプを新たに必要とするが、ハウスクールは前述の通り既設のモーターポンプが利用でき、個人施工できるよう簡易なシステムにつくり上げている(図)。

■通路に設置、30～40分のインターバルも

使用上の注意点としては、散水後に水滴のボタ落ちが生じるため、ハウス内の通路に設置することが条件となる(写真3)。また低圧ポンプでの利用のため、従来の高圧タイプに比べ、水の粒径が粗くなる。そのため地上部のぬれ防止のため噴霧時間は2～3分くらいに抑え、30～40分のインターバルを設けて利用することが望ましい。

（出口　卓）

図 「ハウスクール」配管施工例

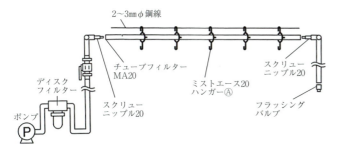

第5章 今後注目の資材

【サンテーラ㈱】

機能性フィルム

農業用ハウスの外張りフィルムは、単に雨風をしのぐだけがその役割ではない。さまざまな作物の栽培に適した環境を演出するという役割を担っている。本稿では、世界初となる温度感応型光線制御フィルムをはじめとした機能性フィルムについて紹介する。

世界初！ 温度感応型光線制御フィルム「調光」

ここ数年の農業用フィルムのトレンドは、遮熱タイプや散乱光タイプなどの高温対策を目的としたものだろう。特に散乱光タイプは光合成促進効果も相まって、夏期栽培において評価が高まっている。一方、北海道においては早春、晩秋の採光性・温度確保を心配する生産者の声も多い。

農業用ハウスにおける〝夏場の高温対策〟と〝低温時の温度確保〟という、この相反する課題を1枚のフィルムで解決するというコンセプトで開発したものが当社の「調光」である。

■製品特徴

主な特徴は以下の通りである。

①低温時は透明、高温時には梨地調、という変化を繰り返す。

②高温時は直達光を散乱光に変換するため、作物の葉焼けや果実焼け、花弁焼けの低減効果がある。また生産者にとっては直達光が当たらないので体感温度が上がりにくく、農作業環境の改善が期待できる。

③散乱光は影をつくりにくいため、効果的な光合成が期待できる。

④低温時は直達光になることから、光の弱い時期の温度確保が期待できる。

⑤フィルムの厚みは150μ（0.15㎜）で流滴剤塗布タイプ。保温性は当社最高級グレードの「クリンテートＥＸ」と同等である。

⑥耐農薬性を大幅に向上させたことで、さらなる長期間の展張を実現した。

■冬は透明で夏は梨地調、昼夜でも変化

写真1、2は調光を展張したハウスの1月と7月の外観である（試験地：長沼町）。気温が氷点下となる1月は透明だが、気温が上昇するに伴い梨地調に変化し、7月の外気温29℃のときにはハウスパイプが見えなくなるほどになっている。この後、気温の低下とともにフィルムは透明に戻っていく。

このようにフィルム自らが温度を感じ取り、散乱光度合いを変化させる。年間を通してはもちろん、1日の中でも昼夜の気温に感応して変化を繰り返す（**写真3、4**）。

■高温期ほど散乱光に

図1、2のグラフは調光を展張したハウス

写真1　1月（外気温-6℃）の「調光」

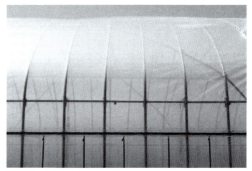

写真2　7月（外気温29℃）の「調光」

機能性フィルム

内の照度を測定したものである。

図1は12月の低温期で透明なため散乱光度合いが低く、ハウス内照度は一般透明品と比べても差はない。一方、**図2**は7月の高温期で散乱光度合いが増しているため、ハウス内照度は一般透明品に比べ抑えられている。

なお、ここでいう散乱光は遮光とは異なる。遮光は光線をフィルムで反射し遮るが（**図3**）、散乱光は光線がフィルムを通過するときに拡散すること（**図4**）であり、ハウス内に到達する光線量は一般透明品と比べても差はない。作物に必要な光線は確保できる。

■優しい光が隅々まで届き、品質の向上も

散乱光がハウス内環境に与える影響につい

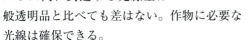

写真3　8時45分（外気温11℃）　写真4　13時（外気温27℃）

て、ハウス内にできた作物の影の例で紹介する。**写真5**の一般透明品の影は濃くくっきりしているのに対し、**写真6**の調光の影は薄くぼんやりしている。これはフィルムを通過し

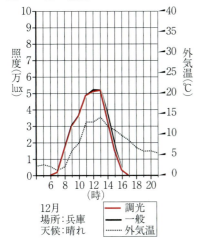

図1　12月の照度

12月
場所：兵庫
天候：晴れ
──調光
──一般
……外気温

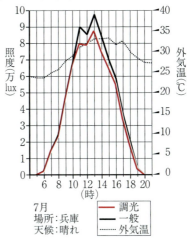

図2　7月の照度

7月
場所：兵庫
天候：晴れ
──調光
──一般
……外気温

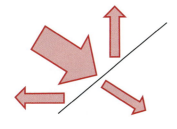

図3　遮光（イメージ）

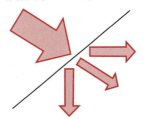

図4　散乱光（イメージ）

第5章 今後注目の資材

た光線があらゆる角度に拡散することで優しい光線となり、果実表面や葉の裏側、ハウスの隅々まで行き届くことを意味している。

優しい光は作物にも優しい。無遮光ハウスで栽培したトマトの例を紹介する。**写真7**の一般透明品では果実焼けや裂果が見られるが、**写真8**の調光では果実焼けや裂果の発生が減少する傾向が見られる。このような高温対策の他、散乱光には光合成を効率的に促進させる働きもあり、品質向上も期待できる。

■使用上の注意事項

温度により散乱光度合いが変化するフィルムのため、積極的に温度を下げる遮熱効果はない。急激な温度上昇には、遮光ネットを展張するなどの対応が必要である。

一般的に散乱光フィルムを展張したハウス内は「水持ちが良い＝乾きにくい」傾向があることから、水分管理については注意が必要である。

またハウス外面側が滑りやすくなることがあるので、展張作業時に注意が必要である。

クリンテートシリーズ

当社のクリンテートシリーズには、他にもさまざまな特徴を持ったフィルムがラインアップされている。

■遮熱フィルム「クリンテートSK（シルキィ）」

散乱光効果と近赤外線カット効果を併せ持ったフィルムである。フィルムに遮熱物質を練り込むことにより、積極的にハウス内の温度上昇を抑制することができる。**図5**はSKをハウス内張りで使用した温度データである。内張りのないハウスと比較するとSKのハウス内温度は約3℃低く推移している。

北海道ではミニトマトや絹さや栽培で使用事例がある。一方、低温時の温度確保、水分管理には注意が必要である。

写真5　一般透明品展張時の影は濃くくっきり

写真6　「調光」展張時の影は薄くぼんやり

写真7　一般透明品を展張したハウス内のトマト

写真8　「調光」を展張したハウス内のトマト

図5　ＳＫ（シルキィ）内張り時の温度変化

図6　ＳＮの雪被覆率

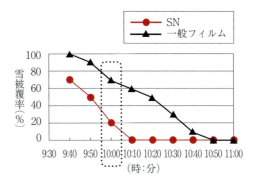

■滑雪フィルム「クリンテートＳＮ」

「クリンテートＤＸ（流滴剤練込タイプ）」のハウス外面に特殊コーティングを施すことにより、滑雪促進効果を持ったフィルムである。図6は降雪時のハウス天井部の雪被覆率を表したデータである。一般品と比較するとＳＮの滑雪開始時刻が早く、滑雪が進んでいることが分かる。この滑雪効果によって、より早くハウス内に太陽光線を取り込むことができる。

北海道では道南の無加温越冬ハウスでの使用事例がある。また、雨でほこりなども流れ落ちやすいことから、鹿児島県桜島の降灰対策にも使用されている。フィルム近傍の温度が氷点下になると、フィルムに雪が凍り付き落雪が遅れるので、冬期間は暖房を使用するなど注意が必要である。

■近紫外線カットフィルム「クリンテートＦＸＵＶ」

「クリンテートＦＸ（汎用塗布タイプ）」に近紫外線カット機能を付与することにより、害虫忌避および病害発生の抑制効果を持ったフィルムである。図7のグラフはＦＸＵＶの光線スペクトルである。昆虫の活動や菌の胞子形成に必要な近紫外線（200〜380nm）をハウス内に入るのを防ぐため、スリップスやアブラムシなどの害虫侵入や灰色かび病などの病害の発生を抑制する効果がある。

北海道では葉菜類や果菜類を中心に広く普

図7　ＦＸＵＶの光線スペクトル

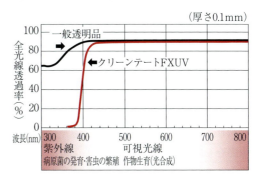

及が進んでいる。しかし蜜蜂を使って交配する作物やアントシアニン色素発色を重視する作物には使用できない他、各種育苗では軟弱気味に成長する傾向があることから注意が必要である。なおセイヨウオオマルハナバチでの使用事例はある。

この他にもさまざまな特徴を持ったユニークな機能性フィルムが発売されている。その製品の効果を最大限活用するためにも、カタログ上のメリットだけではなく、製品特性やリスクを理解した上で使用することをお願いしたい。

（川越　啓之）

※「クリンテート」「調光」「シルキィ」はサンテーラ㈱の登録商標である。

第5章 今後注目の資材

【越浦パイプ㈱】

高強度ハウス、自動換気装置、エアーハウス

近年、異常気象が原因で、雪や風によるハウス被害が増加している。また燃料高騰による燃料費増加や、後継者不足も大きな問題となっている。

今回紹介する商品は雪害や風害に対策を施した「トライアングルハウス」である。またトライアングルハウスを基本として保温力に優れた「エアーハウス」についても紹介する。

新2重構造でゆがみ軽減「トライアングルハウス」

当社は各種ニーズに合わせた温室の製造・販売をしているが、雪や風を伴う異常気象対策として開発したのが、自社オリジナルハウス「トライアングルハウス」である。

トライアングルハウスは従来のハウスと比較して強度が大幅にアップし、雪害・風害に強いパイプハウスである。その要因となっているのが強度を高めたパイプ（ハード管）をアーチ材として、かつオリジナル金具を接続部材として使用した新2重構造（2重アーチトライアングル構造）にある（**写真1**）。

従来ハウスと比べて風などによる揺れが少なく、金具とフィルムの摩擦も抑えられて、フィルムの劣化や破れを軽減できる。揺れにより、ハウス自体にゆがみが発生すると、雪の重みが均一に伝わらずハウスの倒壊につながるが、トライアングルハウスはゆがみにも強いため、冬も安心して利用できる。

一般的に従来ハウスのスパン間隔は50cmだが、トライアングルハウスは80cmである。さらに2重になったパイプの隙間からも光が差し込むため、光の入射量は従来ハウスより多くなる。価格については農協などにお問い合わせいただきたい。

補強用タイバー不要でトラクタ作業が容易、格納庫にも

従来のハウスは強度を上げるために、補強用タイバーが必要になっているが、トライア

写真2　補強用タイバー不要でハウス内のトラクタ作業も容易に

写真1　トライアングルハウスの内景

写真3　格納庫として使用するトライアングルハウス

高強度ハウス、自動換気装置、エアーハウス

図1 基本図(間口8.1m、肩高2.0m、棟高4.5m)

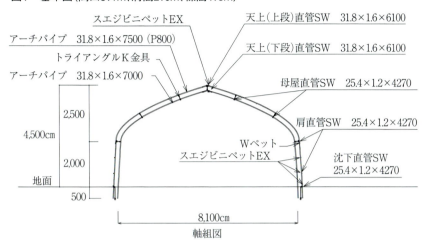

ングルハウスはタイバーが不要である。これによりハウス内で容易にトラクタ作業が可能となり、大きなメリットが生まれる（**写真2**）。栽培用としてはもちろん、格納庫として利用できることもトライアングルハウスの大きな特徴である（**写真3**）。

また、ハウス間口5.4～8.1m、肩高1.5～2.5mと幅広く対応しているため、使用目的に合ったサイズを用意することができる。**図1**は間口8.1m、肩高2.0m、棟高4.5mの基本図である。

トライアングルハウスには従来の側面換気、妻面換気、天窓換気、カーテン換気、温風暖房機、かん水装置とさまざまな設備を追加することも可能である。各種育苗用ハウス、通年栽培用ハウス、格納庫用ハウス、野球練習用ハウスなど多目的に利用できるので、今後ハウス建設を予定している方にはぜひお勧めしたい。また、安心のトライアングルハウスに関しては3年補償がもれなく無償で付くので、思いもよらぬ災害にも幅広く対応可能である。

巻き上げ換気を自動制御できる「電動カンキット」

天候や気温、季節に左右されず安定した栽

写真4 電動カンキット(サイド)

培が可能なハウス栽培だが、密閉状態のため換気が悪く、それが作物の生育にも悪影響を与えかねない。その問題を改善するために開発されたのが東都興業㈱で販売する「電動カンキット」である（**写真4**）。大きなメリットは巻き上げ換気を自動制御できる点である。ハウス内の細かな温度管理を行うこともでき、電動カンキット制御盤Ⅱ、電動カンキットトランス盤Ⅱ（2台用）、電動カンキット駆動機（2台）を使用すると、異なる温度設定で2カ所の巻き上げが行える。

写真5は電動カンキットの商品群である。

空気の層で断熱し保温力アップ「エアーハウス」

冬場の保温を目的とした空気膜二重構造を

第5章 今後注目の資材

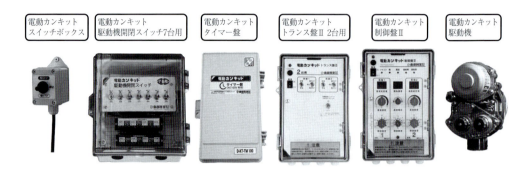

写真5　電動カンキットの商品群

利用したパイプハウス（以下、エアーハウス）関連製品の開発も進んでいる。エアーハウスはフィルムを2重にして、その間にエアーハウス用送風機で空気を送り込み、エアー層をつくる断熱ハウスである。

このエアー層があることで、外の寒気が直接ハウス内に影響するのを抑えることができ、ハウスの断熱・保温力が向上し、暖房費の大幅な節約につながる。

東都興業㈱では、エアーハウス送風機「TSエアファン」を使った製品が取り付け場所別に3種ある。屋根部には「TSルーフエアユニット」、ハウス内カーテン用には「TSカーテンエアユニット」、ハウスサイドには「TSサイドエアユニット」と、それぞれ使用する製品がセットになっている（図2）。

また、TSサイドエアユニットとTSカーテンエアユニットに関しては電動カンキットと併用することが可能で、換気やカーテンを状況に合わせて電動で巻き上げることができる。

図2　TSエアファンの各ユニットを使ったエアーハウス

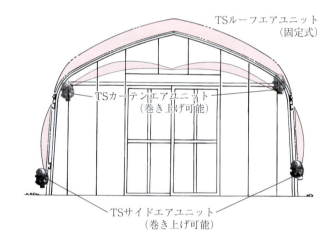

この設備はトライアングルハウスに導入することが可能で、厳冬期にも燃料費を抑えて、高強度のトライアングルハウスで安心した栽培を行うことができる。

◇

当社では、さまざまなビニールハウスを製造・販売しており、またハウス施工は系列会社㈱サン・トラストが担当している。導入前の相談からアフターサービスまで一貫したサービスを提供しているので、気軽にご相談いただきたい。

（佐藤　健太郎）

高強度ハウス、自動換気装置

【渡辺パイプ㈱】
高強度ハウス、自動換気装置

鉄骨ハウス並みの強度「八角ハウス」シリーズ

昨今、台風や大雨、大雪、洪水、地震などに加え、ゲリラ豪雨や爆弾低気圧などによって経験したことがないような異常気象による被害が増加している。そんな厳しい自然環境と隣り合わせで働いている農家の皆さんに安心・安全に営農をしていただきたいという思いから、強さと広さを兼ね備えた当社の「八角ハウス」シリーズが誕生した。

鉄骨ハウス並みの強度を実現した高性能パイプハウスで、主な特長を紹介する。

■八角タフパイプを採用、専用ジョイントも

主骨材に使用する新開発の八角タフパイプは従来の丸パイプに比べ、パイプ単体で1.5倍、パイプ同士の接点部で1.2倍の強度がある（図1）。丸パイプと同様、高耐食性のＺＡＭメッキを採用しているので耐用年数も変わらない。専用ジョイント部材の開発により、強固な結着力を生み出している（写真1）。

耐積雪性能は最大50kg/m^2、耐風性能も最大50m/秒を誇り（図2）、災害に強いハウスを実現した。低コスト耐候性ハウスにも対応している（一部規格を除く）。

■最大12.6ｍの大間口を実現

八角タフパイプを用いることで圧倒的な大空間を実現した。最大12.6ｍの大間口ハウスも可能（図3）で、用途に応じて間口を選択

図1　「八角タフパイプ」の特長

写真1　「八角タフパイプ」の専用ジョイント

図2　耐雪・耐風性に優れた高い強度

第5章 今後注目の資材

図3 幅広い間口と肩高に対応

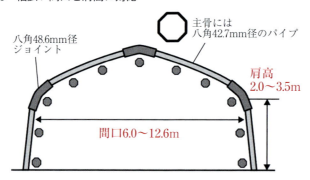

図4 効果的な構造で高い強度を実現(写真はイメージ)

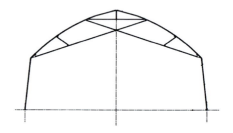

写真2
妻面換気装置や天窓、2層カーテンなども取り付け可能(写真はイメージ)

できる。パイプスパンの間隔は型式によって変わるが、最大で1.0m、最小で0.6mになる。

また、効果的な構造を追求することで高い強度を実現している(**図4**)。

■多様な設備に対応

当社のパイプハウス用妻面換気装置「ツマカンワイド」や2層カーテン装置、天窓なども取り付け可能で、さまざまな設備に対応している(**写真2**)。

なお販売方法については、従来のパイプハウスでは材料販売と工事付き販売の2種類に大別できるが、八角ハウスに関しては工事付き販売のみを行っている。

高強度ハウス、自動換気装置

図5 「ロールエース」の駆動イメージ

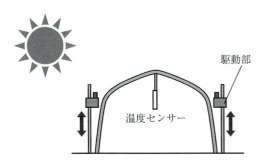

※巻き上げパイプφ22の場合は20秒で約10cmの巻き取り幅

図6 「ロールエース」の使用例

```
【例】
設定  開温度:20℃  動作時間:40秒
     閉温度:17℃  休時間:1分
```

朝方、ハウス内温度が20℃に上昇
↓
駆動部が40秒稼働（巻き上げ）
↓
ハウス内の温度を計測し以下の動作を繰り返す

① 20℃以上 → さらに40秒巻き上げ
② 18～19℃ → 停止
③ 17℃以下 → 40秒巻き下げを開始

※①と③は開閉ストッパー接触時には自動停止

表 「ロールエース」の標準仕様

操作方法	巻き上げ・巻き下げスイッチ操作　専用ストッパー位置での自動停止
間口対応	9mまで
巻き上げ能力（φ22）	奥行き100m（巻き上げ高さ1m）
駆動部	DC24Vモーター 減速比：1/800 巻き上げトルク：30N/m
電源	Ⅰ型：AC100V／Ⅱ型：AC200V
消費電力	100W/1セット
1セットの内容	・駆動部（10mケーブル付き）左右各1台　・専用ストッパー 4個 ・専用電源ボックス1台　・取り付け部品1式

自動巻き上げ換気装置「ロールエース」

　毎日の換気は施設園芸には付き物の作業である。毎朝夕の手動での換気作業は日々忙しい農家の皆さんにとっては重労働である。さらに、複数棟管理する方、自宅からハウスまでの距離がある場合はなおさらである。

　そんな問題を解決するのが当社の自動換気装置「ロールエース」である。設定温度に合わせ自動で換気を行い、ハウス内の環境を最適化する。換気作業を自動化することで他の作業を行ったり、体を休めることができる。八角ハウスの他、一般のパイプハウスでも使用可能である。主な特長を紹介する。

■**設定温度に合わせ側窓を自動開閉**

　ハウス内温度設定に合わせて自動で側窓を開閉する（**図5、6**）。

■**取り付けが簡単**

　取り付けはコンセントに差し込むだけで、電気工事業者への工事依頼が不要である。なお、主な仕様は**表**の通りである。

（菅生　和希）

第5章 今後注目の資材

【JA全農】

養液栽培システム

　全農式養液栽培システム「うぃずOne（ワン）」は水稲育苗ハウスなどの有効活用を目的として開発した養液栽培システムで、2013年から販売を開始し、これまで17都道府県75カ所で使用いただいている（**写真1**）。今回は、その特徴とパッケージ内容、導入・使用に当たっての留意点などについて紹介する。

育苗ハウスの有効活用が可能 「うぃずOne」の特徴

　まず、うぃずOneの特徴としては以下の3点が挙げられる。
■設置や撤去が簡単
　簡易な液肥混入機や発泡スチロール製の栽培槽を利用していることから、設置・撤去が簡単である。そのため育苗を終えた後に設置し、秋ごろまでトマトなどの栽培をした上で終了後は撤去できる。翌春には再び育苗ハウスとして使用することが可能である。
■隔離床栽培のためハウス土壌の影響を受けない
　根域がハウス土壌から隔離されているため、土壌病害を引き起こす病原菌や土壌残留農薬の影響を受けない。そのため、連作障害が発生したハウスや、東北地方で津波の塩害に遭ったハウスなどでも導入されている。
■肥培管理がしやすい
　生育状況に応じたかん水量や液肥混入量の調整が液肥混入機「ミニシステム」で簡単にできる。また、培土を使用していることから緩衝作用があり、液肥過多などによる失敗が起きにくい。

パッケージ内容

　次に、うぃずOneのパッケージ内容を紹介する。①液肥混入機「ミニシステム」、②かん水資材、③発泡スチロール製栽培槽「プラスBOX」、④培地（園芸用培土・パーライト）、⑤液肥—で構成されており、各資材の特徴は以下の通りである。
①ミニシステム
　水圧を利用して液肥を混入する簡易な仕組

写真1　「うぃずOne」の設置状況

みである。かん水タイマー制御には乾電池を使用するため、電気工事が不要で比較的安価な液肥混入機である（**写真2**）。

②かん水資材

圧力補正タイプのドリッパーを使用しており、一定の圧力範囲内であれば1時間当たり2ℓの吐出量に制御する。そのため、給水側から末端側まで同様のかん水量で管理することができる（**写真3**、**図1**）。

③プラスBOX

発泡スチロール製の栽培槽のため、軽く持ち運びが楽なことに加え、断熱効果があるため夏期の高温時期でも根域の温度上昇を抑える効果がある（**写真4**、**図2**）。

④培地（園芸用培土・パーライト）

通気性と排水性を考慮して、栽培漕の底部には3ℓ程度のパーライト（25㎜以上の粒）を敷き詰め、その上に15〜16ℓ程度の園芸用培土（地域一般品。道内では片倉チッカリン㈱の「軽量プラグエース」を推奨）を入れる。なお、パーライトは鹿沼土などで代用も可能である。

⑤液肥

「リキッドファーム1号」と硝酸石灰といった2種類の液肥を使用し、ミニシステムで適宜かん水量および混入率を調整した上で施肥する。

導入・使用時の留意点

このような特徴のある「うぃずOne」だが、導入・使用する際には以下の点に留意する。

■水源の確認

前述の通り、液肥混入機は水圧を利用する仕組みとなっているため、常に一定の圧力が掛かっている必要がある。導入前に設置レイアウトを作成した上で必要圧力と実際の水源の圧力の確認を行い、場合によっては新規でポンプを設置することも必要となる。

写真2　ミニシステム

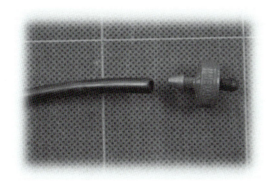

写真3　かん水資材

図1　かん水資材の吐出イメージ

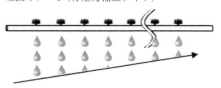

第5章 今後注目の資材

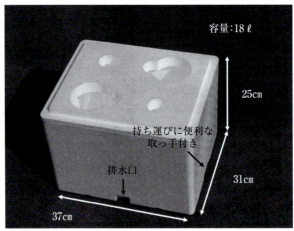

写真4　プラスBOX

図2　プラスBOXの地温の変化

　また、鉄分やカルシウム分が多い水質の場合には、液肥の沈殿やドリッパーの目詰まりを起こす可能性があるため、事前に水質調査を行う必要がある。

■十分なかん水

　前述の通り、土を利用しているので緩衝作用があり比較的栽培は容易であるが、肥料バランスを保つためには十分なかん水が必要である。プラスBOXの底には、排水口が付いている。与えた液肥のうち、2割程度が廃液として排出されるくらいが目安である。

なお廃液がハウス内土壌に浸透しないように排水口の下にトレイを敷くなど（**写真1**）の対策を取るよう留意する。

　ういずOneは各地で導入が進んでいる。既存の施設を生かしてなるべくコストを掛けずに、生産者の手取り最大化を図る一つのツールとして、今後も普及推進していきたいと考えている。

（松谷　一輝）

ヒートポンプハウス栽培用エアコン

【イーズエンジニアリング㈱】

ヒートポンプハウス栽培用エアコン

ヒートポンプ「ぐっぴーバズーカ」や「アグリmoぐっぴー」(**写真**)は、「暖房時のランニングコストを削減したい」「作物に適したハウス内温度に近付けることで、作物の品質・収量をアップしたい」「ハウス内温度を調節することで収穫時期をずらし、作物価値を高めたい」という農家の皆さんの思いに応えるべく開発された、ハウス栽培用エアコンである。

写真 「アグリmoぐっぴー」の設置例

幅広い温度設定ができ丸洗い可能「アグリmoぐっぴー」

「ぐっぴー」シリーズは電気を動力としている。従来機では電気1kWの消費に対し3.6kWの暖房出力(熱量)を生み出したが、ぐっぴーシリーズは同4.9〜5.81kW分と高効率である。しかし、北海道の冬の夜間最低気温時には、エアコンだけでは加温し切れないため、暖房運転と併せて既設の灯油暖房機などとハイブリッド運転することで、トータルランニングコスト(灯油代+電気代)を削減できる。灯油単価が59円/ℓで年間約20万円、灯油単価100円/ℓでは年間約80万円のコスト削減が見込める。

これまでのエアコンは、以下のデメリットがあり、ハウス内空調には不向きだった。

①設定可能な目標温度の幅が狭い(暖房:16〜30℃、冷房18〜30℃)。
②全長が長いハウス内では風量が不足。
③室内機が水にぬれると故障しやすい。

ぐっぴーシリーズは、暖房10〜28℃(7〜30℃の機種あり)、冷房10〜30℃で目標温度の設定ができ、冷暖房ともに従来機に対し幅広い設定が可能である。風量も従来機の1.27〜2.55倍で、最高スペック機種では、風の到達距離は52mである。また室外機並みにタフな設計により、水濡れによる故障をなくしただけでなく、泥などで汚れた場合には〝丸ごと水洗い〟が可能である。

札幌市南区豊滝のいちご観光農園「スノーベリーファーム」では、いちご栽培ハウスが7棟あり、各棟にぐっぴーシリーズを2セットずつ導入したことで、これまでの6月中旬〜7月中旬のいちご狩り期間を、夏秋どり品種を加えて、5〜10月の6カ月間に延ばすことができた。

ハウス構造などに合わせ機器選定

必要数はハウス構造や気候によるところが大きい。導入に当たっては現地調査および農家の方の声をうかがい、打ち合わせをした上で、各ハウスに最も適した機器選定(導入数含む)を行う。

初期投資費用は、最高機種で工事費込み1セット(室内機・室外機)220万円である。なお三相200Vの電源を必要とするため、別途電気工事が必要な場合もある。

(門間 正幸)

【連絡先】イーズエンジニアリング㈱、札幌市清田区清田8条2丁目18−16、電話:011−886−4036、メール:info@es-eng.jp、ホームページ:http://www.es-eng.jp/

第5章 今後注目の資材

【日本ワイドクロス㈱】

防草シート

　当社の防草シート「防草アグリシート」が開発されてから20年以上がたち、この間、それぞれの用途に応じて改良、開発を続けてきた。現在の防草アグリシートの活用方法を紹介する。

多様な用途で活用される「防草アグリシート」

■高設栽培の全面下敷きや通路に

　養液栽培ではロックウール、水耕、高設栽培などの栽培システムを設置する場合の、ハウス全面への下敷きとして広く使用されている（写真1）。

　土耕栽培では通路に敷くことにより、防草やほこり対策、かん水によるぬかるみ防止に役立っている。また通路の土壌が硬く締まるのを改善し、ハウス内環境の改善も図れる。

　新商品として、白い抗菌糸を使用した汚れの付きにくい「抗菌ホワイトアグリシート」がある。ハウス内を反射光で明るくして光合成を進めて、収量アップや着色促進が期待できる。また、最近では、鉢物栽培ハウスでこれまでの不織布に替わり、縦横20cmの格子ラインのあるアグリシートが使われ始めている。鉢が並べやすく作業性が向上する他、ポリプロピレン系のフラットヤーン（テープ系）で織られていることから、強度が高いと評価されている。

　その他、ハウスや施設の外回りでも広く使用されている。戸外の雑草にはアザミウマやアブラムシ、コナガ、オンシツコナジラミなどの害虫が生息している。施設周りに防草シートを設置して防草することで、これらの害虫の侵入を軽減させることができる（写真2）。

■露地栽培では収穫・搬出通路にも使用

　開発以来、防草アグリシートは透水性を大幅に改善してきた。これにより露地野菜の収

写真2　施設周りに防草シートを設置し、害虫の侵入を軽減

写真1　ハウスの通路に敷き、防草・ほこり対策に

写真3　露地野菜の収穫、搬出通路に使用

写真4　畔畔の維持・管理でも使用

写真5　太陽光発電パネルの雑草対策に活用

穫、搬出通路での使用が増加している（**写真3**）。大雨でもシート上に水がたまらず、人が歩く際にも滑らず、作物運搬台車などを安全に、スムーズに扱えるためである。

また、かん水時の水はアグリシートを通過して地面に入る上、遮光率99％以上と高く地面からの蒸散も抑えられるため、敷きわら代わりにも使用でき、夏場のかん水の省力化にもつながる。

景観維持や農外でも活用

■水田の畔畔（けいはん）管理で

水田の畔畔の維持管理は農地・水保全管理支払交付金や農地維持支払、資源向上支払を含む多面的機能支払交付金により、経営的にも重要な作業となっている。

だが、畔畔の維持や草刈りが労力的な問題から困難になっている地域も多い。対策としてアグリシートが広く使用されており（**写真4**）、一部では切れ込みを入れて、芝桜やヒメイワダレソウなどを栽植して、景観の向上を図っている。

■太陽光発電パネル設置場所で

再生可能エネルギーの固定価格買取制度が始まり、太陽光発電パネルの設置が各地で急速に普及したが、パネル下の雑草対策が課題となっている。雑草が旺盛に生育することで、パネル設置の高さによっては太陽光を遮断し、発電量の低下を招いている事例もある。

雑草対策として、アグリシートをパネル下へそのまま敷いたり、さらにその上に玉砂利を敷き詰め耐久年数を延ばす方法がある。一方、これらの問題に対応するために、耐久性が10年以上の厚みのある「強力アグリシート」が開発されている。このシートの被覆により、玉砂利のコストも省けることから普及が始まっている（**写真5**）。

ラインアップ

原反は100m巻きでの販売となっているが、ミシンによる中接ぎでの幅の調節、長さのカットも承っている。

アグリシート各種ラインアップは以下の通りである。

【アグリシート】ブラックタイプ、シルバータイプ、ダークグリーンタイプ
【強力アグリシート】ブラックタイプ
【アグリシートRリバーシブル】白×黒
【抗菌アグリシート】ブラックタイプ、シルバータイプ、ホワイトタイプ

◇

当社としては今後も農業の現場で広く使われるように、新たな開発やさらなる改良を推し進めていく。

（阿部　弘文）

第5章 今後注目の資材

【日本ワイドクロス㈱】

防虫ネット

減農薬栽培で活躍する「サンサンネット」

　防虫ネット「サンサンネット・ソフライトシリーズ」では、従来のネットと比較して細い糸を使用することで、同じ目合いでも防虫効果を維持しながら空隙率を上げて、優れた通気性を確保することができた。さらに、アルミ糸の挿入や赤糸利用などそれぞれ特徴のあるネットを開発している。これらの特徴を生かして、さまざまな用途で普及しているので紹介する。

■露地トンネル栽培は「防虫サンサンネットEX-2000（1mm目）」

　葉菜類の減農薬栽培資材としてトンネル被覆に使用され、害虫侵入対策として広く使われている（写真1）。

　以前は透明糸を使った1mm目を構成するネットだったが、アルミ糸を10cm角で格子状に挿入することで、アブラムシ忌避効果がアップし、作業性向上にもつながった。ポリエチレン製の織物なので縮みが少なく、非常に耐久性にも優れており、トンネル被覆防虫ネットに適している。

■露地べた掛け栽培には「サンサンネット・ソフライトSL-2700（0.8mm目）」

　露地栽培では鳥、害虫除け、保温、寒風対策などで不織布などのべた掛け被覆がされており、サンサンネットもべた掛け資材として使用されている（写真2）。

　ネットのべた掛け被覆では、作物の傷やこすれの発生を心配する方もいるが、サンサンネットは通気性が高いのでバタつきが少なく、作物を傷めずしっかりガードする。細糸を使用した「ソフライトSL-2700」は軽量で、扱いやすさや通気性、防虫対策の面でも優れた効果がある（表1）。

■ハウス栽培では全面で使用

　パイプハウスでは全面被覆、ハウス側面展

写真1　露地トンネル栽培でのサンサンネットEX-2000の使用

写真2　露地べた掛け栽培でのサンサンネット・ソフライトSL-2700の使用

表1　サンサンネットEX2000とサンサンネット・ソフライトSL-2700の比較

品番（目合い）	重　量	通気率	透光率	アブラムシ防除
ＥＸ-2000（1mm目）	約50g/㎡	72.1%	90%	△
ＳＬ-2700（0.8mm目）	約40g/㎡	79.1%	90%	○

防虫ネット

写真3　全面ネット栽培

写真4　ハウス開口部に張り、微細害虫の侵入を防止

表2　サンサンネットの対応害虫と目合い（SL各種がソフライトシリーズ）

害虫の種類	ワイドクロス対応商品	糸	目合い
オオタバコガ、ハイマダラノメイガ、モンシロチョウ、ヨトウガ類	N-3800	通常糸使用	2～4mm以下
	N-7000		
コナガ、アオムシ、カブラハバチ、ヨトウムシ類	EX-2000	細糸使用	1.0mm
	SL-2200		1.0mm
アブラムシ類	SL-2700		0.8mm
ハモグリバエ類、キスジノミハムシ	SL-3200		0.6mm
コナジラミ類、アザミウマ類	SL-4200		0.4mm
シルバーリーフコナジラミ（タバココナジラミ）	SL-3303	極細糸使用	0.3mm×0.3mm
	SL-6500		0.2mm×0.4mm

張、天窓、出入り口被覆にそれぞれ使用されている。全面被覆は夏秋どりのきゅうりや花き栽培で多く使用されている（**写真3**）。全面ネットのため通気性が良く、夏場に熱がこもらず、雨もネットが霧状にするため、ボタ落ちがなく作物に良い環境をつくり出す。またEX-2000、SL-2700ともに6m幅の広幅原反も製造しているため、中接ぎ加工部分が少なくてすみ、耐久性の向上が図られている。

府県の果菜類のハウス栽培では、タバココナジラミによるウイルス媒介でトマト黄化葉巻病、キュウリ退緑黄化病、ミナミキイロアザミウマによるキュウリ黄化えそ病などの発生が問題となっている。また、北海道でもミカンキイロアザミウマによるトマト黄化えそ病やミニトマトの金粉症状が見られる。これらの微細害虫のハウス内への侵入を物理的に防止するために、それぞれの開口部にサンサンネット・ソフライトシリーズを張ることが効果的である（**写真4**、**表2**）。

なお、一般的にタバココナジラミは0.4mm以下の目合いで防除効果があるとされているが、虫の成長過程や個体差によりわずかに侵入があるといわれている。サンサンネッ

第5章 今後注目の資材

ト・ソフライトシリーズではSL-6500（0.2mm×0.4mm）＞SL-3303（0.3mm）＞SL-4200（0.4mm）の順で防除効果が高い（**表3**）。

アザミウマ対策に新商品「e-レッドシリーズ」

通気性をそのままに、アザミウマ類などの侵入を赤色で防ぐ、「サンサンネットe-レッドシリーズ」が開発された。これは7年前に神奈川県農業技術センター大矢氏との取り組みから始まり、神奈川県と共同で特許を出願した商品である。

アザミウマ類は近年、被害が著しく防除困難な害虫の一つとされている。被害作物も野菜、果樹、花きと広範囲である。アザミウマ類は0.6mm目合い、種類によっては0.4mm目合いでも防除が困難とされている。

赤色細糸で織ったe-レッドは、0.8mm目合いでも0.4mm目合いのネットに近い防除効果を発揮している。また遮光率は約25％で、従来の1mm目合いEX-2000と通気性はあまり変わらず、軟らかで軽くなっている。

キャベツ苗の育苗期間におけるe-レッドを用いたネギアザミウマ防除効果試験（**図1**）では、通常の白と比べ赤は寄生数が半分以下に減っている。遮光率の差が生育に与える影響を調べた結果、生育状況にほとんど差は見られなかった（**表4**）。

当初、露地トンネル栽培での導入を勧めてきたが、アザミウマ類への効果が評価され、施設栽培のサイド換気部への使用が増えてい

表3 施設（ハウス）微害虫防除用ソフライトシリーズ

・サンサンネット・ソフライト　ＳＬ－4200
　　　　　　　　　　　　　　　（0.4mm目合い）
・サンサンネット・ソフライト　ＳＬ－3303
　　　　　　　　　　　（0.3mm目×0.3mm目合い）
・サンサンネット・ソフライト　ＳＬ－6500
　　　　　　　　　　　（0.2mm目×0.4mm目合い）
※通気性・耐久性・微害虫防除に優れる

図1　キャベツ育苗期間における赤ネットを用いたネギアザミウマ防除効果

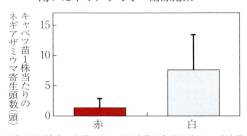

※赤および白ネット間において5％水準でネギアザミウマ寄生数に有意差あり
（使用ネット：目合い0.8mm目　赤：e-レッドSLR-2700赤色、白：ソフライトＳＬ－2700白色〈対照〉）

表4　キャベツ被覆ネット苗の特性調査

品種	ネット[x]色	葉数(枚)	草丈(cm)	成長点まで(cm)	最大葉の葉長(cm)	最大葉の葉幅(cm)	胚軸長(cm)	茎径(cm)	地上部重(g)
キャベツA	白	6.8	28.6	6.1	15.0	11.3	1.1	8.8	25.5
キャベツA	赤	6.5	29.0	6.4	14.5	11.1	0.9	8.7	22.6
キャベツB	白	7.7	31.4	8.8	13.9	10.8	1.7	8.0	25.8
キャベツB	赤	7.5	31.6	9.1	13.8	10.5	1.5	8.0	25.7

x：ネット目合い0.8mm×0.8mm（白：ソフライトSL-2700、赤：e-レッドSLR-2700）
※2009年8月24播種、9月28日調査

図2 メーターカットの考え方

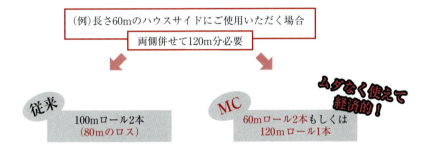

る。その結果、きゅうり栽培では黄化えそ病を媒介するミナミキイロアザミウマ、食害被害の多いミカンキイロアザミウマやネギアザミウマなどの侵入を防ぐ効果が出ている。

アザミウマ類にこの赤色がどう見えているのかは分からないが、黒っぽい幕が張っているように見えるため、内部が認識できずに侵入が難しいと考えられている。現在、全国で販売、施工されており、アザミウマ類侵入防除効果を発揮している。

規格原反は、0.8㎜目合い、0.6㎜目合いで、それぞれ0.9m×100m、1.35m×100m、1.5m×100m、1.8m×100m、2.1m×100mがある。各種縫製加工やメーターカットオーダーも承っている。

メーターカットに対応 さらに施工しやすく

微細害虫被害の増加により、施設サイド・天窓換気部へのサンサンネット・ソフライト施工が増える一方で、施設で必要な長さへの対応も求められるようになった。

これらの要望に応え、100mの原反販売に加え、注文に合わせた長さにほどき、ミシンでホツレ止め加工（タタミ）をしている。また新たに長さ20m巻き以上から300m（原反幅3mまで）までロール状での出荷もできる。

ハウスの長さに応じたメーターカット（MC）オーダーで、ロスの少ない加工をしている（図2）。

（阿部　弘文）

第5章 今後注目の資材

【ダイヤテックス㈱】

遮光・遮熱ネット

図1 「ふあふあ」の交点の拡大図

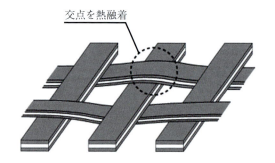

一般的に「遮光ネット」とはビニールハウスやガラス温室、トンネル栽培に使用される生産被覆資材である。主たる目的は高温による栽培作物への被害(葉焼け、裂果、発芽率および立枯れ率の低下)を軽減することである。また農家の高齢化が進む中、近年では被覆作業の省力化や収納スペースの低減を目的に、軽量タイプであることも重要な要素となっている。

軽くて丈夫「ふあふあシルバー」「ふあふあエース」

遮光ネットは当初、ビニロン製を主として普及していったが、現在では軽くて強いポリエチレン製へと変わっている。遮光ネットが使われ始めた当初は、黒色が好まれることが多かったが、近年では遮光・遮熱の要望に対応したシルバー色やホワイト色が増える傾向にある。織り方は平織り、カラミ織り、ラッセル編みが主で、「軽量の平織り」「通気性のカラミ織り」「柔軟性のラッセル編み」と異なる特徴を持つ。

■**熱接着でほつれにくい「ふあふあシルバー(SL)」**

平織りタイプの遮光ネットである当社の「ふあふあ」はポリエチレン素材で交点を熱融着しており目ズレしにくく、ほつれにくい特徴がある(図1)。製品重量は品番によって異なるが、遮光率が約50%の「SL-50」は約35g/㎡と軽量で農家の被覆作業の省力化になる(6.0m×50mの場合、一般的な黒色のラッセル編み製品で約21kg、ふあふあSL-50は約10kg)。

シルバー色の遮光率は約30～80%までの10%刻みで、豊富な品ぞろえをしている。

図2 「ふあふあSL-50S」と「ふあふあエース50」の温度比較

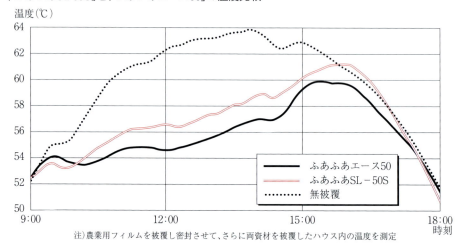

注)農業用フィルムを被覆し密封させて、さらに両資材を被覆したハウス内の温度を測定

図3 「ふあふあエース60」と「白色遮光ネット」の光線透過率比較

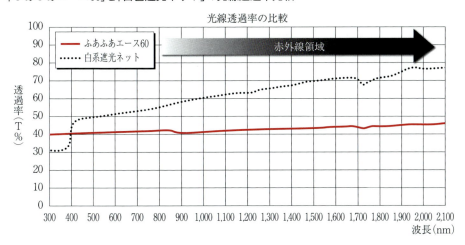

図4 「ふあふあエース60」と「白系遮光資材」の地温の温度データ

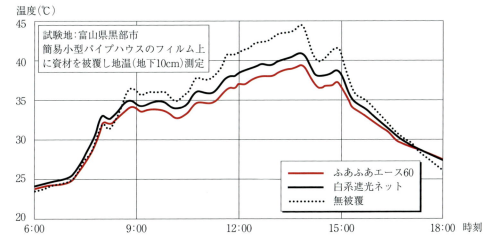

■遮熱剤練り込んだ「ふあふあエース」

　白色系の遮熱ネット「ふあふあエース」は糸に特殊な遮熱剤を練り込み、遮熱効果を高め夏場の温度上昇防止に優れた効果を発揮する（図2）。遮光率は約40％の「ふあふあエース40」、約50％の「ふあふあエース50」、約60％の「ふあふあエース60」の3タイプがある。

　ふあふあシルバー同様、軽量タイプに加え、温度上昇の要因である赤外線領域（800～2,100nm）の光線透過を軽減することによりハウス内の温度を効率的に下げることができる（図3、4）。

温暖化で道内も30℃以上に高まる遮熱機能への要望

　近年は温暖化の影響により北海道でも気温が30℃を超える真夏日が多くあり、一般的な遮光ネットでは適応できない状況も出てきた。そのような背景から、生産者の遮熱機能への要望が高まっており、「ふあふあエース」などの遮熱ネットが選ばれている。今後もさまざまなハウス環境に適した資材の開発が求められている。

（吉川　正幸）

第5章 今後注目の資材

【富士通㈱】

ICTを活用した環境制御・生産管理システム

高齢化進む中、技術継承にはICTによる支援が不可欠

スマート農業、ICT活用というキーワードがちまたをにぎわしている。国の事業でもさまざまな技術が開発され、普及に向けた実証が進められている。高齢化による就農者人口の減少、担い手への営農技術継承、耕作放棄地の増加、分散した農地管理など農業経営への課題が浮き彫りとなっている。篤農家になるには約2万時間（約10年）の歳月を要するといわれている。国内の農業生産基盤を守り、攻めへ転じるためには、技術の継承・省力化の実現などICTによる支援が必要不可欠である。このような背景の下、富士通㈱は「豊かな食の未来へICTで貢献すること」を使命と捉え、「食・農クラウドAkisai」（以下、Akisai）をリリースした。

生産から経営・販売まで支援「食・農クラウドAkisai」

Akisaiは、生産者が生産現場から経営・販売まで企業的農業経営を実現するためのサービスとして提供している。また土地利用型農業・施設園芸・畜産とトータルにカバーしている（図）。「もうかる農業」の実現に向けて生産者とともに働き・考え・議論し、つくり上げた仕組みである。

遠隔地で環境把握し操作できる「施設園芸SaaS」

Akisaiの中で「施設園芸SaaS」はクラウドに蓄積されたさまざまなデータを利活用する

クラウドサービスである。温室の環境データを把握し制御につなげる仕組みとして2012年10月にサービスを開始した。インターネットに接続することで利用可能となる。

温室内の環境データや制御機器の動作データは、人手を掛けず定期的にクラウドサーバーへ送信される。温室の近くにいなくても遠隔操作で制御機器を操作することもできる。温室異常時にはアラートメールが発信され、リスク回避を図る。生産者は、運用環境を意識することなく農作業に専念し、スマート農業を実践できる。

■蓄積環境データを利活用し、次の一手へ

温室で収集されるデータは、「現在・過去・未来」の観点で評価し、利活用することが重要である。「感覚で次の一手を打つ」という行動は篤農家ならではの技術である。感覚の裏付けとしてデータで捉え、栽培ポイントを後継者に継承すること、それこそが生きたデータの使い方である。品質向上・収量増・病害虫発生については過去の環境データの観察が重要である。過去と現状を踏まえることで、これからの栽培・環境制御の方向性が見えてくる。変化を読むということである。

今後1人当たりの管理棟数の増大が見込まれるが、温室を見回るのには限界がある。いつどこにいても一目で温室の状態が分かり、危険時にアラートを受けることができる技術は生産者や営農指導員においても効果的な仕組みとなる。

■選べる制御方法、栽培テンプレートも提供

実現したい環境制御レベルに応じて、制御方法が選べる。単体制御（気温などを設定値にするため一つの機器を制御）、複合制御（気温などを設定値にするため複数の機器を組み合わせて制御）、温度や湿度など環境要素に基づいた統合制御（設定値を補正して光合成促進、呼吸などを考慮しながら環境制御）である。導入に当たっては栽培品目や温室設備、生産者の考えを理解した上で、最適な制

ＩＣＴを活用した環境制御・生産管理システム

図 「食・農クラウドAkisai」の商品体系

御パターンを選ぶことが重要である。周囲の地理的環境や柱の太さ、フィルムの使用年数による光透過率など温室ごとに条件に差があり、さらに生産者の癖も異なるからである。

このような課題を効率的に解決する仕組みとして作物、品種ごとに最適な環境制御パラメーターを使用する「栽培テンプレート機能」を提供している。栽培期間を通じて管理したい環境条件を温室ごとに設定し、次作でも適用することができる仕組みである。もちろん、他の温室での活用も可能である。

これらのＩＣＴ技術は、現代農業の課題である後継者育成や省力化、強いてはもうかる農業の仕組みづくりに役に立つはずである。

経営・生産・品質を見える化「農業生産管理SaaS」

Akisaiの中で「農業生産管理SaaS（生産マネジメント）」は「経営・生産・品質の見える化」を目指し、2012年8月にサービスを開始した。もうかる農業の実現には、売り上げと原価をきちんと把握し、分析・評価を行い次のアクションにつなげるというフローで進めることがポイントである。

■収益把握し、効率化見直す第1歩に

現状を捉える仕組みとして、栽培暦・作付け計画・作業記録・作業進ちょく・農薬チェック・生育予測などの機能を提供している。記録を行うことで、圃場ごと、農作物ごとのコスト・収益を把握でき、作業に対する原価なども見えてくる。原価を抑えるために作業の効率化を図るのか、資材を見直すのかなど判断ができるようになり、企業的経営に向けた第1歩となる。

■環境・作業データを分析し、改善へ

日々の活動から生まれる環境データ（気温・土壌水分など）や作業データ（作業実績・農薬使用量・収穫量など）を記録することから始める。集めたデータを基に、経営・生産・品質の軸でデータ分析を行う。生産履歴やＧＡＰ支援などの機能により「品質」が見えるようになり、防除ミスの防止や出荷先への栽培履歴報告が簡単に実施できるようになる。

栽培暦を立て、計画・実績を記録していくことで「生産」が見えるようになり、栽培スケジュールや栽培計画のチェック・改善につなげることができるようになる。作業実績や資材使用履歴のデータ化により、圃場・品目ごとのコストが把握でき、「経営」の見える化につなげることができる。

ＩＣＴ活用のポイントは捉えたデータを有効活用することであり、それができるかどうかが生産者間で大きく差が出る点でもある。経営方針や目標を明確に定め、ＩＣＴを活用し日々の活動でデータを生かすことが重要である。豊かな食の未来へＩＣＴを活用し、「もうかる農業」を実現していただきたい。

（上田　正二郎）

【参考】「食・農クラウドAkisai」公開サイト（http://jp.fujitsu.com/solutions/cloud/agri/）
【問い合わせ先】富士通コンタクトライン（総合窓口）0120-933-200、受付 9時～17時30分（土曜・日曜・祝日・当社指定の休業日を除く）

第5章 今後注目の資材

【ネポン㈱】

ハウス環境制御・情報管理システム

いつでもどこでもデータ活用「アグリネット」

　当社の「アグリネット」は、クラウド上で栽培管理や農業経営に関する各種コンテンツを提供する総合サービスである（図1）。

　栽培現場の環境を把握するための環境モニタリングをはじめとして、環境制御機器の遠隔制御や異常通報、グループで情報共有を図るグループウエアなど多様な機能を有しており、さらに機能を拡大中である。

■温度など計測・蓄積し「見える化」

　モニタリングセンサーで温度や湿度、二酸化炭素濃度、照度などの環境を計測し、データを蓄積、活用できる。さらに複数の温度センサーや土壌水分センサー、養液管理センサー（EC、pH）など多様なセンサーにも対応を拡大している。

　計測したデータはクラウドサーバー上に保管されるので、インターネット環境にあるパソコンやスマートフォン（スマホ）があればいつでもどこでもデータを見ることができる。そのため、別の圃場や家、外出先など、どこからでも状況把握ができる。また、データは数値やグラフだけでなく、温度なら最高・最低・平均・日較差・積算などの表示機能もあり、より状況把握がしやすい配慮もされている。さらに、過去のデータの閲覧やダウンロードも簡単で、今まで勘や経験に頼っていた状況把握が数値化され、データとして見えるようになることで、より早く的確な栽培管理をすることが可能になる。

■制御装置を自在に「持ち出す」

　環境の遠隔制御機能で、自宅や外出先など、どこにいてもパソコンやスマホでハウス環境設定が可能であることから、制御装置を自在に持ち出すような感覚で利用できる。

　利用できる制御装置は「ネポン複合環境制御盤MC-6000シリーズ」で、窓、カーテン、暖房機、ヒートポンプ、二酸化炭素発生装置、循環扇、補助温調装置など多彩な環境機器を制御できる。例えばヒートポンプではハイブリッド暖房・冷房・除湿運転が可能で、単独の制御盤としても十分な機能を持っている。

■異常時には即座にメールで「知らせる」

　常時環境状態を監視し、異常があれば即座にメールで通報する。高温や低温などの温度異常、機器異常、停電などに対応しており、トラブル発生時にはより早い対処でリスク回避が図

図1　アグリネットの仕組み

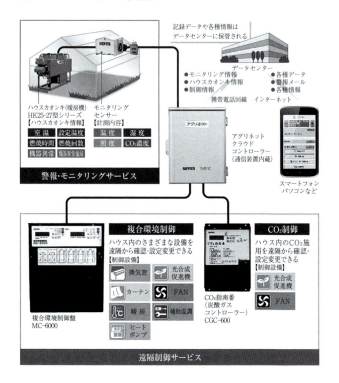

れる。メール通報では調整可能な繰り返し機能や最大10件までの通報先設定によって、確実な通知を図っている。また外出先からの状態確認も可能で、どこにいても常時監視できる。

■グループ内で情報を「シェアする」

グループウエアでは、各種情報をグループ内でシェア（共有）することが可能である（図2）。案内やお知らせ、市況情報、マニュアルなどグループで共有したい情報を簡単に配信、閲覧できる。過去情報もすぐに見つけられるので、管理不足になりがちな紙での情報発信に比べ使い勝手が良い。

また、環境モニタリングデータを共有することも可能で、相互の環境制御状況を参考にしながら、グループ全体として技術向上も図れる。さらに、農薬散布記録簿ではグループ内の農薬使用情報が共有化され、グループで取り組むエコファーマーやエコ農産物、特別栽培農産物制度などに関わる農薬使用基準の徹底を図ることができる。

主な利用目的と利用法

■環境制御し、理想環境に近づける

ハウス栽培では環境をコントロールすることでより効率的な栽培を目指しているが、変化する環境をきちんと把握されているケースはむしろ少ない。そのため、まずはモニタリングセンサーを導入して環境の見える化を図り、現状をよく知ることが重要である。

次に、理想の環境に近づくよう各制御機器をコントロールする。その際には、集中して制御可能で、状況に応じて各機器が連動して動作するような機能を持つ複合環境制御盤の方が使い勝手が良く、思うような環境もつくりやすい。

さらに、モニタリングした環境に気になるところがあれば、設備機器の動作状況確認や管理設定値の変更を、遠隔制御機能でパソコンやスマホから行うことができる。また、離

図2　グループウエアの構成

れたハウスや複数のハウスも一元的に管理できるので、省力化ツールとしても利用できる。

■異常通報でハウス点検の労力削減

ハウス栽培では、温度異常や機器異常、停電などが発生すると作物に障害を及ぼすことがある。そのため、冬期の暖房時には、安心を得るため就寝前のハウス点検も行われている。異常通報はこれらの異常時にメールで通知する機能で、スマホや携帯電話があればどこでも異常を察知することができる。また、いちいち現場に行かなくても環境状況の確認が可能で、日々点検をしていた生産者にとっては大きな労力削減となる。

さらに、通報の繰り返しや、複数の担当者や家族に通報設定することで、通報を見逃すリスクも低減できる。

■グループウエアで管理記録し発展へ

グループ内で情報共有を図り、グループの進化、発展を目指すことにグループウエアが活用されている。

あるトマト産地では、アグリネットの農薬散布記録簿で生産者の農薬散布記録を管理し、適正な農薬使用の徹底を図るとともに、農産物販売先へ生産管理記録としてすぐに提供できるような仕組みづくりを行っている。

また、別のいちご産地では、新たな品種をブランド化するために、先進生産者の栽培データを他の生産者や県・ＪＡの栽培技術者などで共有できるようになっており、品質向上や安定化など全体の底上げを目指している。

（山縣　義郎）

第5章 今後注目の資材

【㈱誠和。】

ハウス環境測定システム

施設栽培専用の環境測定器「プロファインダー」

　当社は2011年に環境測定器「プロファインダー」を発売後、12年に「プロファインダーⅡ」、14年に「プロファインダーⅢ」を発売してきた。

　発売以前は施設栽培専用の環境測定器は少なく、また項目ごとに測定を行うため、測定項目同士の関連性を見るためには表計算ソフトを用いる必要があった。そのため、栽培環境を「見える化」することは、生産者にはハードルが高いと感じられていた。そこで、プロファインダーは施設栽培専用の環境測定器として開発された。

■測定項目をパッケージにしグラフ表示

　基本コンセプトとしては光合成に必要な測定項目（温度、湿度、二酸化炭素、照度または日射量）を一つのパッケージにし、測定項目を見やすくまとめ、さらに測定項目同士の関連性を把握しやすいようにグラフ表示することが可能になった（図）。栽培上有用な平均気温・積算気温の計算、表示、記録も可能になっている。また、施設栽培に製品を提供してきたノウハウを生かし、センサーやマイコン基板を納めるケースは丈夫かつ各部品の性能を損なわない仕様になっている（写真）。

■「見える化」で問題見つけ、改善へ

　プロファインダーは測定器なので増収・品質向上には直接的には寄与しない。しかし、経験や勘、簡易的な測定器による瞬間的な値からの判断だけでなく、「見える化」により1日や複数日の変化から問題点を見つけ、改善

図　「プロファインダー」の測定項目をグラフ表示

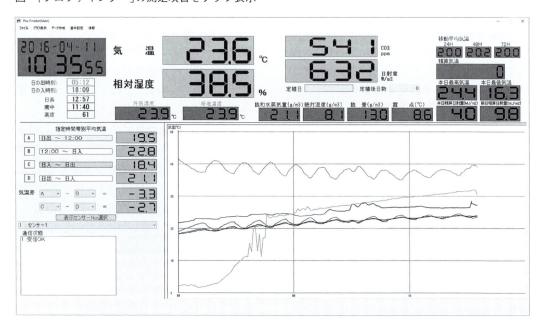

方法を検討できる。つまり、問題を点ではなく線や面で客観的に捉え、改善方法を検討できることがプロファインダーを使用する上では重要となる。

■北海道の夏秋どりトマトにおける活用方法

北海道の夏秋どりトマト栽培を例に、プロファインダーの活用方法を提案する。①加温半促成栽培の温度、湿度管理の改善、②積算日射量によるかん水不足の回避、③環境測定からの病害の早期予防措置―以上のような場面で活用できると考えられる。

統合環境制御盤もラインアップ
クラウドサービスやコンサルも

現在、当社ではプロファインダーをセンサーとした統合環境制御盤「プロファインダーNext80」をラインアップしている。植物生理に基づいた緻密な栽培環境を構築する際には勧めたい。

また、独自のクラウドサービスとして、プロファインダー友の会会員さま向けの栽培データ活用支援サービス「友の会プログレディ」を用意している。こちらはNext80、プロファインダーの環境測定データや植物の生育測定データを一元管理し、プロファインダー以上のデータ活用が可能となっている。また、ユーザー同士（相互認証が必要）や当社の栽培データと比較することもできる。

さらに、施設園芸先進国であるオランダの「Delphy」とコンサルタント会社「Delphy Japan」を設立し、コンサルティングサービスも提供している。

（江本　崇司）

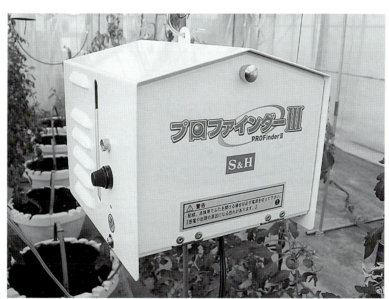

写真　センサーやマイコン基板を収める「プロファインダーⅢ」のケース

物流倉庫・作業場・工場・体育館・イベント会場など大規模空間環境改善のご提案!

ここにエアコンがあればなぁ…。

そのご要望、実現します!!

ジェットヒーターを導入した灯油代が馬鹿にならない…。

スポットエアコンを導入した能力不足? 風が届かない…。

北海道の猛暑は1ヶ月もない暑さは我慢しよう…。

- ●大風量が遠くまで届きます!!（実測52m）
- ●丸ごと水洗い可能でメンテナンス楽々!!
- ●車輪がついているので移動も楽々!!
- ●施工不要!!（三相200Vコンセントがあれば置くだけ）
- ●室内機・室外機の別置ももちろん可能!!
- ●レンタル/リースもOK!!

デモ機貸し出し（送料実費）も行っております。

まずは、お気軽にご相談下さい。

アグリ&一般空調設計施工・保守管理
イーズエンジニアリング株式会社
〒004-0848北海道札幌市清田区清田8条2丁目18-16
TEL011-886-4036　Email:info@es-eng.jp　HP:http://www.es-eng.jp/

光制御型農業用フィルム

調光® CHO-CO

コンセプト 世界初!外気温に感応するフィルム

| 低温時 | 透明 ➡ 直達光 |
| 高温時 | 梨地調 ➡ 散乱光 |

製品特徴

◆高温時には梨地調になり光を和らげるので、作物の葉焼け、果実焼け、花飛び等の低減が期待できます。

◆低温時には透明に戻るので一般品と変わらぬ照度を保ちます。

◆一年を通じて作物にも人にも優しいフィルムです。

Cleantate クリンテート

全農 JA｜JA全農グループ

SanTerra サンテーラ株式会社

北海道営業所　〒003-0003 札幌市白石区東札幌3条6丁目1-10キュラーズ白石3F
TEL011-862-9335　FAX011-862-9336

ニューカントリー2016年秋季臨時増刊号

北海道の施設野菜
風雪害に負けない構造と栽培技術のポイント

平成28年11月1日発行

発 行 所　株式会社北海道協同組合通信社

　　　　　札幌本社
　　　　　　〒060-0004
　　　　　　札幌市中央区北4条西13丁目1番39
　　　　　　TEL　011-231-5261　FAX　011-209-0534
　　　　　　ホームページ　http://www.dairyman.co.jp/
　　　　　編集部
　　　　　　TEL　011-231-5652
　　　　　　Eメール　newcountry@dairyman.co.jp

　　　　　営業部（広告）
　　　　　　TEL　011-231-5262
　　　　　　Eメール　eigyo@dairyman.co.jp

　　　　　管理部（購読申し込み）
　　　　　　TEL　011-209-1003
　　　　　　Eメール　kanri@dairyman.co.jp

　　　　　東京支社
　　　　　　〒170-0004　東京都豊島区北大塚2-15-9
　　　　　　　　　　　　　ITY大塚ビル3階
　　　　　　TEL　03-3915-0281　FAX　03-5394-7135
　　　　　営業部（広告）
　　　　　　TEL　03-3915-2331
　　　　　　Eメール　eigyo-t@dairyman.co.jp

　　　　発 行 人　新井　敏孝
　　　　編 集 人　木田ひとみ

　　　　印 刷 所　山藤三陽印刷株式会社
　　　　　　　　　〒063-0051　札幌市西区宮の沢1条4丁目16-1
　　　　　　　　　TEL　011-661-7161

定価 3,619円＋税・送料205円
ISBN978-4-86453-043-9　C0461　¥3619E
禁・無断転載、乱丁・落丁はお取り替えします。

散布／無人ヘリ
散布方法を選べる便利な
殺菌剤

小麦の雪腐大粒菌核病
防除に!!

ダウンウォッシュで
薬剤が株元まで届く!!

殺菌剤
トップジン®M（ゾル）

チオファネートメチル水和剤　農林水産省登録 第14228号　■有効成分：チオファネートメチル…40.0%
■人畜毒性：普通物（毒劇物に該当しないものを指していう通称）　■包装：500ml×20本、5Lポリ缶×4本

特長	●広範囲の作物・病害の予防と治療に優れた効果を発揮します。 ●液体タイプの剤型なので、粉立ちがなく薬剤の調製が簡単です。 ●無人ヘリコプター散布の登録を有し、散布作業の省力化がはかれます。

®は日本曹達(株)の登録商標です。

●使用前にラベルをよく読んで下さい。●ラベルの記載以外には使用しないで下さい。●小児の手に届く所には置かないで下さい。

<資料進呈>　**日本曹達株式会社**　札幌営業所 〒060-0001 札幌市中央区北一条西4-1-2
　　　　　　　　　　　　　　　　　　TEL.(011)241-5581